AF472706

LEÇONS

DE DROIT

DES GENS.

SECONDE PARTIE.

De l'Imprimerie de COUTURIER, à Paris.

LEÇONS

DE DROIT

DE LA NATURE

ET DES GENS,

Par M. le Professeur DE FELICE.

Quid deceat, quid non : quò virtus, quò ferat error. HORAT.

DROIT DES GENS.

SECONDE PARTIE.

TOME SECOND.

YVERDON, *& se vend,*

A LYON,

Chez LES PRINCIPAUX LIBRAIRES.

M. DCCC. XVII.

LEÇONS DE DROIT DE LA NATURE ET DES GENS.

SUITE DU DROIT DES GENS.

LEÇON XIV.

L'égalité des Nations; leurs droits, & leurs devoirs à cet égard.

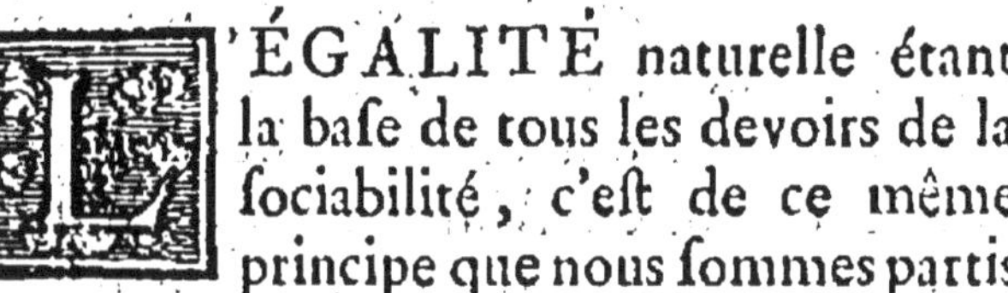

L'ÉGALITÉ naturelle étant la base de tous les devoirs de la sociabilité, c'est de ce même principe que nous sommes partis pour les développer. Ce même principe doit donc aussi nous conduire dans le développement des devoirs & des droits réciproques des nations. En effet comme les hommes sont naturellement égaux, & que les nations ne sont que des composés d'hommes, considérées comme autant de personnes morales qui jouissent d'une liberté parfaite ; il s'ensuit qu'elles doivent se regarder comme naturellement égales. La puissance ou la foiblesse de quelques-unes d'entr'elles, ne produisent à cet égard aucune différence : comme un nain est aussi bien un homme qu'un géant, ainsi une petite République n'est pas moins un Etat souverain que le plus puissant Royaume ; & par conséquent tous les droits que les grands Royaumes de France, d'Espagne s'attribuent, conviennent aussi aux Républiques de Lucques & de St. Marin ; & tous les devoirs dont ces Républiques sont obligées de s'acquitter, n'obligent pas moins les Royaumes de France & d'Espagne.

L'on comprendra encore mieux cette égalité des nations, si l'on fait attention que par l'établissement de la société civile, les hommes, loin de céder aucuns de leurs droits, ont au contraire eu en vue de se les assurer. Ainsi un corps politique n'est proprement qu'un composé d'hommes, qui conservant tous leurs droits naturels, ont établi des moyens sûrs pour les faire valoir contre tout injuste agresseur. Or ces moyens ne regardent que la société particuliere qui les a établis, & qui n'a pas voulu ni pu y obliger les autres hommes qui ne se trouvoient pas compris dans cette même société. Ainsi la constitution qui assure, par exemple, aux Lucquois leurs droits, n'est pas la même que celle qui procure le même avantage aux Espagnols ; donc point de convention entr'eux, point de société que celle que la nature elle-même y a établie. Donc ils se trouvent entr'eux dans un état de nature d'une égalité parfaite, & d'une entiere indépendance.

Et comme l'égalité est le fondement de l'équité, suivant la judicieuse remarque de Séneque (*) c'est méconnoître cette égalité naturelle des nations entr'elles, que de violer la justice que chacune doit aux autres, puisque la société humaine, bien loin d'être une communication de secours & de bons offices, ne seroit plus qu'un vaste brigandage, si l'on n'y respectoit pas cette vertu qui rend à chacun le sien. Mais elle est plus nécessaire encore entre les nations qu'entre les particuliers : parce que l'injustice a des suites plus ter-

(*) Epit. XXX.

ribles dans les démêlés de ces puiſſans corps politiques, & qu'il eſt plus difficile d'en avoir raiſon.

Toutes les nations ſont donc étroitement obligées à cultiver la juſtice entre elles, à l'obſerver ſcrupuleuſement, à s'abſtenir avec ſoin de tout ce qui peut y donner atteinte. Chacune doit rendre aux autres ce qui leur appartient, reſpecter leurs droits & leur en laiſſer la paiſible jouiſſance. Obligation qui fonde dans chaque nation le droit d'empêcher qu'on lui enleve aucune de ſes prérogatives, ni rien de ce qui lui appartient légitimement; car en s'y oppoſant il ne fait rien que de conforme à tous ſes devoirs, & c'eſt en quoi conſiſte le droit.

Ce droit eſt parfait, c'eſt-à-dire accompagné de celui d'uſer de force pour le faire valoir. En vain la nature nous donneroit-elle le droit de ne pas ſouffrir l'injuſtice, en vain obligeroit-elle les autres à être juſtes à notre égard, ſi nous ne pouvions légitimement uſer de contrainte quand ils refuſent de s'acquitter de ce devoir. Le juſte ſe verroit à la merci de la cupidité & de l'injuſtice, tous ces droits lui deviendroient bientôt inutiles. Et de là naiſſent comme autant de branches : 1°. le droit d'une juſte défenſe qui appartient à toute nation, ou le droit d'oppoſer la force à quiconque attaque ses membres, ses propriétés ou ses droits. C'est le fondement de la guerre défensive. 2°. Le droit de se faire rendre justice par la force si on ne peut l'obtenir autrement, ou de poursuivre son droit à main armée. C'est le fondement de la guerre offensive. L'injustice faite sciemment est sans doute une lésion : on est donc en droit de s'en procurer la réparation. Le droit de ne pas souffrir une injustice, est une branche du droit de sûreté : droit si sacré pour chaque nation.

Ce droit que les nations ont de punir les injustices est général; c'est-à-dire, que s'il y avoit une nation qui fît ouvertement profession de fouler aux pieds la justice, méprisant & violant les droits d'autrui, toutes les fois qu'elle en trouveroit l'occasion, l'intérêt de la société humaine autoriseroit toutes les autres à s'unir pour la réprimer & la châtier. Il est vrai qu'il n'est pas permis aux nations de s'ériger en juge les unes des autres. Et dans les cas particuliers & susceptibles du moindre doute, on doit supposer que chacune des parties peut avoir quelque droit : l'injustice de celle qui a tort peut venir de son erreur, & non d'un mépris général pour la justice. Mais si par des maximes constantes, par une conduite soutenue, une nation se montre évidemment dans cette disposition pernicieuse, si aucun droit n'est sacré pour elle; le salut du genre humain exige qu'elle soit réprimée & exterminée même. Former & soutenir une prétention injuste, c'est faire tort seulement à celui que cette prétention intéresse : se moquer en général de la Justice, c'est blesser toutes les nations. Ainsi, par exemple, les Corsaires étant des ennemis déclarés du genre humain, chaque nation peut les traiter sur ce pied-là.

L'égalité naturelle des nations montre assez que le prétendu droit de la préséance est aussi chimérique que le sujet. Pourquoi une nation parfaitement, en tant que telle, égale à une autre, lui céderoit-elle le pas? Si le pas est une prérogative, il ne doit être accordé ni à l'une ni à l'autre des nations supposées dans une parfaite égalité : mais si le pas n'est point une prérogative, *Bien sot*, dit Martial, *qui se crotte pour avoir le haut du pavé* (*). Cependant, consultant plutôt la façon ordinaire de penser des hommes, que la raison, comme on attache aujourd'hui quelque marque d'honneur à ce pas,

(*) Martial. Lib. X. Epigr. X. v. 7.

je voudrois qu'on n'eût égard qu'à l'ancienneté de la nation. Un nouveau venu ne peut déposséder personne des honneurs dont il jouit; & il lui faut des raisons bien fortes pour le faire préférer.

Une plus vaste étendue, un plus grand nombre de peuples dont une nation est composée, ne me semblent pas une raison valable pour avoir la préséance; car dès qu'on attache à ce pas une prérogative ou un honneur, une petite nation ne doit pas le céder à une grande, parce qu'une nation, tant vaste qu'elle puisse être, ne doit naturellement s'attribuer aucun droit ni aucune prérogative sur une autre.

La forme du gouvernement que quelques-uns font valoir, est entiérement étrangere à cette question. La dignité, la majesté réside ordinairement dans le corps de l'Etat. Celle du Souverain lui vient de ce qu'il représente le corps de la nation. L'Etat auroit-il plus ou moins de dignité, selon qu'il sera gouverné par un seul ou par plusieurs? Aujourd'hui les Rois s'attribuent une supériorité de rang sur les Républiques; mais cette prétention n'a d'autre appui que la supériorité de leurs forces. En effet la République Romaine regardoit tous les Rois comme fort au-dessous d'elle. Les Monarques de l'Europe ne trouvant en leur chemin que de foibles Républiques, ont dédaigné de reconnoître en elles cette égalité, que la nature leur accorde. La République de Venise & celle des Provinces Unies ont obtenu les honneurs des têtes couronnées; mais leurs Ambassadeurs cedent le pas à ceux des Rois.

Cependant il y a des raisons plus plausibles de préséance. Il est certain qu'un Prince qui releve d'un autre, doit indispensablement lui céder le rang, quand même ils porteroient tous deux le même titre. On a des exemples de Rois puissans qui ont sous eux d'autres Princes honorés du titre de Roi, mais ce sont au fond de simples Magistrats subalternes, & Gouverneurs de Provinces, qui agissent au nom des premiers. Tels étoient plusieurs Rois que les Romains comptoient parmi leurs sujets. Quelques-uns tiennent leur couronne en fief, d'autres la possedent sous quelque autre titre, qui les met dans la dépendance d'un autre Souverain. Dans les alliances inégales, celui au désavantage de qui est l'inégalité se reconnoît par cela seul inférieur à l'autre puissance.

Au reste, il faut observer à cet égard les traités & l'usage établi. Si les traités ou un usage constant fondé sur un consentement tacite, ont marqué les rangs, il faut s'y conformer. Disputer à un Prince un rang qui lui est acquis de cette maniere, c'est lui faire une injure ; puisque c'est lui donner une marque de mépris, ou violer des engagemens qui lui assurent un droit.

La nation pouvant accorder à son conducteur le degré d'autorité & les droits qu'elle trouve à propos, elle n'est pas moins libre à l'égard du nom, des titres & de tous les honneurs, dont elle voudra le décorer. Mais il convient à sa sagesse, aux intérêts de sa réputation, de ne point trop s'écarter, à cet égard, des usages reçus généralement chez les peuples civilisés. Observons encore que la prudence doit ici la diriger, & l'engager à proportionner les titres & les honneurs à la puissance de son Supérieur, & à l'autorité dont elle veut qu'il soit revêtu. Les titres, les honneurs ne décident de rien : il est vrai, ce sont de vains noms & de vaines cérémonies ; mais qui cependant influent beaucoup sur la maniere de penser des hommes. C'est donc ici une affaire plus sérieuse qu'elle ne le paroît au premier coup-d'œil.

La nation doit prendre garde de ne point s'abaisser elle-même devant les autres peuples, de ne point avilir son conducteur par un titre trop bas : elle doit se garder plus encore de lui enfler le cœur

par de vains titres & des honneurs excessifs, de peur de lui faire naître la pensée de s'arroger un pouvoir qui y réponde, ou d'acquérir par d'injustes conquêtes une puissance proportionnée. D'un autre côté, un titre relevé peut engager le Conducteur à soutenir avec plus de fermeté la dignité de la nation. Les conjonctures déterminent la prudence, & elle garde en toutes choses une juste mesure. « La royauté, dit un Auteur respec-
» table & grand connoisseur dans cette
» matiere, la royauté tira la maison de
» Brandebourg de ce joug de servitude,
» où la maison d'Autriche tenoit alors
» tous les Princes d'Allemagne. C'étoit
» une amorce que Frédéric III jeta à
» toute sa postérité, & par laquelle il
» sembloit lui dire, je vous ai acquis un
» titre : rendez-vous-en digne. J'ai jeté
» les fondemens de votre grandeur, c'est
» à vous d'achever l'ouvrage (*). »

Si le Conducteur de l'Etat est Souverain, il a dans ses mains les droits & l'autorité de la société politique, & par conséquent il peut décider lui-même de son titre & des honneurs qui doivent lui être rendus ; à moins que la loi fonda-

(*) Mémoire pour servir à l'histoire de Brandebourg.

mentale ne les ait déterminés, ou que les limitations apportées à son pouvoir ne s'opposent manifestement à ceux qu'il voudroit s'attribuer. Ses sujets sont obligés de lui obéir en cela, comme dans tout ce qu'il commande en vertu d'une autorité légitime.

Au reste il en est des titres, comme de la monnoie qui n'a cours que sur le pied établi par l'usage. D'ailleurs les mêmes titres n'ont pas toujours désigné ni le même degré d'autorité, ni la même marque d'honneur. Pour éviter tout différent & pour s'assurer des titres & des honneurs de la part des autres puissances, il faut en convenir par des traités. Ceux qui ont pris des engagemens par cette voie, sont désormais obligés envers le Souverain à qui une fois ils en ont accordé ; & ils ne peuvent s'écarter du traité, sans lui faire injure. Ainsi le Czar & le Roi de Prusse eurent soin de négocier d'avance avec les Cours amies, pour s'assurer d'en être reconnus, dans la nouvelle qualité qu'ils vouloient prendre. Les Papes ont prétendu autrefois qu'il appartenoit à la Thiare seule de créer de nouvelles couronnes : ils oserent espérer de la superstition des Princes & des peuples, une prérogative si sublime. Elle s'est éclipsée à la renaissance des lettres, comme les brouillards se dissipent au lever du soleil. Les Empereurs d'Allemagne qui ont formé la même prétention, avoient pour eux l'exemple des anciens Empereurs Romains. Il ne leur manque que la même puissance pour avoir le même droit.

Par ce que nous venons de dire de l'égalité & de l'indépendance des Souverains, il est clair qu'en ne consultant que le droit naturel, nul Souverain, quelque grand, quelque puissant qu'il soit, ne peut ni ne doit s'arroger le droit d'accorder des titres & des honneurs à un autre, quelque petit qu'il soit. Car celui qui accorde quelque chose à un autre, s'arroge la supériorité sur ce dernier, ce qui répugne à l'égalité & à l'indépendance des Souverains entr'eux. Mais comme les hommes ont été toujours les mêmes; c'est-à-dire qu'ils ont écouté plutôt la voix des passions dans leurs démarches, que celle de la raison; ils ont perdu entiérement de vue l'égalité & l'indépendance naturelle des Souverains entr'eux: & lorsque la puissance & la force leur en faisoient voir l'impunité, ils ont osé violer les lois les plus sacrées de la nature. Quoi de plus humiliant pour la souveraineté, que cette fréquence de Rois à Rome pour y faire la cour au moindre Sénateur? Mais alors les beaux jours de Rome pauvre & vertueuse s'étoient éclipsés ; & elle ne s'arrogea le droit de donner la loi aux Souverains que lorsqu'elle ne connoissoit plus de regles. Mais ces mêmes déréglemens qui lui faisoient fouler aux pieds les devoirs les plus respectables de l'humanité, lui forgerent à elle-même ses fers, & enfin la perdirent sans ressource.

Donnons cependant quelque chose à l'humanité. Un grand Monarque représentant un plus grand nombre d'hommes qu'un petit, & jouant un plus grand rôle dans la société générale de l'humanité, peut sans blesser en aucune maniere l'égalité des droits des nations, exiger qu'on lui rende en tout ce qui n'est que de pur cérémonial, des honneurs auxquels un petit Prince ne sauroit prétendre ; & celui-ci ne peut refuser au Monarque toutes les différences qui n'intéressent point son indépendance & sa souveraineté.

Toute nation, tout Souverain a droit de maintenir sa dignité en se faisant rendre ce qui lui est dû, & ne pas souffrir qu'on y donne atteinte. Il doit cela à la nation qui l'a choisi pour chef. S'il est donc des titres, des honneurs qui lui appartiennent par un usage constant, il peut les exiger ; & il le doit dans les occasions où sa gloire se trouve intéressée. Mais il faut bien distinguer entre la négligence, ou l'omiſſion de ce qui auroit dû ſe faire ſuivant l'uſage communément reçu, & les actes poſitifs contraires au reſpect & à la conſidération, les inſultes. On peut ſe plaindre de la négligence, & ſi elle n'eſt pas réparée, la conſidérer comme une marque de mauvaiſes diſpoſitions, & l'on eſt en droit de pourſuivre même par la force des armes, la réparation d'une inſulte. Le Czar Pierre I ſe plaignit dans ſon manifeſte contre la Suede de ce qu'on n'avoit pas tiré le canon lors de ſon paſſage à Riga. Il pouvoit trouver étrange qu'on ne lui eût point rendu cet honneur, il pouvoit s'en plaindre; mais en faire le ſujet d'une guerre, c'eſt prodiguer étrangement le ſang humain. Voyez Burlamaqui, Tom. VII. Part. III. chap. I. Wattel, Liv. II. chap. I. & III.

LEÇON XV.

Droit de sûreté des Nations, ſoit à l'égard du corps entier, ſoit par rapport à chacun de leurs membres ; ſuites naturelles de leur indépendance.

ON ne ſauroit ſe former l'idée d'un droit ſans voir en même-temps un devoir, une obligation qui garantit ce droit. En vain la nature, les lois accorderoient des droits aux hommes, ſi elles n'en ordonnoient en même-temps la sûreté. Les lois en accordant à l'homme le droit de vie, impoſent en même-temps l'obligation à tous les autres hommes de reſpecter ce droit, & le devoir ſacré de ne pas le gêner dans la paiſible jouiſſance de ſon droit. Tout propriétaire a un droit abſolu ſur ſon bien ; les lois naturelles & poſitives le lui accordent, mais en même-temps elles impoſent un devoir indiſpenſable aux autres hommes de le lui conſerver, en leur défendant de lui donner la moindre atteinte.

Mais comme tout droit ſuppoſe néceſſairement un devoir de la partie des autres, tout droit eſt fondé ſur un devoir réciproque. Le droit que l'homme a de ſe procurer ce qui est nécessaire à sa conservation, est fondé sur le devoir de se conserver, sous peine de douleur & de mort. L'homme a le droit d'acquérir, parce que sans acquisition il ne peut se nourrir, & que sans nourriture il ne peut se conserver. Et comme le droit d'acquérir seroit inutile sans celui de conserver, & qu'on ne pourroit pas conserver sans posséder, le droit de propriété est fondé sur le devoir de se conserver. En général, l'examen approfondi de nos différens droits, nous fera clairement voir que chaque droit est fondé sur un devoir; & c'est ce même fondement du droit qui nous autorise à le défendre contre tout agresseur. Car ce n'est pas proprement le droit qui nous y autorise, mais c'est le devoir sur lequel le droit est fondé, & que nous devons remplir. Si je n'étois pas obligé rigoureusement de conserver ma vie, je n'aurois pas le droit de la défendre à main armée contre un injuste agresseur.

La nature, en imposant l'obligation rigoureuse aux hommes de se conserver, d'avancer leur propre perfection & celle de leur état, impose la même obligation aux corps politiques, qui sont des composés d'hommes, assemblés dans le but de s'acquitter de ces devoirs avec plus de sûreté. Or comme elle a donné aux hommes en particulier ensuite de ce devoir, le droit de repousser par la force tout ce qui s'oppose à l'exécution de ces devoirs; il est clair qu'elle est censée l'avoir aussi accordé à ces mêmes hommes assemblés en sociétés civiles; institution humaine à la vérité, mais très-conforme aux vues de la nature. Tout ce que nous avons dit dans le Droit naturel touchant la juste défense de soi-même, doit donc être appliqué aux corps politiques, considérés comme des personnes morales qui se trouvent, à cause de leur indépendance naturelle, dans l'état de nature.

Il s'ensuit donc naturellement qu'une nation est en droit de résister au mal qu'on veut lui faire, d'opposer la force à celle qui agit actuellement contr'elle; & même d'aller au devant des machinations; en observant toutefois de ne point attaquer sur des soupçons vagues & incertains, pour ne pas s'exposer à devenir elle-même un injuste agresseur. Et quand le mal est fait, le même droit autorise l'offensé à poursuivre même par la force, s'il est nécessaire, une réparation complette. Nous en développerons les principes dans la suite. Enfin l'offensé est en droit de pourvoir à sa sûreté pour l'avenir, de punir l'offenseur en lui infligeant une peine capable de le détourner dans la suite de pareils attentats, & d'intimider ceux qui seroient tentés de l'imiter. Il peut même, suivant le besoin, mettre l'agresseur hors d'état de nuire. Il use de son droit dans toutes les mesures raisonnables qu'il prend pour cela ; & s'il en résulte du mal, pour celui qui l'a mis dans la nécessité d'en agir ainsi, celui-ci ne peut en accuser que sa propre injustice.

Si donc il étoit quelque part une nation inquiete & malfaisante, toujours prête à nuire aux autres, à les traverser, à leur susciter des troubles domestiques, il n'est pas douteux que toutes ne fussent en droit de se joindre pour la réprimer, pour la châtier & même pour la mettre à jamais hors d'état de nuire. Tels seroient les justes fruits de la politique que Machiavel loue dans César Borgia. Celle que suivoit Philippe II, Roi d'Espagne, étoit toute propre à réunir l'Europe contre lui : & c'étoit avec raison que Henri IV avoit formé le dessein d'abattre une puissance formidable par ses forces, & pernicieuse par ses maximes. Ce sont les principes des divers fondemens d'une guerre juste, comme nous le verrons dans la suite.

Mais non-seulement une nation peut punir une nation qui blesse ses droits, qui trouble sa tranquillité, ou qui lui fait injure en quelque maniere que ce soit ;

mais elle doit aussi venger les injures faites aux particuliers, membres du corps politique. En effet, quiconque maltraite un citoyen, offense indirectement l'Etat qui doit protéger ce citoyen : & par conséquent il est évident que le Souverain doit venger l'injure de ce citoyen, obliger, s'il se peut, l'agresseur à une entiere réparation, ou le punir ; puisqu'autrement le citoyen n'obtiendroit point la grande fin de l'association civile, qui est la sûreté. D'ailleurs le principal devoir d'un Souverain, c'est de protéger ses sujets : chaque citoyen a remis sa force aux dispositions du Souverain pour l'augmenter à proportion du nombre des personnes qui composeroient le corps politique dont il devenoit membre, & pour se mettre par-là plus sûrement à l'abri de toute insulte. Si donc le Souverain ne prenoit pas la défense de ce citoyen offensé par un sujet d'un autre corps politique, il manqueroit essentiellement à ses engagemens, & aux devoirs les plus importans de la souveraineté. Le droit que le Souverain a de disposer des forces réunies de toute la nation, est fondé sur le devoir de défendre tous ses sujets en général, & chacun d'eux en particulier, de toute insulte : & lorsque le mal est fait, il doit en tirer une vengeance proportionnée.

Mais, d'un autre côté, la nation ou le Souverain ne doit point souffrir que les citoyens fassent injure aux sujets d'un autre Etat : moins encore qu'ils offensent cet Etat lui-même. Et cela, non-seulement parce qu'aucun Souverain ne doit permettre que ceux qui sont sous ses ordres violent les préceptes de la loi naturelle qui interdit toute injure, mais encore parce que les nations doivent se respecter mutuellement, s'abstenir de toute offense, de toute lésion, de toute injure, en un mot de tout ce qui peut faire tort aux autres. Si un Souverain, qui pourroit retenir ses sujets dans les regles de la justice & de la paix, souffre qu'ils maltraitent une nation étrangere, dans son corps ou dans ses membres, il ne fait pas moins tort à cette nation que s'il la maltraitoit lui-même. D'ailleurs le salut de l'Etat, & celui de la société humaine exigent cette attention de tout Souverain. Si vous lâchez la bride à vos sujets contre les nations étrangeres, celles-ci en useront de même envers vous ; & au lieu de cette correspondance & de cette société fraternelle que la nature a établie entre tous les hommes, on ne verra plus qu'un affreux brigandage de nation à nation. Enfin, comme le Souverain du citoyen offensé demandera réparation ; si le Souverain de l'offenseur l'accorde de bonne grace, cette réparation sera toujours un mal pour sa nation, qu'il pouvoit lui éviter, en tenant en bride ses sujets; s'il ne l'accorde pas de bonne grace, il faudra en venir aux mains; & tel que soit le sort de la guerre, c'est toujours un fléau très-redoutable.

Cependant, comme il est impossible à l'Etat le mieux réglé, au Souverain le plus vigilant & le plus absolu, de modérer à sa volonté toutes les actions de ses sujets, de les contenir en toute occasion dans la plus exacte obéissance; il seroit injuste d'imputér à la nation ou au Souverain, toutes les fautes des citoyens. On peut donc dire en général que l'on a reçu une injure d'une nation, parce qu'on l'aura reçue de quelqu'un de ses membres. Mais si la nation ou son conducteur approuve & ratifie le fait du citoyen, elle en fait sa propre affaire: l'offensé doit alors regarder la nation comme le véritable auteur ou le complice de l'injure, dont peut-être le citoyen n'a été que l'instrument.

Si l'Etat offensé tient en sa main le coupable, il peut sans difficulté en faire justice & le punir. Si le coupable est échappé & retourné dans sa patrie, on doit demander justice à son Souverain. Et puisque celui-ci ne doit point souffrir que ses sujets molestent les sujets d'autrui, ou leur fassent injure, beaucoup moins qu'ils offensent audacieusement les puissances étrangeres, il doit obliger le coupable à réparer le dommage, si cela se peut, ou le punir exemplairement, ou selon le cas & les circonstances, le livrer à l'Etat offensé pour en faire justice. C'est ce qui s'observe assez généralement à l'égard des crimes qui sont également contraires aux lois & à la sûreté de toutes les nations. Les assassins, les incendiaires, les voleurs sont saisis & livrés entre voisins & alliés, à la requisition du Souverain des terres où le crime a été commis.

On va plus loin dans les Etats qui ont des relations plus étroites d'amitié & de bon voisinage : dans les cas même de délits communs, qui sont poursuivis civilement, soit en réparation du dommage, soit pour une peine légere & civile, les sujets des deux Etats voisins sont réciproquement obligés de paroître devant le Magistrat du lieu où ils sont accusés d'avoir failli ; sur une requisition de ce Magistrat, que l'on appelle *lettre rogatoire*, ils sont cités juridiquement & contraints à comparoître par permission de leur propre Magistrat. Admirable institution, par laquelle plusieurs Etats voisins vivent ensemble en paix & semblent ne former qu'une même République! Elle est en vigueur entre les Cantons-Suisses & la plupart de leurs alliés. Dès que les lettres rogatoires sont adressées en forme, le Supérieur de l'accusé doit y donner effet. Ce n'est point à lui de connoître si l'accusation est vraie ou fausse; il doit bien présumer de la justice de son voisin, & ne point rompre par sa défiance une institution si propre à conserver la bonne harmonie. Cependant si une expérience soutenue lui faisoit voir que ses sujets sont vexés par les Magistrats voisins, qui les appellent devant leur tribunal; il lui seroit permis sans doute de penser à la protection qu'il doit à son peuple, & de refuser les rogatoires, jusqu'à ce qu'on lui eût fait raison de l'abus, & qu'on y eût mis ordre. Mais ce seroit à lui d'alléguer ses raisons, & de les mettre dans tout leur jour.

Le Souverain qui refuse de faire réparer le dommage causé par son sujet, ou de punir le coupable, ou enfin de le livrer, se rend en quelque façon complice de l'injure, & il en devient responsable. Mais s'il livre ou les biens du coupable, en dédommagement, dans les cas susceptibles de cette réparation, ou la personne pour lui faire subir la peine de son crime; l'offensé n'a plus rien à lui demander. Le

Roi Démétrius ayant livré aux Romains ceux qui avoient tué leurs Ambassadeurs, le Sénat les renvoya, voulant se réserver la liberté de punir dans l'occasion un pareil attentat, en le vengeant sur le Roi lui-même, ou sur ses Etats. Si le Roi n'avoit eu aucune part à l'assassinat des Ambassadeurs Romains, la conduite du Sénat étoit très-injuste, & digne de gens qui ne cherchent qu'un prétexte à leurs entreprises ambitieuses.

Enfin, il est un autre cas où la nation est coupable en général des attentats commis par ses membres. C'est lorsque par ses mœurs, par les maximes de son gouvernement, elle accoutume & autorise les citoyens à piller & à maltraiter indifféremment les étrangers, à faire des courses dans les pays voisins, &c. Ainsi la nation des Usbecks est coupable de tous les brigandages des membres qui la composent. Les Princes dont les sujets sont volés & massacrés, dont les terres sont infestées par ces brigands, peuvent s'en prendre justement à la nation entiere. Toutes les nations même ont droit de se liguer contr'elle, de la réprimer, de la traiter en ennemie commune du genre humain. Les nations chrétiennes ne sont pas moins fondées à se réunir contre les Républiques barbaresques, pour détruire

ces

ces repaires d'écumeurs de mer, chez qui l'amour du pillage, ou la crainte d'un juste châtiment sont les seules regles de la paix ou de la guerre. Mais les Corsaires ont la prudence de respecter ceux qui seroient le plus en état de les châtier; & les nations qui savent se conserver libres les routes d'un riche commerce, ne sont point fâchées que ces routes demeurent fermées pour les autres.

L'égalité & l'indépendance des nations leur donnent le droit de se gouverner comme elles le trouvent à propos. Une nation donc ne doit point se mêler du gouvernement d'une autre. De tous les droits qui peuvent appartenir à une nation, la souveraineté est sans doute le plus précieux, & celui que les autres doivent respecter le plus scrupuleusement, si elles ne veulent pas lui faire injure. Elle en a revêtu son conducteur; & c'est elle seule qui est intéressée directement dans la maniere dont il use de son pouvoir. La nation par l'établissement du corps politique, s'est soustraite à la communion directe & générale avec les autres hommes, & elle n'est liée avec eux qu'autant que les devoirs de l'humanité le demandent. Toute prétention donc d'une nation sur une autre, qui va au-delà de ces devoirs généraux, est une prétention mal placée,

&qui peut être repoussée même par la force.

Il n'appartient donc à aucune puissance étrangere de prendre connoissance de l'administration du Souverain, de s'ériger en juge de sa conduite, & de l'obliger à y rien changer. S'il accable ses sujets d'impôts, s'il les traite durement, c'est l'affaire de la nation; nul autre n'est en droit de redresser, de l'obliger de suivre des maximes plus équitables & plus sages. C'est à la prudence de marquer les occasions où l'on peut lui faire des représentations officieuses & amicales.

Mais si le Souverain attaquant les lois fondamentales, donne à son peuple un légitime sujet de lui résister; si la tyrannie devenue insupportable souleve la nation: toute puissance étrangere doit secourir un peuple opprimé qui lui demande de l'assistance. Je dis qu'elle *doit* le secourir; car comme je viens de le remarquer, les nations dans l'établissement des corps politiques, & en se séparant pour former des sociétés particulieres, n'ont point prétendu renoncer aux droits de l'humanité: & une nation opprimée par son Souverain, a droit aux secours des autres nations.

Quand un peuple prend avec raison les armes contre un oppresseur, il n'y a que justice & générosité à secourir de braves gens qui défendent leur liberté. Toutes les fois donc que les choses en viennent à une guerre civile, les puissances étrangeres peuvent assister celui des deux partis qui leur pâroît fondé en justice. Celle qui assiste un tyran odieux, celle qui se déclare pour un peuple injuste & rébelle, peche sans doute contre son devoir. Mais les liens de la société politique sont rompus, ou au moins suspendus, entre le Souverain & son peuple; on peut les considérer comme deux puissances distinctes; & comme elles sont aussi indépendantes de toute autorité étrangere, personne n'est en droit de les juger. Si donc le cas étoit douteux, personne ne devroit s'en mêler, c'est aux intéressés à démêler la question: puisqu'une puissance étrangere pourroit assister la mauvaise cause en prétendant soutenir la bonne, & qu'il faut bien prendre garde de ne jamais favoriser ce qui peut troubler les Etats.

Mais si une nation ne doit pas se mêler du gouvernement d'une autre nation indépendante, elle n'a pas plus de droit de se mêler de ce qui concerne sa religion, qui est de tous les objets le plus intéressant, & pour chaque individu, & pour le gouvernement. Un peuple indépendant n'a de compte à rendre qu'à Dieu; & à l'égard de sa religion, il est en droit de ſe conduire comme en toute autre choſe, ſuivant les lumieres de ſa conſcience, & de ne point ſouffrir qu'aucun étranger s'ingere dans une affaire ſi délicate. L'uſage long-temps ſuivi dans la Chrétienté, de faire juger & régler dans un Concile général toutes les affaires de religion, n'avoit pu s'introduire que par la circonſtance ſinguliere que l'Egliſe entiere étoit ſoumiſe au même gouvernement civil, c'eſt-à-dire à l'Empire Romain. Lorſque des débris de l'Empire ſe furent formés pluſieurs Royaumes indépendans, cet uſage ſe trouva contraire aux premiers principes de la Politique; cependant il ſe ſoutint long-temps par le préjugé, par l'ignorance & la ſuperſtition, par l'autorité des Papes, & la puiſſance du Clergé.

Il eſt certain que l'on ne peut ſe mêler, malgré une nation, de ſes affaires de religion, ſans bleſſer ſes droits & lui faire injure. Beaucoup moins encore eſt-il permis d'employer la force des armes, pour obliger à recevoir une doctrine & un culte que l'on regarde comme divins. De quel droit les hommes s'érigent-ils en bourreaux, ſous prétexte de défendre ou de protéger la cauſe de Dieu? Il ſaura toujours, quand il lui plaira, amener les peuples à ſa connoiſſance, par des moyens plus légitimes que la violence. Les perſécuteurs ne ſont que des hypocrites. La monſtrueuſe maxime, qu'il eſt permis d'étendre la religion par l'épée, eſt un renverſement du droit des gens, & le fléau le plus terrible des nations. Chaque furieux croira combattre pour Dieu, chaque ambitieux ſe couvrira de ce prétexte.

Il ſe préſente ici naturellement deux queſtions. La premiere, ſi l'on peut envoyer des Miniſtres ou des Miſſionnaires pour inſtruire une autre nation dans une religion différente de la religion dominante. La ſeconde, s'il eſt permis de défendre ceux qui ſe trouvent perſécutés dans un autre Etat, & qui profeſſent une religion différente de la dominante.

La premiere de ces queſtions eſt fort délicate; je n'ignore point combien l'on riſque en attaquant les préjugés généralement reçus. La crainte cependant ne doit pas nous empêcher de raiſonner.

Je ſuppoſe que les Miſſionnaires ne ſoient pas appellés expreſſément par le Prince ou par la nation, car alors il n'y auroit aucune difficulté. Il eſt manifeſte qu'on ne peut ſe diſpenſer d'embraſſer avec empreſſement l'occaſion de diſſiper les ténebres de l'erreur, & de répandre les lumieres de l'Evangile.

Mais ſi le Prince ni la nation ne les appelle pas, il n'eſt point permis d'envoyer des Missionnaires chez une autre nation; & s'ils osent y aborder pour y prêcher soit publiquement, soit clandestinement une religion différente de la religion de la nation, ils peuvent être justement punis comme perturbateurs de la tranquillité publique.

Nous devons, relativement à l'Etat, considérer la religion sous deux faces. La premiere est toute interne; elle consiste dans l'adoration intérieure de l'Être suprême, & dans les devoirs éternels de l'homme envers son Créateur : c'est un vrai Théisme : ce sont des actes qui regardent uniquement Dieu le souverain Législateur de sa créature, qui obéit aux lois qu'il a gravées dans son cœur : la religion ainsi considérée, constitue la religion de l'homme. La seconde est toute externe; c'est la religion du citoyen, qui consiste principalement dans les devoirs des membres d'une société relativement aux autres. Cette religion est propre à chaque pays : elle lui donne ses Dieux, ses patrons propres, ses divinités tutélaires; elle a ses dogmes, ses rites, ses cérémonies prescrites par des lois. Elle est censée infidelle, étrangere, barbare à toute autre nation qu'à celle qui la suit. Elle n'étend ses devoirs & ses droits qu'aussi loin que ses Autels. Telles furent toutes les religions des premiers peuples; & telles ont été les suivantes jusqu'à nos jours; car excepté la religion de l'homme, celles des citoyens ne se ressemblent qu'autant que les lois civiles des différentes nations en approchent les rites, les cérémonies, en un mot les devoirs. Examinez la religion du citoyen à Rome, à Paris, à Madrid, vous verrez sans peine qu'elle tient de la nature des maximes politiques qui gouvernent ces différentes nations. Comparez les Catholiques avec les Protestans, & les Protestans enfin entr'eux-mêmes, cette vérité deviendra encore bien plus frappante.

Si donc la religion du citoyen est si étroitement liée aux mœurs, aux usages, aux coutumes, en un mot, aux maximes du gouvernement d'une nation : si l'on ne peut pas faire changer aux citoyens leur façon de penser sur ces matieres sans porter atteinte au gouvernement; toute personne qui ose prêcher ou enseigner de quelque maniere qu'elle s'y prenne, une religion différente chez une nation, attaque le gouvernement, et doit être punie comme coupable de lese-majesté. En effet qu'un Missionnaire Anglois ou Russe essaye d'aller prêcher à Rome que le Souverain est le chef né de la religion, il n'auroit pas le temps de faire des prosélytes. Qu'un

Jésuite prêche à Londres que le Pape est le chef de la Religion et de l'Eglise, il n'y sera pas mieux traité. Comment donc oserons-nous envoyer des Missionnaires chez une nation étrangere, pour lui faire changer entiérement sa religion, & renverser par là même entiérement la constitution de l'Etat? Quel droit avons-nous à une si étrange mission, que n'ayent aussi les Lamas, les Bonzes, et les Derviches? Notre religion est la véritable, dit-on: soit. Mais le Païen, le Mahométan en disent & en croient même autant des leurs. Cela étant, il n'est pas sûrement plus facile à persuader de la Religion Chrétienne une nation mahométane, que du Mahométisme une nation chrétienne.

Mais jetons un coup-d'œil sur ces Missionnaires que l'on envisage comme des personnes capables d'opérer cette merveilleuse révolution. Ce ne sont ordinairement que des Moines qui ont étudié quelques années Scot, Thomas d'Aquin, ou quelques autres Théologiens Scholastiques, & qui par conséquent ne connoissent pas plus les vrais principes de la Religion Chrétienne que ceux qu'ils prétendent instruire. En sorte qu'il est moins rare qu'on ne croit, que le Missionnaire est devenu prosélyte. La Propagande de Rome compte dans ses fastes bien plus de Missionnaires devenus prosélytes, que de conversions faites par ses Missionnaires; puisque ces prétendues conversions se bornent à quelques enfans enlevés à leurs peres & meres. Si ces conversions étoient tant soit peu considérables, depuis tant de siecles qu'on envoie des troupes de Missionnaires en Afrique & en Asie, ces deux parties de la terre devroient être couvertes de Chrétiens. Mais il s'en faut bien. Personne n'ignore au moins à quoi ont abouti les Missions Jésuitiques en Asie, en Afrique & en Amérique.

Que les Catholiques Romains reprochent tant qu'ils voudront aux Protestans leur tiédeur; la conduite de ceux-ci est assurément plus conforme au Droit des Gens, à la raison, & à l'expérience des Catholiques mêmes. Le véritable zele s'applique à faire fleurir une Religion sainte, dans le pays où elle est reçue, à la rendre utile aux mœurs & à l'Etat : & en attendant les dispositions de la Providence, & une invitation de la part des peuples étrangers, ou une mission divine bien certaine, pour la prêcher au dehors, il trouve assez d'occupation dans sa patrie. Entreprendre de faire changer aux hommes leur religion qu'ils ont sucée avec le lait, ce n'est pas un ouvrage humain; c'est à Dieu à nous y appeller, c'est à Dieu à y disposer les cœurs de ceux qui doivent la changer. En attendant cette heureuse époque, restons tranquillement chez nous, tâchons de nous rendre utiles à notre patrie, & respectons chez les autres nations, qui ne valent pas moins que nous, le Droit des Gens, qui est le lien sacré de l'humanité. Il est sur-tout un moyen d'amener les peuples à la Foi chrétienne, dont il est toujours permis de faire usage auprès des nations étrangeres. Ce moyen, le seul efficace, c'est la bonne conduite des Chrétiens, sans laquelle les Missionnaires ne peuvent espérer aucun succès.

Quant à la seconde question, lorsqu'une religion est persécutée dans un pays, les nations étrangeres qui la professent, peuvent intercéder pour leurs freres ; c'est tout ce qu'elles peuvent faire légitimement, si du moins la persécution ne va pas jusqu'à priver les sujets des avantages auxquels ils ont droit par l'établissement de la société civile. Car si la persécution ne passe pas ces bornes, le Souverain ne fait point de tort à ses sujets. Au reste les Souverains eux-mêmes sont trop éclairés aujourd'hui sur leurs véritables intérêts, pour penser d'une maniere différente. En effet, le vif intérêt que les nations étrangeres ont pris derniérement pour les Grecs & les Dissidens de la Pologne, les efforts que les premieres têtes de l'Etat & le digne Chef lui-même, ont faits pour répondre aux empressemens des nations voisines aux secours des malheureux; cet exemple, dis-je, montre assez combien l'esprit humain a fait de progrès à cet égard depuis moins d'un siecle. Voyez Burlamaqui, Tom. VII. Part. III. chap. II. Wattel, Liv. II. chap. IV. Grotius, Liv. I. chap. III.

LEÇON XVI.

Devoirs communs de l'humanité en général, ou la bénéficence des Nations.

CE n'est pas assez que de s'acquitter des devoirs que la justice civile nous impose. Nous avons remarqué dans plusieurs endroits que la justice naturelle, cette justice qui forme l'honnête homme, l'homme vertueux, a des bornes beaucoup plus étendues que la justice civile, c'est-à-dire, cette justice qui ne forme que le bon citoyen; tellement qu'on pourroit être tout à la fois juste, suivant les lois civiles, & un vrai scélérat suivant les lois naturelles. Nous avons même démontré que l'homme, s'il veut agir en être raisonnable, doit s'acquitter non-seulement des devoirs parfaits & rigoureux, mais aussi de ceux que les Jurisconsultes appellent imparfaits & non rigoureux; car au tribunal de la raison ils nous obligent tous également. A moins donc que nous ne voulions dire que les hommes en particulier sont obligés d'être honnêtes & vertueux, & qu'assemblés en corps politiques, ils peuvent se passer de l'être; ou qu'ils ne soient obligés d'être honnêtes & vertueux, que vis-à-vis de ceux avec qui ils forment un même corps, & qu'ils ne sont pas tenus de l'être envers ceux qui vivent dans un autre Etat, & qui forment une société politique différente de la leur; en un mot, à moins que les hommes, par l'établissement des sociétés civiles, n'ayent rompu toute liaison naturelle avec les autres hommes, & qu'ils n'ayent été dispensés d'être honnêtes & vertueux avec ceux qui ne seroient pas membres de leur corps politique; à moins, dis-je, qu'on ne soutienne de pareilles absurdités, les nations doivent s'acquitter réciproquement de tous les devoirs de l'humanité, de tous ces droits que le jargon ordinaire des Jurisconsultes appelle imparfaits & non rigoureux.

Oui, l'humanité, la compassion, la charité, la bienfaisance, la libéralité, la générosité, la patience, la douceur, l'amour de la paix, &c. ne sont ni de vains noms, ni des choses indifférentes pour les nations. Notre langage paroîtra bien étrange à la politique des cabinets; je n'en suis point surpris, car il demande une connoissance complette des vrais intérêts des peuples, & cette connoissance est beaucoup plus rare qu'on ne pense. L'esprit humain est très-borné; & ceux qui se trouvent à la tête des affaires partagent leur attention sur un nombre infini d'objets différens; en sorte qu'il est impossible qu'ils puissent porter leurs vues sur tous ces articles aussi loin que la connoissance de la vraie politique, & les véritables intérêts des nations le demanderoient. Cicéron, cet homme incomparable, à la tête du plus grand Empire qui fut jamais, & grand également dans le Sénat que dans la Tribune, connut parfaitement bien cette grande vérité. Il regardoit l'observation exacte de la loi naturelle & des devoirs de l'humanité, comme la politique la plus salutaire pour un Etat. *Nihil est quod adhuc de Republica putem dictum, & quò possim longius progredi, nisi sit confirmatum non modò falsum esse illud, sine injuria non posse, sed hoc verissimum, sine summa justitia Rempublicam regi non posse.* (*a*). L'on sait que par les mots de *summa justitia*, Cicéron veut exprimer cette justice universelle qui est l'entier accomplissement de la loi naturelle. Mais il s'explique ailleurs plus clairement à cet égard, & il fait assez connoître qu'il ne borne pas les devoirs mutuels des nations à la justice civile. « Rien, dit-il, n'est si » conforme à la nature, si capable de » donner une vraie satisfaction, que d'en- » treprendre, à l'exemple d'Hercule, les » travaux même les plus pénibles, pour » la conservation & l'avantage de toutes » les nations (*b*). »

Nous avons vu que l'homme incapable par sa nature & par son essence, de se suffire à lui-même, de se conserver, de se perfectionner & de vivre heureux sans le secours de ses semblables, il est destiné à vivre dans une société de secours mutuels, & par conséquent que tous les hommes sont obligés par leur nature même & par leur essence, de travailler conjointement & en commun à la perfection de leur état. Le plus sûr moyen d'y réussir, est que chacun travaille premiérement pour soi-même & ensuite pour les autres.

De-là il suit que tout ce que nous nous

(*a*) Frag. ex Lib. II. *De Republ.*
(*b*) *De Officiis*, Lib. III. cap. V.

devons à nous-mêmes, nous le devons aussi aux autres, autant qu'ils ont réellement besoin de secours, & que nous pouvons leur en accorder sans nous manquer à nous-mêmes. Puis donc qu'une nation doit à sa maniere à une autre nation, ce qu'un homme doit à un autre homme, nous pouvons hardiment poser ce principe général : Un Etat doit à tout autre Etat, ce qu'il se doit à soi-même, autant que cet autre a un véritable besoin de son secours, & qu'il peut le lui accorder sans négliger ses devoirs envers soi-même. Telle est la loi immuable & éternelle de la nature, & l'exception a lieu même à l'égard des particuliers entr'eux.

Ceux qui pourroient trouver ici un renversement total de la saine politique, se rassureront par les trois considérations suivantes : 1°. Les Corps politiques ou les Etats souverains sont beaucoup plus capables de se suffire à eux-mêmes que les individus humains, & la nécessité de l'assistance mutuelle ne se présente pas aussi fréquemment. Or dans toutes les choses qu'une nation peut faire elle-même, les autres ne lui doivent aucun secours. 2°. Les devoirs d'une nation envers elle-même, & principalement le soin de sa propre sûreté, exige beaucoup plus de circonspection & de réserve qu'un particulier n'en doit observer dans l'assistance qu'il donne aux autres. 3°. Enfin, comme un homme n'est pas tenu d'en secourir un autre, lorsqu'il est sûr que celui-ci sera usage de ce secours pour faire du mal à son bienfaiteur, ainsi une nation n'est pas obligée d'en secourir une autre, & de s'acquitter en général des devoirs de l'humanité, lorsqu'elle est assurée que la nation secourue tournera ses forces contre la nation bienfaisante. La bienfaisance est bien mal placée, lorsqu'elle produit un mal réel à celui qui l'exerce.

Tous les devoirs que la nature suppose aux hommes relativement à leurs semblables, se réduisent au soin de leur conservation & de leur perfection mutuelle. Le détail où nous sommes entrés ailleurs sur cette matiere, nous dispense de nous arrêter ici. Or la nature impose ces mêmes devoirs à tout Etat relativement à un autre. Toute nation doit donc travailler dans l'occasion à la conservation des autres nations, & à les garantir de ruine, autant qu'elle peut le faire sans trop s'exposer elle-même. Ainsi quand un Etat voisin est injustement attaqué par un ennemi puissant qui menace de l'opprimer; si vous pouvez le défendre sans vous exposer à un grand danger, il n'est pas douteux que vous ne deviez le faire. N'objectez point qu'il n'est pas permis à un Souverain d'exposer la vie de ses sujets pour le salut d'un étranger, avec qui il n'a contracté aucune alliance défensive. Il peut lui-même se trouver dans le cas d'avoir besoin de secours; & par conséquent mettre en vigueur cet esprit d'assistance mutuelle, c'est travailler au salut de sa propre nation. Il est difficile qu'un particulier même en secoure un autre sans s'incommoder; & il l'est encore plus qu'une nation s'acquitte du même devoir sans s'exposer à quelque mal; mais si ce mal est réciproque, une nation étrangere essuiera aussi des pertes lorsqu'elle se déterminera de venir à son tour à notre secours. La conformité de la nature des hommes demande que les uns prennent les armes pour la défense des autres contre les injures & les insultes manifestes d'un tiers, parce que cette même conformité fait qu'il est de l'intérêt de chacun en particulier, & de tous en général, qu'on ne laisse pas insulter impunément les autres. L'on demanda un jour à Solon, quelle ville lui sembloit la plus heureuse & la mieux policée, il répondit que *c'étoit celle dont les citoyens étoient si unis, que ceux qui n'avoient pas été outragés, sentoient l'injure faite à leurs compatriotes, & en poursuivoient la réparation aussi vivement que ceux qui l'avoient* reçue (*). C'eſt le vrai tableau de la ſociété générale de l'humanité.

Il ne faut pourtant pas s'imaginer que dans l'indépendance naturelle, où les nations ſe trouvent réciproquement, chacune ait toujours le droit de prendre les armes pour réprimer & pour venger les injures qu'elle voit faire à une autre, par cette ſeule raiſon qu'il eſt de l'intérêt public de ne pas laiſſer opprimer l'innocent, & que chacun doit s'intéreſſer à ce qui regarde autrui. Car celui qui eſt injuſtement attaqué, pouvant lui-même repouſſer la force par la force; ſi l'on épouſe ſa querelle, au lieu d'une guerre il en naîtra deux, & la ſociété humaine ſera ainſi doublement troublée. Il eſt même contre l'égalité naturelle, de ſe rendre ſoi-même, ſans en être requis, l'arbitre des démêlés & des querelles d'autrui; outre que cela ouvriroit la porte à un grand nombre d'abus, n'y ayant preſque perſonne que l'on ne pût attaquer ſous ce prétexte. Pour être donc en droit de prendre les armes contre celui qui fait quelque injure à un tiers, avec lequel on n'a point de relation particulière, il faut que l'offenſé nous appelle lui-même à ſon ſecours, en ſorte

(*) Plutarch. in Solon.

que nous agissions alors en son nom, & non pas de notre chef.

Mais comme toute nation est libre, indépendante & maîtresse de ses actions, c'est à chacune de voir si elle est dans le cas de demander ou d'accorder ce secours. J'observe d'abord, que toute nation a un droit parfait de demander à une autre l'assistance & les secours dont elle croit avoir besoin. L'en empêcher, c'est lui faire injure. Si elle les demande sans nécessité, elle peche contre son devoir : mais elle ne dépend à cet égard du jugement de personne; elle a droit de les demander, mais non pas de les exiger; car la nation qui doit les lui accorder, doit prendre plusieurs choses en considération avant que de se déterminer à les lui accorder; & ces considérations même peuvent souvent l'empêcher avec raison de se prêter aux besoins de la nation qui implore son secours.

Ces bons offices n'étant dûs que dans le besoin, & par celui qui peut les rendre sans se manquer à soi-même, il est du devoir de la nation à qui l'on s'adresse de juger si le cas le demande réellement, & si les circonstances lui permettent de les accorder raisonnablement, avec les égards qu'elle doit à son propre salut & à ses intérêts.

C'est aussi là pourquoi on dit en général,

qu'une nation n'a qu'un droit imparfait aux devoirs de l'humanité, c'est-à-dire qu'elle ne peut contraindre une autre nation à les lui accorder. Celle qui les lui refuse mal à propos, peche contre l'équité & la justice naturelle, qui demandent qu'on agisse conformément aux droits imparfaits d'autrui; mais elle ne lui fait point d'injure suivant la justice civile; car l'injure ou l'injustice civile, n'est que ce qui blesse les droits parfaits d'autrui.

Les devoirs de l'humanité que les nations doivent exercer mutuellement, ne se bornent pas à se défendre réciproquement contre un oppresseur, mais ils s'étendent aussi loin que ceux que les hommes en particulier se doivent entr'eux. Si un peuple est désolé par la famine, tous ceux qui ont des vivres de reste doivent l'assister dans son besoin, sans toutefois s'exposer eux-mêmes à la disette. Mais si ce peuple a de quoi payer les vivres qu'on lui fournit, il est très-permis de les lui vendre à juste prix, car on ne lui doit point ce qu'il peut se procurer lui-même; & par conséquent on n'est point obligé de lui donner pour rien des choses qu'il est en état d'acheter. L'assistance dans cette dure extrémité, est si essentiellement conforme à l'humanité, qu'on ne voit guere de nations civilisées y manquer absolument. Henri IV ne put s'y refuser envers des rebelles obstinés qui vouloient sa perte, dans le temps du fameux siége de Paris. Ces dernieres années la France & le Roi de Sardaigne secoururent abondamment l'Etat du Pape & le Royaume de Naples qui étoient réduits à une extrême disette de blé.

De quelque calamité qu'un peuple soit affligé, la même assistance lui est dûe. Nous avons vu de petits Etats de la Suisse, ordonner des collectes publiques en faveur de quelques villes ou villages des pays-voisins, ruinés par un incendie, par des inondations, &c. & leur donner des secours abondans, sans que la différence de Religion les ait détournés d'une si bonne œuvre. Les calamités du Portugal ont fourni à l'Angleterre une occasion de remplir les devoirs de l'humanité avec cette noble générosité, qui caractérise une grande nation. A la premiere nouvelle du désastre de Lisbonne, le Parlement assigna un fonds de cent mille liv. sterling, pour le soulagement d'un peuple infortuné : le Roi y joignit des sommes considérables : des vaisseaux furent chargés en diligence de provisions, de secours de toute espece, & vinrent convaincre les Portugais que l'opposition de créance & de culte, n'arrête point ceux qui savent ce qui est dû à l'humanité. Le Roi d'Espagne signala dans la même occasion sa tendresse pour un proche allié.

On regarde encore comme un office d'humanité de recevoir honnêtement les étrangers, & de loger les voyageurs. Chacun sait que les anciens se faisoient un honneur de remplir ce devoir, qu'ils portoient pour ainsi dire à l'excès, & que le droit de l'*hospitalité* formoit entre ceux qui l'exerçoient, une amitié qui passoit pour la plus sacrée & la plus inviolable. Tite-Live appelle *une exécrable violation des droits de l'humanité*, l'ordonnance des Achéens, par laquelle ils défendoient de recevoir dans leur pays aucun Macédonien (*). Les Lacédémoniens à leur tour ne permettoient à aucun étranger de séjourner ni de voyager dans leur pays, de peur que leurs mœurs ne s'abâtardissent & ne se corrompissent par le commerce des autres peuples; & ils croyoient cette raison suffisante pour justifier un tel procédé. Par cette même raison Lycurgue avoit aussi défendu aux Lacédémoniens de voyager hors de leur pays. Mais ce qui fait horreur, c'est la maxime des an-

(*) Cur execrabilis ista nobis solis velut desertio juris humani est? Lib. XLI. cap. XXIV.

ciens Egyptiens qui fermoient les portes de leur pays aux étrangers, de façon qu'ils étoient dans l'usage de tuer ou de faire esclaves tous les étrangers qu'on surprenoit le long des côtes (a). Cette barbare coutume dura jusqu'à Psammitique, Roi d'Egypte (b).

Une nation ne doit point se borner à la conservation des autres Etats : elle doit contribuer encore à leur perfection autant qu'il est en son pouvoir, & qu'ils ont besoin de son secours. Un Etat est plus ou moins parfait, selon qu'il est plus ou moins propre à obtenir la fin de la société civile, savoir de procurer aux citoyens toutes les choses dont ils ont besoin pour les nécessités, les commodités & les agrémens de la vie & en général pour leur bonheur; à faire en sorte que chacun puisse jouir tranquillement du sien, obtenir justice, & qu'enfin il soit mis à couvert de toute violence étrangere. Toute nation doit donc contribuer dans l'occasion & suivant son pouvoir, non-seulement à faire jouir une autre nation de ces avantages, mais encore à la rendre capable de se les procurer elle-même. C'est ainsi qu'une nation savante

---

(a) Diod. de Sicile, p. 73. & 80.
(b) Diod. ibid.

ne doit point ſe refuſer à une autre qui, déſirant de ſortir de la barbarie, viendra lui demander des maîtres pour l'inſtruire. Celle qui a le bonheur de vivre ſous de ſages lois, doit ſe faire un devoir de les communiquer dans l'occaſion. Ainſi lorſque la ſage & vertueuſe Rome envoya des Ambaſſadeurs en Grece pour y chercher de bonnes lois, les Grecs ne ſe refuſerent pas à une requiſition ſi raiſonnable & ſi digne de louange.

Il eſt d'ailleurs inconteſtable que l'obligation rigoureuſe où tous les hommes ſe trouvent d'aſſiſter, de ſecourir & de recevoir leurs ſemblables, n'eſt pas moins avantageuſe à ceux qui exercent l'hoſpitalité qu'à ceux qui la reçoivent ; car ſi un peuple reçoit & traite civilement les étrangers, ceux-ci ne ſauroient honnêtement refuſer la même courtoiſie à ſes citoyens ; comme au contraire, il faudroit être bien imprudent pour prétendre que ceux à qui on défend l'entrée de ſon propre pays, nous fiſſent un accueil favorable dans le leur.

Le même principe d'humanité veut auſſi que l'on accorde une demeure fixe à des étrangers, qui chaſſés de leur patrie, cherchent ailleurs une retraite : bien entendu qu'ils ſe ſoumettent aux lois de l'Etat dans les terres duquel ils veulent s'établir, s'établir, & qu'ils se conduisent d'ailleurs d'une telle maniere qu'on n'ait à craindre de leur part ni sédition ni troubles. Il y auroit en effet de l'inhumanité à refuser de donner retraite à des étrangers, qui ne sont pas bannis de leur patrie pour quelque crime; & un Etat agiroit contre ses propres intérêts, s'il rejettoit des exilés qui ont de l'industrie ou du bien, & qui ne viennent point troubler la Religion, ni les lois du pays. Enfin la saine politique veut que tant qu'on le peut sans aucun inconvénient, on fasse un bon accueil aux étrangers. L'expérience fait voir que plusieurs Etats se sont par ce moyen extrêmement agrandis; au lieu que ceux qui ont éloigné ou chassé les étrangers, sont devenus foibles & pauvres avec le temps. Au reste, la sûreté des Etats défend de recevoir une grande multitude d'étrangers, sur-tout si ce sont des gens belliqueux, & qui viennent les armes à la main, étant presqu'impossible que les anciens habitans n'ayent quelque chose à craindre de la part d'une telle colonie. Chaque Etat doit donc se régler ici sur ce que son propre intérêt lui permet de faire en faveur des étrangers, sans cependant perdre de vue un des plus importans devoirs de l'humanité.

Mais si une nation est obligée de contribuer de son mieux à la perfection des autres, elle n'a aucun droit de les contraindre à recevoir ce qu'elle veut faire dans cette vue. L'entreprendre, ce seroit violer leur liberté naturelle. Pour contraindre quelqu'un à recevoir un bienfait, il faut avoir autorité sur lui; & les nations sont absolument libres & indépendantes. Ces ambitieux Européens qui attaquoient les nations Américaines, & les soumettoient à leur avide domination, pour les civiliser, disoient-ils, & pour les faire instruire dans la véritable Religion, ces usurpateurs, dis-je, se fondoient sur un prétexte également injuste & ridicule.

La source des offices de l'humanité, est l'amour que les hommes se doivent les uns aux autres. Il est donc impossible que les nations s'aquittent de tous ces devoirs les unes envers les autres, si elles ne s'aiment point. Les offices de l'humanité doivent procéder de cette source pure, afin qu'ils en conservent le caractere & la perfection. Alors on verra les nations s'entr'aider sincérement & de bon cœur, travailler avec empressement à leur félicité commune, cultiver la paix sans jalousie & sans défiance. On verra régner entre elles une véritable amitié. Cet heureux état consiste dans une affection mutuelle. Toute nation est obligée de cultiver l'amitié des autres, & d'éviter avec soin tout ce qui pourroit exciter des guerres. L'intérêt présent & direct y invite souvent les nations sages & prudentes; un intérêt plus noble, plus général, & moins direct est trop rarement le motif des Politiques. S'il est incontestable que les hommes doivent s'aimer les uns les autres, pour répondre aux vues de la nature, & pour s'acquitter des devoirs qu'elle impose, aussi bien que pour leur propre avantage, peut-on douter que les nations ne soient entr'elles dans la même obligation ? Est-il au pouvoir des hommes, lorsqu'ils se divisent en différens corps politiques, de rompre les nœuds de la société universelle que la nature a formés entr'eux ?

Si un homme doit se mettre en état d'être utile aux autres hommes, un citoyen de servir utilement sa patrie & ses concitoyens, une nation en se perfectionnant elle-même doit se proposer aussi de se rendre par là plus capable d'avancer la perfection et le bonheur des autres peuples. Elle doit s'étudier à leur donner de bons exemples, éviter de leur en présenter de mauvais. Les hommes sont fort portés à l'imitation; on imite quelquefois les vertus d'une nation célebre, & plus souvent encore ses vices & ses travers.

Et puisque la gloire d'une nation est un bien précieux pour elle, tout comme l'honneur l'est pour chaque particulier, l'obligation d'un peuple s'étend jusqu'à prendre soin de la gloire des autres peuples. Dans ce but généreux, il doit premiérement contribuer dans l'occasion à les mettre en état de mériter une véritable gloire; en second lieu leur rendre à cet égard toute la justice qui leur est due, & faire en sorte, autant que cela dépend de lui, qu'elle leur soit rendue par tout le monde; enfin il doit adoucir charitablement le mauvais effet que peuvent produire quelques taches légeres.

Ce que nous avons dit jusqu'ici des devoirs de l'humanité, montre clairement qu'ils sont fondés sur l'égalité de la nature humaine. Aucune nation ne peut donc les refuser à une autre, sous prétexte qu'elle professe une Religion différente. Il suffit d'être homme pour y avoir droit. La conformité de créance & de culte peut bien devenir un nouveau lien d'amitié entre les peuples, mais leur différence ne doit pas faire dépouiller la qualité d'hommes, ni les sentimens qui y sont attachés. Rendons justice au grand Pontife Benoît XIV, il connoissoit ses devoirs & il les remplissoit. Qu'il seroit à souhaiter qu'on ne vît sur le trône de Rome que des Princes ſemblables? Ce grand Pape ayant appris qu'il ſe trouvoit à Civita-Vecchia pluſieurs vaiſſeaux Hollandois, que la crainte des Corſaires Algériens empêchoit de mettre en mer, ordonna aux frégates de ſes Etats d'eſcorter ces vaiſſeaux, & ſon Nonce à Bruxelles eut ordre de déclarer au Miniſtre des Etats généraux que S. S. ſe faiſoit un devoir de protéger le commerce & de rendre les devoirs de l'humanité, ſans s'arrêter à la différence de la Religion. Les ſentimens de ce grand Pape en ont rendu la mémoire précieuſe aux Proteſtans même.

Ce n'eſt pas aſſez d'avoir démontré que les nations ſe doivent rendre réciproquement les devoirs de l'humanité; nous diſons de plus que la nation qui s'en acquitte, travaille en même temps à ſon propre intérêt. C'eſt une maxime inconteſtable dans la morale, que l'égalité naturelle des hommes accorde à tous les mêmes droits. Il n'eſt pas moins vrai que les droits ſeroient de vains noms, s'ils n'étoient pas accompagnés de l'obligation de les reſpecter. Si le droit que j'ai à me procurer tout ce qui m'eſt néceſſaire pour ma conſervation, ma perfection & mon bonheur, n'étoit pas relatif à une obligation très-rigoureuſe où les autres hommes ſe trouvent de reſpecter ce droit, il ſeroit entiérement inutile, & il se réduiroit à une expression vaine, qui n'auroit point de réalité.

Nous avons vu que les nations se trouvent entr'elles dans l'état d'une parfaite égalité; elles ont donc toutes droit à tout ce qui peut contribuer à leur conservation, à leur perfection, à leur bonheur; & afin que ces droits ne soient pas de vains noms, des expressions stériles, il faut que toutes les nations soient dans une rigoureuse obligation de respecter leurs droits réciproques. Respecter les droits des autres, c'est s'acquitter de ses devoirs. Lorsqu'une nation s'acquitte de ses devoirs, elle respecte les droits d'une autre, & parlà elle acquiert un droit double, s'il m'est permis de m'exprimer ainsi, à ce que cette nation respecte les siens. Car la nation qui vient de jouir des effets de la bénéficence d'une autre, est obligée de la rendre à celle-ci dans l'occasion, premiérement, par le devoir que la nature impose à toute nation d'assister les autres dans le besoin; & en second lieu à titre de reconnoissance, titre qui a bien de la force sur l'ame d'un Souverain. Mais une nation, qui ne respecte pas les droits d'une autre, quoiqu'imparfaits, comment osera-t-elle exiger qu'on respecte les siens?

Il est donc évident qu'une nation ne

peut prétendre qu'on respecte ses droits qu'en vertu d'une obligation qu'elle s'impose de respecter ceux des autres; ainsi une nation ne peut jamais compter sur la paisible jouissance de ses droits, à moins qu'elle ne se fasse un devoir sacré de ne jamais donner atteinte aux droits des autres, & de s'acquitter scrupuleusement de ce qu'elle leur doit. C'est donc un intérêt capital, un intérêt évident & commun à toutes les nations, qui les tient naturellement confédérées entr'elles pour consolider leurs droits par une garantie réciproque; & cette confédération générale, qui est la même que celle qui subsiste entre les membres d'une société particuliere, impose à chaque nation le devoir de concourir au maintien des droits des autres; & par ce devoir elle achete, pour ainsi dire, le droit de s'approprier à son tour les forces des autres nations pour la défense de ses propres droits.

J'ai dit que cette confédération générale est la même que celle qui subsiste entre les membres d'une société particuliere; car par l'institution des corps politiques, la société naturelle et générale n'a point été détruite, elle n'a fait que se distribuer en différentes branches, prendre ainsi une forme nouvelle pour se donner plus de consistance, pour consolider parmi les hommes les devoirs & les droits essentiels & réciproques qui étoient inséparables de l'humanité. C'est donc dans ces devoirs & ces droits primitifs qu'il faut punir les devoirs & les droits que les nations ont respectivement entr'elles ; c'est le moyen de les mettre en évidence, de les juger sans aucune sorte de prévention, & de nous convaincre qu'ils sont indispensables.

Pénétrez chez les peuples les moins connus, les moins fréquentés ; présentez-vous à eux dans un état qui ne puisse les allarmer, si des expériences fâcheuses ne leur ont point appris à se défier des autres hommes, vous trouverez chez eux un asile & des secours ; vous les reconnoîtrez pour être naturellement & tacitement en société avec votre nation, dont peut-être ils n'ont jamais ouï parler. Regardez aussi cette multitude de peuples, qui ont entr'eux des relations de commerce : Voyez comme malgré les distances prodigieuses qui les séparent, ce lien commun les approche les uns des autres : Voyez comme ils respectent tous & ces devoirs & ces droits réciproques qui les tiennent unis les uns aux autres pour leur avantage commun, ces devoirs & ces droits par le moyen desquels la société se perpétue, & embrasse toutes les parties de la terre habitée.

Les sociétés particulieres ne sont donc véritablement que les différentes branches d'un même tronc, dont elles tirent leurs subsistances, que différentes classes de la société naturelle, générale & tacite qui a précédé l'institution des Etats, des Royaumes, des Républiques. Nous pouvons même les regarder, comme ayant été dans leur origine des sociétés errantes, mais devenues sédentaires par la nécessité de demeurer attachés à tel territoire en particulier pour le cultiver, la terre n'étant plus capable de les nourrir sans culture, vu leur accroissement. Chaque nation n'est ainsi qu'une Province du grand Royaume de la nature; aussi seroient-elles toutes gouvernées par les mêmes lois, par des lois qui dans ce qu'elles ont d'essentiel, seroient parfaitement semblables, si toutes ces nations s'étoient élevées à la connoissance des lois éternelles & immuables de la nature, qui forment la plus parfaite législation, & même la seule où les hommes puissent trouver leur bonheur: Législation par laquelle l'Auteur de la nature s'est proposé que les hommes fussent gouvernés dans tous les lieux & dans tous les temps.

L'idée que nous venons de développer de la nécessité des devoirs réciproques des nations, fondée sur la société générale toujours existante entre des êtres parfaitement égaux : cette idée, dis-je, est antérieure à l'établissement du Christianisme ; ce rayon de lumiere brilloit dans les ténebres du Paganisme : & plusieurs Philosophes de l'antiquité païenne en ont parlé avec force & dignité. Cette vérité philosophique cependant n'a jamais été suffisamment approfondie, & nous voyons qu'elle ne s'est présentée, & qu'elle ne se présente même aujourd'hui que très-confusément à ceux qui en ont fait une maxime de politique. Faute de remonter aux premiers principes de l'égalité naturelle, & de la société générale, ils ne se sont pas apperçus & ne s'apperçoivent pas encore que cette même société générale qu'ils désirent d'établir, existoit déjà : qu'elle étoit l'ouvrage de la nature même, qu'il ne s'agit pas de la former, mais de l'entretenir en s'acquittant des devoirs réciproques, en respectant les droits mutuels ; de ne la pas troubler, de connoître les lois sur lesquelles elle est fondée, afin de nous y assujettir par la seule force des avantages que nous-mêmes trouvons à nous y conformer.

Quel seroit le bonheur du genre humain, si les conducteurs des nations pouvoient à la fin ouvrir les yeux à l'évidence de ces principes, gravés dans le fond des cœurs de tous les hommes! Les nations se communiqueroient à l'envi leurs biens & leurs lumieres; elles prendroient à cœur les intérêts des autres nations autant que les leurs propres : une paix profonde régneroit sur la terre, & l'enrichiroit de ses fruits précieux; car tous respectant les droits des autres, rien ne troubleroit leur heureuse tranquillité : l'industrie, les sciences, les arts s'occuperoient de notre bonheur & de nos besoins, aussi-bien que de ceux des autres. On n'emploieroit plus de moyens violens pour décider les différens que quelques légers écarts inséparables de la nature humaine pourroient faire naître; ils seroient terminés par la modération, la justice & l'équité. Le monde seroit une grande République, ou une heureuse confédération : les hommes vivroient partout en freres, & chacun d'eux seroit citoyen de l'univers. Mais pourquoi cette idée n'est-elle qu'un beau songe! Elle découle cependant de la nature & de l'essence de l'homme, comme nous venons de le faire voir! Mais les passions déréglées, l'intérêt particulier très-mal entendu, ne permettent guere d'en voir la réalité. En supposant donc que les hommes seront toujours aveugles sur leurs véritables intérêts comme ils l'ont été jusqu'à présent, voyons quelles limitations les maximes & la conduite ordinaire des hommes peuvent apporter à la pratique de ces préceptes de nature, les seuls qui puissent cependant conduire les hommes & les sociétés au véritable bonheur.

La loi naturelle ne peut condamner les honnêtes gens à se rendre les dupes des méchans, ni les victimes de leur injustice & de leur ingratitude. Une funeste expérience nous fait voir que la plupart des nations ne tendent qu'à se fortifier, & à s'enrichir aux dépens des autres, à dominer sur elles, & même à les opprimer, à les mettre sous le joug, si l'occasion s'en présente. La prudence ne nous permet donc point de fortifier un ennemi, ou un homme en qui nous découvrons le désir de nous dépouiller & de nous opprimer; le soin de notre propre sûreté nous le défend. Nous avons vu qu'une nation ne doit aux autres les offices d'humanité, qu'autant qu'elle peut les leur accorder sans manquer à ses devoirs envers elle-même; d'où il suit évidemment que si l'amour universel du genre humain & de la société générale l'oblige d'accorder en tout temps et à tous, même à ses ennemis, ces offices qui ne peuvent tendre qu'à les rendre plus modérés & plus vertueux, parce qu'elle n'en doit craindre aucun inconvénient, elle n'eſt point obligée de leur donner des ſecours qui lui deviendroient probablement funeſtes à elle-même.

C'eſt ainſi que l'extrême importance du commerce, non-ſeulement pour les néceſſités & les commodités de la vie, mais encore pour les forces de l'Etat, pour lui fournir les moyens de ſe défendre contre ſes ennemis, l'inſatiable avidité des nations qui cherchent à ſe l'attirer tout entier, à s'en emparer excluſivement, c'eſt ainſi, dis-je, que ces circonſtances autoriſent une nation, maîtreſſe d'une branche de commerce, du ſecret de quelque fabrique importante, à réſerver pour elle ces ſources de richeſſes, & à prendre des meſures pour empêcher qu'elles ne paſſent aux étrangers, bien loin de les leur communiquer. Mais s'il s'agit des choſes néceſſaires à la vie, ou importantes à ſes commodités, cette nation doit les vendre aux autres à un juſte prix, & ne point convertir ſon monopole en une vexation odieuſe. Le commerce eſt la ſource principale de la grandeur, de la puiſſance & de la ſûreté de l'Angleterre; qui oſera la blâmer ſi elle travaille à en conſerver les différentes branches dans ſa main, par tous les moyens juſtes & honnêtes?

A l'égard des choſes qui ſont directement & plus particuliérement utiles pour la guerre, rien n'oblige une nation d'en faire part aux autres, pour peu qu'elles lui soient suspectes, & même la prudence le défend. Ainsi les lois romaines interdisoient avec justice de communiquer aux nations barbares l'art de construire les galeres. Ainsi les lois d'Angleterre ont pourvu à ce que la meilleure construction des vaisseaux ne fût pas portée aux étrangers.

La réserve doit être portée encore plus loin à l'égard des nations plus justement suspectes. C'est ainsi que quand les Turcs étoient, pour ainsi dire, dans leur montant, dans le feu de leurs conquêtes, toutes les nations chrétiennes, indépendamment de toute bigoterie & des foudres du Vatican, devoient les regarder comme leurs ennemis : & les nations les plus éloignées, celles qui n'avoient actuellement rien à démêler avec les Turcs, pouvoient avec justice rompre tout commerce avec une puissance, qui faisoit profession de se soumettre par la force des armes tout ce qui ne reconnoissoit pas l'autorité de son Prophète. Voyez Burlamaqui, Tom. VII. Part. III. chap. III. Wattel, liv. II. chap. I.

LEÇON XVII.

Commerce mutuel des Nations.

LE Commerce eſt l'*échange du ſuperflu pour le néceſſaire* (a); ou pour en donner une définition plus complette, le commerce eſt *un échange de valeurs pour valeurs égales, pratiqué par le moyen d'agens intermédiaires, ou ſans ces agens, pour l'intérêt commun des échangeurs entr'eux pour les conſumer* (b).

La néceſſité de cet échange eſt fondée ſur les lois de la nature, & ſur le ſage arrangement que l'Etre ſuprême a établi dans le monde, dont chaque région, chaque partie fournit à la vérité une grande variété de productions, mais manque auſſi de certaines choſes, ſoit pour l'agrément, ſoit pour le néceſſaire; ce qui oblige les hommes à ſe communiquer les uns avec les autres, & à former des liaiſons d'amitié entr'eux, tandis que leurs paſſions les porteroient ſans cela à ſe haïr, & à

(a) M. Melon, *Eſſai Politique ſur le Commerce*, Ch. 1, pag. 9.

(b) Ordre naturel & eſſentiel des Sociétés politiques, Chap. XXXVII.

s'entre-détruire ; car il eſt malheureuſe-ment trop certain que, ſi chaque pays produiſoit tout ce qui eſt néceſſaire pour ſatisfaire aux beſoins de ſes habitans, & pour contenter leurs déſirs, on verroit des guerres perpétuelles entre les différens peuples de la terre. Le déſir de dominer ſi naturel aux hommes, ne ſeroit alors plus contre-balancé par le ſentiment de l'intérêt qu'une nation trouve aujourd'hui dans la conſervation d'une autre nation avec laquelle elle eſt en commerce, & par ces liens d'amitié que les peuples qui ſont en relation les uns avec les autres, contractent inſenſiblement & preſque ſans s'en appercevoir. Plus on y réfléchit, plus on voit que le commerce général adoucit la férocité naturelle des humains, & tempere l'ardeur des peuples à étendre les bornes de leur domination & à faire des conquêtes. Quel bonheur pour le genre humain, ſi cette façon de penſer faiſoit des progrès ! Que les voies de la providence ſont admirables ! Elle conduit les hommes à s'acquitter de leurs devoirs réciproques par l'intérêt qu'eux-mêmes y trouvent. Si les paſſions déréglées ne nous cachoient pas ſouvent nos véritables intérêts, nous verrions évidemment qu'en nous acquittant des devoirs de l'humanité, nous nous procurons toujours les plus solides avantages. C'est pour notre bonheur que le Souverain Législateur nous a prescrit des devoirs ; & ce n'est qu'en nous en acquittant que nous pouvons nous flatter d'y parvenir.

Le droit de commerce est donc fondé sur l'obligation où les nations se trouvent entr'elles de s'assister mutuellement & de contribuer de tout leur pouvoir à leur perfection, à leur bonheur réciproque. Après l'introduction de la propriété, les nations doivent se vendre les unes aux autres, à un juste prix, les choses dont le possesseur n'a pas besoin pour lui-même, & qui sont nécessaires à d'autres ; parce que depuis cette introduction, aucun homme ne peut se procurer autrement tout ce qui lui est nécessaire ou utile pour lui rendre la vie douce & agréable. Et comme le droit naît de l'obligation, celle que nous venons d'établir, donne à chaque homme le droit de se procurer les choses dont il a besoin, en les achetant à un prix raisonnable de ceux qui n'en ont pas besoin pour eux-mêmes. C'est le fondement du droit de commerce entre les nations, & en particulier du droit d'acheter.

On ne peut pas appliquer le même raisonnement au droit de vendre les choses dont on voudroit se défaire. Toute nation étant parfaitement libre d'acheter une chose qui est à vendre, ou de ne la pas acheter, & de l'acheter de l'un plutôt que de l'autre; la loi naturelle ne donne à qui que ce soit aucune espece de droit de vendre ce qui lui appartient à celui qui ne souhaite pas de l'acheter, ni à aucune nation celui de vendre ses denrées ou ses marchandises chez un peuple qui ne veut pas les recevoir.

Tout Etat par conséquent est en plein droit de défendre l'entrée des marchandises étrangeres; & les peuples intéressés dans cette défense, n'ont aucun droit de se plaindre, comme si on leur refusoit un office d'humanité. Leurs plaintes seroient ridicules, puisqu'elles auroient pour objet un gain que cette nation leur refuse, ne voulant pas qu'ils le fassent à ses dépens. Il est vrai seulement que si une nation étoit bien certaine que la prohibition de ses marchandises n'est fondée sur aucune raison prise du bien de l'Etat qui l'interdit, elle auroit sujet de regarder cette conduite comme une marque de mauvaise volonté à son égard, & de s'en plaindre sur ce pied. Mais il lui seroit très-difficile de juger sûrement que cet Etat n'auroit eu aucune raison solide ou apparente de se porter à une pareille défense.

Par la maniere dont nous avons démontré le droit qu'a une nation d'acheter chez les autres ce qui lui manque, il eſt aiſé de voir que ce droit n'eſt point de ceux que l'on appelle *parfaits*, & qui ſont accompagnés du droit de contraindre. Dévelopons plus diſtinctement la nature d'un droit qui peut donner lieu à des querelles ſérieuſes.

Vous avez droit d'acheter des autres les choſes qui vous manquent, & dont ils n'ont pas beſoin pour eux-mêmes. Vous vous adreſſez à moi, je ne ſuis point obligé de vous les vendre, ſi j'en ai moi-même affaire. En vertu de la liberté naturelle qui appartient à tous les hommes, c'eſt à moi de juger ſi j'en ai beſoin, ou ſi je ſuis dans le cas de vous les vendre; & il ne vous appartient point de décider ſi je juge bien ou mal, parce que vous n'avez aucune autorité ſur moi. Si je refuſe mal à propos & ſans aucune raiſon, de vous vendre à juſte prix ce dont vous avez beſoin, je peche contre mon devoir, vous pouvez vous en plaindre; mais vous devez ſouffrir mon refus, & vous ne pourriez juſtement entreprendre de m'y forcer. Par-là vous violeriez ma liberté naturelle, & vous me feriez injure. Le droit d'acheter les choſes dont on a beſoin, n'eſt donc qu'un droit imparfait, ſuivant la façon ordinaire de parler des Juriſconſultes, auſſi bien que celui qu'a un pauvre d'attendre une aumône d'un riche ; mais si celui-ci la lui refuse, le pauvre est en droit de se plaindre, sans cependant être en droit de l'y contraindre. C'est un compte que le riche rendra au Juge suprême.

La nécessité extrême n'ayant point de loi, si une nation refuse sans en avoir de bonnes raisons, à une autre nation des choses nécessaires à la conservation & à la perfection de celle-ci, elle est en droit de s'en emparer par la force. Lors donc qu'une nation manque entiérement de vivres, elle peut contraindre ses voisins qui en ont de reste, à lui en céder à juste prix, ou même en enlever de force si on ne veut pas lui en vendre. L'extrême nécessité fait renaître la communauté primitive, dont l'abolition ne doit priver personne du nécessaire. « La nécessité, dit Séneque » le pere, cette grande raison qui est la » ressource de la foiblesse humaine, l'em- » porte sur toute loi, elle justifie toutes les » actions auxquelles elle contraint (*). »

Par le même principe, si une nation a un besoin pressant de vaisseaux, de chariots, de chevaux, ou du travail même des étrangers, elle peut s'en servir de gré

(*) Excerpt. Controv. Lib. IV. Contr. IV.

ou de force, pourvu que les propriétaires ne soient pas dans la même nécessité qu'elle. Mais comme elle n'a pas plus de droit à ces choses que la nécessité ne lui en donne, elle doit payer l'usage qu'elle en fait, si elle a de quoi le payer. La pratique de l'Europe est conforme à cette maxime. On retient dans un besoin les vaisseaux étrangers qui se trouvent dans le port, mais on paye le service qu'on en retire.

Les femmes étant aussi nécessaires à la propagation, que la nourriture l'est à la conservation, si un peuple d'hommes se trouvoit sans femmes, & que ses voisins en ayant de reste, les lui eussent refusées, il seroit en droit de se les procurer les armes à la main. Il faut avouer que ce ne seroit pas le moyen de leur faire la cour; mais bon gré mal gré qu'elles en eussent, les hommes obtiendroient également leur but. Nous en avons un exemple fameux dans l'enlévement des Sabines. Mais s'il est permis à une nation de se procurer en général, même à main armée, des filles en mariage; aucune fille en particulier ne peut être contrainte dans son choix, ni être forcée de droit de devenir la femme d'un ravisseur.

Nous avons vu qu'une nation ne peut avoir aucun droit de vendre ses marchandises à une autre qui ne veut pas les acheter, qu'elle n'a qu'un droit imparfait d'acheter des autres ce dont elle a besoin, puisqu'il appartient à celle-ci de juger si elles sont dans le cas de vendre, ou si elles n'y sont pas ; & qu'enfin le commerce consiste dans la vente & l'achat réciproque de toutes sortes de marchandises ; il s'ensuit naturellement qu'il dépend de la volonté de chaque nation, d'exercer le commerce avec une autre ou de ne pas l'exercer. Et si elle veut le permettre à quelqu'une, il dépend d'elle encore de le permettre, sous telle condition qu'elle trouvera à propos. Car en lui permettant le commerce, elle lui accorde un droit ; & chacun est libre d'attacher telle condition qu'il lui plaît à un droit qu'il accorde volontairement.

Cependant les nations peuvent s'obliger les unes envers les autres, par des promesses, à des choses auxquelles elles n'avoient qu'une obligation imparfaite. Une nation n'ayant point naturellement un droit d'exercer le commerce avec une autre, elle peut se le procurer par un pacte ou un traité. Ce droit ne s'acquiert donc que par des traités ; droit que les uns appellent *arbitraire*, les autres *conventionnel*, bien mal à propos, si par ces deux mots on entend un droit différent de celui qui dérive nécessairement d'une maxime sacrée du droit naturel, qui est de tenir religieusement la foi des promesses & des traités.

Une simple permission de faire le commerce ne donne aucun droit nouveau à ce commerce. Car si je vous permets purement & simplement de faire quelque chose, je ne vous donne aucun droit de le faire dans la suite malgré moi ; vous pouvez user de ma condescendance aussi long-temps qu'elle durera : mais rien ne m'empêche de changer de volonté. Comme donc il appartient à chaque nation de voir si elle veut exercer le commerce avec une autre, ou si elle ne le veut pas, & à quelles conditions elle le veut ; si une nation a souffert pendant quelque temps qu'une autre vînt commercer dans son pays, elle demeure libre d'interdire quand il lui plaira ce commerce, de le restreindre, de l'assujettir à certaines regles, & le peuple qui l'exerçoit, ne peut se plaindre qu'on lui fasse une injustice.

Observons seulement que les nations, comme les particuliers, sont obligées de commercer ensemble, pour le commun avantage du genre humain, à cause du besoin que les hommes ont les uns des autres. Mais cela n'empêche pas que chacune demeure libre de considérer dans les cas particuliers, s'il lui convient de cultiver ou de permettre le commerce ; & comme les devoirs envers soi-même l'emportent sur les devoirs envers autrui, si une nation se trouve en de telles circonstances, qu'elle juge le commerce avec les étrangers pernicieux à l'Etat, elle peut y renoncer & l'interdire. C'est ainsi que les Chinois en ont usé pendant long-temps.

Comme le commerce est un bien commun à la nation, & que tous les membres y ont un droit égal, le monopole est en général contraire aux droits des citoyens. Cependant cette regle a ses exceptions, prises du bien même de la nation, & un sage Gouvernement peut en certains cas établir le monopole avec justice. Il est des entreprises de commerce qui ne peuvent être faites qu'en forces, qui demandent des fonds considérables, & qui passent la portée de particuliers. Il en est d'autres qui deviendroient bientôt ruineuses, si elles n'étoient pas conduites avec beaucoup de prudence dans un même esprit, & suivant des maximes & des regles soutenues. Ces commerces ne peuvent se faire indistinctement par les particuliers ; il se forme alors des compagnies sous l'autorité du Gouvernement, & ces compagnies ne sauroient se soutenir

nir sans un privilege exclusif. Il est donc avantageux à la nation de le leur accorder. C'est ainsi que l'on á vu naître en divers pays ces puissantes Compagnies qui font le commerce de l'Asie & de l'Amérique.

Il est encore hors de doute que quand une branche de commerce, ou une manufacture n'est point au pouvoir d'une nation, & que quelqu'un s'offre à l'établir sous la réserve d'un privilege exclusif, le Souverain peut le lui accorder. Mais toutes les fois qu'un commerce peut être libre à toute la nation, sans inconvénient, sans être moins avantageux à l'Etat, le réserver à quelques citoyens privilégiés, c'est blesser les droits des autres; & lors même que ce commerce exige des frais considérables pour entretenir des forts, des vaisseaux de guerre, &c. comme c'est l'affaire commune de la nation, l'Etat peut se charger de ces dépenses, & en abandonner le fruit aux négocians, pour encourager l'industrie. C'est ainsi qu'on en use quelquefois en Angleterre.

Pour ce qui regarde les vrais avantages du commerce, relativement à la nation qui l'exerce, la matière étant entiérement du ressort de la Politique, nous n'en parlerons point. L'ouvrage qui mérite le plus d'être consulté sur cette matiere, est l'*Ordre naturel & essentiel des Sociétés politiques*, chap. XXXVI & suivans, & les *Doutes* sur ce même Ouvrage de M. de Mably.

Nous avons remarqué qu'une nation est en plein droit de se régler à l'égard du commerce sur ce qui lui paroît le plus utile ou le plus salutaire, & que par le moyen des traités, elle peut acquérir un droit parfait au commerce des autres nations. Elle peut donc faire sur cette matière tels traités qu'elle jugera à propos, sans qu'aucune autre ait droit de s'en offenser, pourvu que ces traités ne donnent point d'atteinte aux droits d'autrui. Si par les engagemens qu'elle prend, sa nation se met sans nécessité, ou sans de fortes raisons, hors d'état de se prêter au commerce général que la nature recommande entre les peuples; elle peche contre son devoir. Mais comme c'est à elle seule d'en juger, les autres doivent le souffrir, en respectant sa liberté naturelle; elles doivent même supposer qu'elle agit par de bonnes raisons. Tout traité de commerce qui ne donne point atteinte aux droits d'autrui, est donc permis entre les nations, & aucune ne peut s'opposer à son exécution : mais celui-là seul est légitime & louable en soi, qui respecte l'intérêt général autant qu'il est possible & raisonnable d'y avoir égard dans le cas particulier.

Mais comme les promesses & les engagemens doivent être inviolables, toute nation sage et vertueuse aura soin d'examiner, de peser mûrement un traité de commerce avant que de le conclure, & de prendre garde qu'il ne l'engage à rien de contraire à ses devoirs envers elle-même & envers les autres.

Les nations peuvent encore mettre telles clauses & conditions qu'elles trouveront à propos dans leurs traités. Ils sont en droit de les faire perpétuels, ou à temps, absolus, ou conditionnels & dépendans de certains événemens. Le plus prudent est ordinairement de ne point s'engager pour toujours, parce qu'il peut survenir dans la suite des conjonctures qui rendroient le traité fort onéreux à l'une des parties contractantes. On peut aussi n'accorder par un traité qu'un droit précaire, en se réservant la liberté de le révoquer toutes les fois qu'on le jugera convenable. Une simple permission, ni un long usage ne donne aucun droit au commerce, parce qu'il est imprescriptible. Il ne faut donc pas confondre ces choses avec les traités, pas même avec ceux qui ne donnent qu'un droit précaire.

Dès qu'une nation a pris des engagemens par un traité, elle n'est plus en liberté de faire en faveur des autres contre la teneur du traité, ce que d'ailleurs elle leur eût accordé conformément aux devoirs de l'humanité, ou à l'obligation générale de commercer ensemble. Car elle ne doit faire pour autrui que ce qui est en son pouvoir, & lorsqu'elle s'est ôté la liberté de disposer d'une chose, cette chose-là n'est plus en son pouvoir. Lors donc qu'une nation s'est engagée envers une autre à lui vendre à elle seule certaines marchandises, ou denrées, elle ne peut plus les vendre ailleurs. Il en est de même si elle s'est astreinte à n'acheter certaines choses que de cette nation seule.

Mais on demandera comment & en quelles occasions il est permis à une nation de prendre des engagemens, qui lui ôtent la liberté de remplir ses devoirs envers les autres? Les devoirs envers soi-même, prévalant sur les devoirs envers autrui; si une nation trouve son salut & un avantage solide dans un traité de cette nature, il lui est sans doute permis de le faire, & d'autant plus que par là elle ne rompt point le commerce général des nations; elle fait seulement passer une branche du sien par d'autres mains, ou elle assure à un peuple en particulier des choses dont il a besoin. Si un Etat qui manque de sel peut s'en assurer auprès d'un autre, en s'engageant à ne vendre qu'à lui ses blés ou ses bestiaux, est-il douteux qu'il ne puisse conclure un traité si salutaire ? Ses blés ou ses bestiaux sont alors des choses dont il dispose pour satisfaire à ses propres besoins. Mais la prudence doit empêcher de prendre des engagemens de cette nature, sans de très-bonnes raisons. Au reste, que les raisons soient bonnes ou mauvaises, le traité est valide, & les autres nations ne sont point en droit de s'y opposer.

L'on voit donc par-là qu'il est libre à chaque nation de restreindre son commerce en faveur d'une autre, s'engager à ne point trafiquer d'une certaine espece de marchandises, à s'abstenir de commercer avec tel ou tel pays. Si elle n'observe pas ses engagemens, elle agit contre le droit de la nation avec qui elle a contracté ; celle-ci est en droit de la réprimer. La liberté naturelle du commerce n'est point blessée par des traités de cette nature, car cette liberté consiste seulement en ce qu'aucune nation ne soit troublée dans son droit de commerce avec celles qui consentent à trafiquer avec elle ; & chacune demeure libre de se prêter à un commerce particulier, ou de s'y refuser, ſuivant ce qu'elle juge être du plus grand bien de l'Etat.

Les nations ne s'adonnent pas ſeulement au commerce pour ſe procurer les choſes néceſſaires ou utiles; elles en font encore une ſource de richeſſes. Or quand il y a un gain à faire, il eſt également permis à tout le monde d'y prendre part; mais le plus diligent prévient légitimement les autres, en s'emparant d'un bien qui eſt au premier occupant; rien n'empêche même qu'il ne ſe l'aſſure tout entier, s'il a quelque moyen légitime de ſe l'approprier. Lors donc qu'une nation poſſede ſeule certaines choſes, une autre peut légitimement ſe procurer par un traité l'avantage de les acheter ſeules, pour les vendre à toute la terre. Et comme il eſt indifférent aux nations de quelle main elles reçoivent les choſes dont elles ont beſoin, pourvu qu'on les leur donne à un juſte prix, le monopole de cette nation n'eſt point contraire aux devoirs généraux de l'humanité, ſi elle ne s'en prévaut point pour mettre ſes marchandiſes à un prix injuſte & déraiſonnable. Que ſi elle en abuſe pour faire un gain immodéré, elle peche contre la loi naturelle, en privant les autres nations d'une commodité ou d'un agrément que la nature deſtinoit à tous les hommes, ou en le leur faiſant acheter trop cher ; mais elle ne leur fait point injure, parce qu'à la rigueur le propriétaire d'une choſe eſt le maître de la garder, ou d'y mettre le prix qu'il veut. Ainſi les Hollandois ſe ſont rendus maîtres du commerce de la cannelle, par un traité avec le Roi de Ceylan, & les autres nations ne pourront s'en plaindre, tandis qu'ils contiendront leurs profits dans de juſtes bornes.

Mais s'il eſt queſtion de choſes néceſſaires à la vie, et que le monopoleur voulût les porter à un prix exceſſif, les autres nations ſeroient autoriſées par le ſoin de leur propre ſalut, & pour l'avantage de la ſociété humaine, à ſe réunir pour mettre à la raiſon un avide oppreſſeur. Le droit aux choſes néceſſaires, eſt tout autre que celui que l'on a aux commodités et aux agrémens dont on peut ſe paſſer s'ils ſont à trop haut prix. Il ſeroit abſurde que la ſubſiſtance & le ſalut des peuples dépendiſſent de la cupidité ou du caprice d'un ſeul.

Tout traité de commerce a ceci de particulier, qu'il eſt indépendant de toute alliance d'amitié. Regarderoit-on comme une propoſition trop ſinguliere celle de le laiſſer ſubſiſter malgré la guerre ? Notre droit des gens, plus humain que l'ancien, paroît la dicter. Les guerres qui s'élevent en Europe, ne partent pas de ces animosités outrées, de ces intérêts de nécessité qui inspirent l'esprit destructeur; elles ne tendent point au renversement entier des Etats; elles paroissent n'avoir d'autre objet que ce que les politiques appellent l'*équilibre*, c'est-à-dire la manutention de l'Etat présent, sauf quelque légere différence. Cette situation permet les sentimens modérés.

Le Droit de la guerre autorise à la vérité que l'on fasse à l'ennemi tout le mal que l'on peut lui faire, si ce mal peut être utile à notre cause; il permet de plus que l'on mette en œuvre tous les moyens légitimes de l'affoiblir; mais une maxime encore plus reçue est que lorsque le préjudice que nous portons à l'ennemi est égal à celui que nous en souffrons nous-mêmes, les choses n'étant que relatives, celui que nous causons doit être évalué à zéro. Or il est bien rare que l'intérêt des parties belligérantes se trouvent dans l'interdiction d'un commerce réciproque; elles n'en ont aucun si le dommage est à peu près égal des deux côtés. L'Etat qui ne reçoit pas les denrées de l'autre Etat, ne peut y envoyer les siennes, & prive par là d'un débouché les productions de son terroir & de son industrie. Si on retranche aux sujets du pays ennemi les besoins, les commodités qu'il retire de celui qui interdit le commerce ; celui-ci prive les siens des mêmes avantages. Tel est l'objet du commerce considéré comme échange ; si les choses sont égales à peu près, la proposition doit passer pour vraie.

On peut encore aller plus loin ; on supposera que la puissance ennemie ne subsiste que par son commerce : qu'elle n'a pas d'autres richesses ; si on pouvoit lui porter un préjudice décisif, il est sans difficulté que l'on devroit le faire : la guerre seroit de moindre durée, mais il faudroit pour y parvenir, retrancher son commerce avec tout l'univers ; car l'interdiction du commerce avec l'Etat auquel on déclare la guerre, ne produit pas cet effet ; non-seulement on jouit des deux côtés de l'avantage du commerce avec les nations neutres, mais encore par leur moyen chaque Etat reçoit les marchandises de l'Etat avec lequel il est en guerre. L'interdiction ne fait que les enrichir réciproquement, & donner aux vaisseaux neutres un profit auquel les parties belligérantes contribuent toutes les deux. On peut bien empêcher que l'Etat ennemi ne fasse son commerce étranger avec ses propres vaisseaux ; cela est dans l'ordre :

mais on ne peut empêcher les nations neutres d'aller dans les ports, d'y porter des denrées, et d'acheter celles du pays. Le peuple qui voudroit mettre obstacle à cette liberté, violeroit le Droit des gens, qui ne lui permet pas de supprimer le commerce de ceux avec lesquels il n'est point en guerre : il abuseroit de ses forces maritimes ; il ouvriroit les yeux de toute l'Europe, qui s'apercevroit aisément, que s'il faut un équilibre sur la terre, il est encore plus nécessaire de l'établir sur la mer. L'Empire que l'on voudroit s'arroger sur cet élément, seroit plus odieux, plus tyrannique que celui dont la vaine appréhension sert de prétexte pour s'armer sur terre. La mer appartient à tout le monde, & n'appartient à personne ; qui pourroit y fixer ses possessions ? Cet élément mobile ne permet point que l'on y place des limites certaines, nulle puissance n'y peut prétendre de propriété, si ce n'est sur quelque espace le long des côtes que l'on possede, & dont la navigation trop libre pourroit faciliter une insulte. Le Droit des gens ne permet point de troubler les vaisseaux neutres qui entrent & qui sortent des ports ennemis, qu'autant qu'ils seroient bloqués, ou que l'on y porteroit des munitions que la guerre prohibe, ou qu'ils seroient frétés pour le compte de la nation ennemie, ce qui peut ſe découvrir aiſément.

Diſons encore quelque choſe ſur le paſſage ou tranſit des marchandiſes étrangères. Il ne ſemble pas que le droit des gens nous impoſe une obligation rigoureuſe de donner paſſage indiſtinctement à toute ſorte de marchandiſes, excepté celles qui ſont néceſſaires à la vie. Car pour celles qui ne ſervent qu'au luxe, ou dont le trafic tend plutôt à entaſſer des richeſſes ſuperflues, ou à ſatisfaire l'avarice, qu'à fournir aux beſoins de la vie, je ne vois pas de quel droit on prétendroit obliger quelqu'un à les laiſſer tranſporter par ſon pays. A la vérité on ne ſauroit guere trouver de prétexte plauſible pour empêcher que des vaiſſeaux marchands, qui vont dans un tiers pays avec qui l'on eſt en paix, faſſent voile en pleine mer à la hauteur de nos terres. Et c'eſt à quoi ſe rapportent principalement les autorités que Grotius (*) étale ici en grand nombre. Mais on peut avoir de bonnes raiſons d'arrêter les marchandiſes étrangeres, tant ſur terre que ſur une riviere, ou ſur un bras de mer, qui eſt de notre dépendance. Car, outre qu'un trop

(*) Liv. II. chap. II. §. XIII.

grand abord d'étrangers est quelquefois préjudiciable ou suspect à l'Etat, pourquoi est-ce qu'un Souverain ne procureroit pas à ses sujets le gain que font les étrangers à la faveur du passage qu'il leur donne ? Ne peut-il pas favoriser les citoyens préférablement aux étrangers ? Il est vrai qu'en permettant à ceux-ci de transporter ailleurs leurs marchandises, même sans rien exiger d'eux pour le passage, on ne reçoit proprement aucun dommage, & qu'ils ne nous font aucun tort de prétendre à un profit, dont nous aurions pu nous emparer avant eux. Mais aussi comme ils n'ont aucun droit de nous en exclure, pourquoi ne tâcherions-nous pas de l'attirer à nous-mêmes ? Pourquoi ne préférerions-nous pas notre propre intérêt au leur ? Pourquoi ne ferions-nous pas passer leurs marchandises immédiatement par le canal de nos citoyens, dans le tiers pays où elles ne sauroient être transportées commodément que par nos Etats ? Si l'on n'admet pas cette raison, je ne vois pas comment on peut justifier le droit d'étape (*stapula*), & autres semblables, en vertu desquels le Souverain arrête les marchandises, pour obliger ceux qui les transportent à les exposer en vente dans un marché ou un magasin public, & ne permet aux étrangers de négocier ensemble, à la faveur de ses terres, que par l'entremise des habitans du pays.

Mais si l'on accorde le passage des marchandises étrangeres, est-il permis d'exiger quelque droit pour ce passage par les terres, les fleuves, les bras de mer, &c. qui sont de notre dépendance ? Il y a une raison manifeste qui donne droit de prendre quelque chose pour le passage des marchandises transportées par terre. Car outre que les chariots de voiture endommagent quelquefois les fonds cultivés, qui se trouvent sur la route, il faut faire de la dépense pour entretenir les chemins, & d'ailleurs le Seigneur du pays fournit aux passans par ses soins & sa protection les moyens de voyager en sûreté. En certains pays ceux qui tiroient ces droits, étoient si fort tenus de pourvoir à la sûreté des chemins, que si un homme venoit à être volé de jour, ils devoient le dédommager de ce qu'on lui avoit pris.

Les péages des ponts ne sont pas moins légitimes, puisqu'on se dédommage par là des frais qu'il a fallu faire pour les construire, & qu'on est tenu d'ailleurs de les réparer & de les entretenir. Il en est de même à l'égard des lieux où l'on a pris de la peine pour rendre les chemins plus courts & plus faciles, en comblant, par exemple des fossés, ou desséchant des marais pour la commodité des voyageurs & des voitures.

A cette raison, qui est sûrement décisive pour montrer l'équité de ces droits sur terre, quelques-uns ajoutent, que le grand nombre des passans rend les vivres plus chers. Il y a encore ici une autre chose à considérer, c'est que le Souverain peut exiger du moins une petite reconnoissance de ce qu'il se relâche du droit qu'il avoit d'empêcher que les marchandises étrangeres ne passassent de ses mains immédiatement à celui qui va les chercher plus loin au travers de ses Etats; & de faire gagner à ses propres sujets, en établissant une étape, ce que gagnent les marchands qui trafiquent à la faveur de son pays.

A l'égard du péage des rivieres, on peut dire aussi qu'elles ravagent quelquefois considérablement les terres voisines, soit en rongeant peu à peu leurs extrémités, ou en se débordant; & qu'il faut même souvent y faire des chaussées. Si donc pour se dédommager un peu de ces pertes, & de ces dépenses, on exige quelque petite chose de ceux qui retirent du profit de l'usage d'une riviere, sans en recevoir aucun dommage; y a-t-il là quelque apparence d'injustice?

Quant aux vaisseaux qui passent par un

détroit, ſi le Souverain de qui releve ce bras de mer, eſt obligé à quelques dépenſes pour la commodité publique de la navigation, s'il a ſoin par exemple, de mettre des baliſes pour marquer les écueils ou les bancs de ſable, d'entretenir des fanaux pour guider les vaiſſeaux pendant l'obſcurité de la nuit, de nettoyer la mer des corſaires; il n'y a point de doute qu'il ne puiſſe exiger de ceux qui paſſent un impôt proportionné à ce qui lui en coûte pour ce ſujet. Mais ſi le Souverain n'a point de dépenſes à faire pour la commodité du paſſage des vaiſſeaux, l'on ſeroit bien embarraſſé à trouver l'équité d'un droit quelconque, le paſſage des vaiſſeaux qui ne ſont pas armés, étant d'une utilité entiérement innocente.

Les Etats maritimes emploient des perſonnes pour le commerce en Afrique, en Aſie, dans les Echelles du Levant, dans preſque toutes les grandes villes marchandes de l'Europe, ſituées ſur les côtes de la mer, ou ſur les bords des fleuves. On les appelle Conſuls des Nations. Ce ſont des gens envoyés pour protéger le commerce des ſujets de leur Prince, & pour juger les différents qui ſurviennent entr'eux au ſujet de ce même commerce. Ces gens-là qui ſont ordinairement tirés du négoce, ne ſont pas privilégiés par le

Droit des gens, ils ne sont pas envoyés pour représenter leurs Princes dans une Cour; ils ne résident pas auprès du Souverain, & ils n'ont point d'affaire d'Etat à manier. Ils ne sont donc pas Ministres publics; ils ne sont que les hommes d'affaires de leur nation pour le commerce, & ils sont soumis à la justice civile & criminelle des lieux où ils exercent leur emploi.

Les conventions que les Princes font avec les Etats, où ils envoient ces Consuls, pourroient seuls leur communiquer les privileges des Ministres publics; mais outre que ces conventions ne portent pas d'ordinaire si loin, c'est alors en vertu des conventions, & non pas de l'emploi, que les Consuls jouissent des droits particuliers aux personnes publiques.

Mais comme un Prince consacre le Consul particuliérement au service de sa nation; il est offensé lorsque son Consul l'est. Il peut & se plaindre, & marquer son ressentiment de l'inexécution des traités des deux peuples, où la nation offensée devoit trouver la sûreté de son commerce, & celle des personnes qui y sont employées. Et les Etats doivent empêcher que leurs sujets ne manquent de respect aux autres puissances, en la personne des Consuls des autres nations.

Au défaut des traités, la coutume doit servir de regle dans ces occasions ; car celui qui reçoit un Consul sans conditions expresses, est censé le recevoir sur le pied établi par l'usage. Voy. Burlamaqui, Tom. VII. Part. III. chap. IV. Wattel, Liv. II. chap. II. *Corps Politiques*, Liv. VII, chap. XIV. Grotius, Liv. II. chap. II. §. 18. & suiv. Puffendorf, Liv. V. ch. III. §. 10. Liv. III. chap. III. §. 12. & suiv. Liv. VIII. chap. V. §. 4. Ibid. chap. IX. §. 3. & suiv. &c.

LEÇON XVIII.

L'établissement des Nations dans les pays qu'elles occupent ; Domaine & Empire qu'elles en ont acquis ; Etrangers.

LA terre appartient aux hommes en général : destinée par le Créateur à être leur habitation commune, & leur mere nourrice, tous tiennent de la nature le droit d'y habiter & d'en tirer les choses nécessaires à leur subsistance, & convenables à leurs besoins. Mais le genre humain s'étant extrêmement multiplié, la terre n'étoit plus capable de fournir d'elle-même, & sans culture, à l'entretien de ſes habitans : & elle n'eût pu recevoir une culture convenable de peuples vagabonds, auxquels elle eût appartenu en commun. Il devint donc néceſſaire que ces peuples ſe fixaſſent quelſque part, & qu'ils s'appropriaſſent des portions de terrein, afin que n'étant point troublés dans leur travail, ni fruſtrés du fruit de leurs peines, ils s'appliquaſſent à rendre ces terres fertiles, pour en tirer leur ſubſiſtance. C'eſt ce qui a donné lieu, comme nous l'avons montré ailleurs, aux droits de propriété & de domaine. Depuis leur introduction, le droit commun à tous les hommes a été reſtreint en particulier à ce que chacun poſſede légitimement. Le pays qu'une nation habite, ſoit qu'elle s'y ſoit tranſportée, ſoit que les familles qui la compoſent ſe trouvant répandues dans cette contrée, s'y ſoient formées en corps de ſociété politique : ce pays, dis-je, eſt l'établiſſement de la nation ; elle y a un droit propre & excluſif.

L'on peut donc dire que la multiplication des hommes les a déterminés néceſſairement à la culture des terres : de la néceſſité de la culture a réſulté la néceſſité du partage des terres, celle de la propriété fonciere, & enfin la diviſion de la ſociété même univerſelle en pluſieurs ſociétés particulieres, qui forment les corps politiques. En effet, avant qu'une terre puiſſe être cultivée, il faut qu'elle ſoit défrichée, qu'elle ſoit préparée par une multitude de travaux & de dépenſes diverſes, qui marchent à la ſuite des défrichemens ; il faut enfin que les bâtimens néceſſaires à l'exploitation ſoient conſtruits, par conſéquent que chaque premier cultivateur commence par avancer à la terre des richeſſes dont il a la propriété : or comme ces richeſſes incorporées, pour ainſi dire, dans les terres, ne peuvent plus en être ſéparées, il eſt ſenſible qu'on ne peut ſe porter à faire ces dépenſes que ſous la condition de reſter propriétaire de ces terres : ſans cela la propriété de toutes les choſes ainſi dépenſées ſeroit inutile. Cette condition a même été d'autant plus juſte dans l'origine des ſociétés particulieres, que les terres étoient ſans valeur vénale & ſans prix, avant que les dépenſes les euſſent rendues ſuſceptibles de culture.

Mais un propriétaire foncier ne ſe décidera à faire les dépenſes néceſſaires pour mettre ſes terres en valeur, qu'autant qu'il eſt sûr qu'il ſera auſſi propriétaire de la récolte que la culture des terres pourra procurer. Mais pour établir cette sûreté en faveur du propriétaire, il a fallu chercher les moyens de mettre les récoltes à l'abri de tous les risques auxquels elles étoient exposées, jusqu'à ce qu'elles fussent enlevées par ceux auxquels elles devoient appartenir. Les hommes se sont donc trouvés dans la nécessité de se diviser comme les terres mêmes, de former des sociétés particulieres, dans lesquelles les uns fussent occupés de la culture, & les autres de la sûreté des récoltes. Il est donc sensible que l'institution de ces sociétés particulieres n'a pu se faire sans des conventions qui eussent un double objet : 1°. celui d'assurer dans l'intérieur de chaque société, le sort des propriétaires ; celui des cultivateurs, & de tous ceux qui seroient employés à la sûreté des récoltes ; 2°. de mettre le corps entier de la société en état de n'avoir rien à craindre au dehors de la part des sociétés voisines : tel est le grand but des sociétés politiques. L'on voit donc clairement par-là, qu'on ne peut pas même concevoir un corps politique, sans une entiere possession de cette partie de la terre qu'elle occupe : car son établissement est résulté de l'envie d'en garantir la propriété.

Cette propriété attachée à l'établissement de chaque société politique, comprend deux choses : 1°. le *Domaine*, en vertu duquel la nation peut user seule du pays qu'elle occupe pour ses besoins, en disposer & en tirer tout l'usage auquel il est propre. 2°. L'*Empire*, ou le droit du souverain commandement, par lequel elle ordonne & dispose à sa volonté de tout ce qui se passe dans le pays. Lorsqu'une nation s'empare d'un pays qui n'appartient encore à personne, elle est censée y occuper l'empire ou la souveraineté, en même-temps que le domaine. Car puisqu'elle est libre & indépendante, son intention ne peut être, en s'établissant dans une contrée, d'y laisser à d'autres le droit de commander, ni même aucune des prérogatives qui constituent la souveraineté. Tout l'espace dans lequel une nation étend son empire, forme le ressort de sa juridiction, & s'appelle son territoire.

On peut encore occuper l'empire dans un pays indépendant d'une autre maniere. Si plusieurs familles libres, répandues dans un pays indépendant, viennent à s'unir pour former une Nation, un Etat; elles occupent ensemble l'empire sur tout le pays qu'elles habitent. Car elles en possédoient déjà, chacune pour sa part, le domaine; & puisqu'elles veulent former ensemble une société politique, & établir une autorité publique à laquelle chacun sera tenu d'obéir, il est bien manifeste que leur intention est d'attribuer à cette autorité publique le droit de commander dans tout le pays.

De même, si une nation qui a déjà une certaine étendue de territoire, trouve un pays inhabité & sans maître, elle peut légitimement s'en emparer : & après qu'elle a suffisamment marqué sa volonté à cet égard, une autre ne peut l'en dépouiller. C'est ainsi que des navigateurs allant à la découverte, munis d'une commission de leur Souverain, & rencontrant des Isles, ou d'autres terres désertes, en ont pris possession au nom de leur nation ; & communément ce titre a été respecté, pourvu qu'une possession réelle l'ait suivi de près.

Cependant si une nation s'emparoit d'une vaste étendue de pays inhabité, ou rempli de peuples errans, incapables de le cultiver, seulement pour pouvoir dire qu'elle en est le maître, sans y faire aucun établissement, sans y envoyer des colonies, en un mot, sans rendre utile ce pays aux hommes, cette prétendue possession seroit injuste, & une autre nation très-peuplée, & qui auroit besoin de pays pour entretenir ses habitans, pourroit à juste titre la lui enlever. Car la terre ayant été donnée aux hommes pour leur subsistance, elle doit appartenir par droit naturel à ceux qui en ont besoin ; & une nation qui en occuperoit inutilement une partie dont une autre auroit besoin pour la subsistance de ses habitans, ne pourroit se plaindre si elle lui étoit enlevée par cette nation qui se propose de la faire valoir par sa demeure & son industrie. C'est une suite du droit que l'on a sur tout ce qui peut contribuer à la conservation de soi-même. Un chef Germain du temps de Néron, disoit aux Romains : « Comme » le ciel appartient aux Dieux, ainsi la » terre est donnée au genre humain : les » pays déserts sont communs à tous (*). » Voulant donner à entendre à ces fiers Conquérans, qu'ils n'avoient aucun droit de retenir un pays qu'ils laissoient désert, tandis qu'eux les Germains auroient pu l'occuper utilement.

Tirons de ce que nous venons de dire sur le domaine des nations, une conséquence très-naturelle. Une nation n'est point en droit d'en chasser une autre du pays qu'elle habite, pour s'y établir elle-même. Malgré l'extrême inégalité du climat & du terrain, chacun doit se contenter de ce qui lui est échu en partage. Les conducteurs des nations mépriseront-ils une regle, qui fait toute leur sûreté dans la société civile ? Faites tomber dans

(*) Tacit.

l'oubli cette regle ſacrée ; le payſan quittera ſa chaumiere, pour envahir le palais du Grand, ou les poſſeſſions délicieuſes du riche. Les anciens Helvétiens mécontens de leur ſol natal, brûlerent toutes leurs habitations, & ſe mirent en marche, pour aller s'établir, l'épée à la main, dans les fertiles contrées de la Gaule méridionale. Mais ils reçurent une terrible leçon d'un conquérant plus habile qu'eux. Céſar les battit, & les renvoya dans leur pays. Leur poſtérité plus ſage ſe borne à conſerver les terres & l'indépendance qu'elle tient de la nature. Le travail des mains libres a ſuppléé à l'ingratitude du terroir.

Mais pour prévenir cette occaſion de conteſtation ou de rupture au ſujet du territoire, il eſt très-important d'en marquer avec préciſion les limites, afin que chaque nation ſache l'étendue de ſon domaine. Cette maxime au reſte n'eſt pas du goût de nos politiques ; ils ſont bien aiſes de ſe ménager quelque ſujet de rupture : indigne artifice ! On a même vu des Commiſſaires travailler à ſurprendre ou à corrompre ceux d'un Etat voiſin, pour faire injuſtement gagner à leurs maîtres quelques lieues de terrain. Comment des Princes ou leurs Miniſtres ſe permettent-ils des manœuvres qui déshonoreroient un particulier ?

Non

Non-seulement on ne doit point usurper le territoire d'autrui, il faut encore le respecter, & s'abstenir de tout acte contraire au droit de Souverain, & d'indépendance; car une nation étrangere ne peut s'y attribuer aucun droit, ce domaine étant plein & absolu. On ne peut donc sans faire injure à l'Etat, entrer à main armée sur ses terres, pour y poursuivre un coupable & l'enlever. C'est en même temps donner atteinte à la sûreté de l'Etat, & blesser le droit de l'empire, ou le commandement suprême qui appartient au Souverain. C'est ce qu'on appelle, *violer le territoire*; & rien n'est plus généralement reconnu entre les nations, pour une injure qui doit être repoussée avec vigueur par tout Etat qui ne voudra pas se laisser opprimer.

De ce même principe il découle, que le Souverain peut défendre l'entrée de son territoire, soit en général à tout étranger, soit en certains cas, ou à certaines personnes, ou pour quelques affaires en particulier, selon qu'il le trouve c[illegible]nable au bien de l'Etat. Tout le [illegible] est obligé de respecter la défense, & c[illegible]ui qui ose la violer, encourt la peine décernée pour la sanction. Mais la défense doit être connue, de même que la peine attachée à la désobéissance; ceux qui l'ignorent doivent être avertis, lorſqu'ils ſe préſentent pour entrer dans le pays.

Lorſque le Souverain permet l'entrée ſur ſon territoire aux étrangers, il eſt en droit de preſcrire la condition ſous laquelle il leur accorde cette permiſſion : comme il eſt le maître de la leur défendre, il eſt auſſi des conditions auxquelles il veut la permettre; bien entendu que dans ces conditions impoſées il reſpecte le droit de l'humanité. Car tout propriétaire peut uſer librement de ſes droits, & il ne fait aucune injure à perſonne lorſqu'il en uſe : mais s'il veut être exempt de faute, & garder ſa conſcience pure, il n'en fera jamais que l'uſage le plus conforme à ſes devoirs.

Si le Souverain attache quelque condition particulière à la permiſſion d'entrer dans ſes terres, il doit faire en ſorte que les étrangers en ſoient avertis, lorſqu'ils ſe préſentent à la frontiere. Il eſt des Etats comme la Chine & le Japon, dans leſquels il eſt défendu à tout étranger de pénétrer, ſans une permiſſion expreſſe. En Europe l'accès eſt libre par-tout, à quiconque n'eſt point ennemi de l'Etat; ſi ce n'eſt en quelques pays, aux vagabonds & gens ſans aveu.

Mais dans les pays où tout étranger entre librement, le Souverain eſt ſuppoſé ne lui donner accès que ſous cette condition tacite, qu'il ſera ſoumis aux lois; c'eſt-à-dire aux lois générales, faites pour maintenir le bon ordre, & qui ne ſe rapportent pas à la qualité de citoyen, ou de ſujet de l'Etat. La ſûreté publique, les droits de la nation & du Prince exigent néceſſairement cette condition : & l'étranger s'y ſoumet tacitement dès qu'il entre dans le pays, ne pouvant préſumer d'y avoir accès ſur un autre pied. L'empire eſt le droit de commander dans tout le pays, & les lois ne ſe bornent pas à régler la conduite des citoyens entr'eux, elles déterminent ce qui doit être obſervé dans toute l'étendue du territoire par tout ordre de perſonnes. Et en vertu de cette ſoumiſſion, les étrangers qui tombent en faute, doivent être punis ſuivant les lois du pays. Le but des peines eſt de faire reſpecter les lois, & de maintenir l'ordre & la ſûreté.

Par la même raiſon, les différens qui peuvent s'élever entre les étrangers, ou entre un étranger & un citoyen, doivent être terminés par le Juge du lieu, & ſuivant les lois du lieu. Et comme le différent naît proprement par le refus du défendeur, qui prétend ne point devoir ce qu'on lui demande, il ſuit du même principe que tout défendeur doit être pourſuivi par-devant ſon Juge, qui ſeul a le droit de le condamner & de le contraindre. Les Suiſſes ont ſagement fait de cette regle, un des articles de leur alliance, pour prévenir les querelles qui pourroient naître des abus très-fréquens autrefois ſur cette matiere. Le Juge du défendeur eſt le Juge du lieu où ce défendeur a ſon domicile, ou celui du lieu où le défendeur ſe trouve à la naiſſance d'une difficulté ſoudaine, pourvu qu'il ne s'agiſſe point d'un fonds de terre, ou d'un droit attaché à un fonds. En ce dernier cas, comme ces ſortes de biens doivent être poſſédés ſuivant les lois du pays où ils ſont ſitués, & que c'eſt au Supérieur du pays qu'il appartient d'en accorder la poſſeſſion; les différens qui les concernent ne peuvent être jugés que dans l'Etat dont ils dépendent. En un mot, on ne ſauroit jamais aſſez reſpecter la juridiction d'une nation.

Mais dès que le Souverain reçoit dans ſes Etats les étrangers, il s'engage par là à les ſupporter comme ſes propres ſujets, à les faire jouir, autant qu'il dépend de lui, d'une entière liberté. Auſſi voyons-nous que tout Souverain qui a donné un aſile à un étranger, ne ſe tient pas moins offenſé du mal qu'on peut lui faire, qu'il le ſeroit d'une violence faite à un de ſes ſujets. L'étranger en reconnoiſſance de la protection qui lui est accordée, & des avantages dont il jouit, ne doit point se borner à respecter les lois du pays; il doit l'assister dans l'occasion, & contribuer à sa défense, autant que sa qualité de citoyen d'un autre Etat peut le lui permettre.

Un citoyen ou un sujet d'un Etat, qui s'absente pour un temps, sans intention d'abandonner la société dont il est membre, ne perd point sa qualité par son absence, il conserve ses droits & demeure lié des mêmes obligations. Reçu dans un pays étranger, en vertu de la société naturelle, de la communication & du commerce que les nations sont obligées de cultiver entr'elles, il doit y être considéré comme un membre de la nation, & traité comme tel. L'Etat qui doit respecter les droits des autres nations, & généralement ceux de tout homme quel qu'il soit, ne peut donc s'arroger aucun droit sur la personne d'un étranger, qui, pour être entré dans son territoire, ne s'est point rendu son sujet. L'étranger, il est vrai, ne peut prétendre d'avoir la liberté de vivre dans le pays sans en respecter les lois : s'il les viole, il est punissable comme perturbateur du repos public, & coupable envers la société. Cependant il n'est point soumis comme les sujets, à tous les commandemens particuliers du Souverain; & si l'on exige de lui des choses qu'il ne veut point faire, il peut quitter le pays. Libre en tout temps de s'en aller, on n'est point en droit de le retenir, si ce n'est pour un temps, & pour des raisons très-particulières, comme seroit en temps de guerre, la crainte qu'instruit de l'état du pays & des places fortes, un étranger ne portât ses lumieres à l'ennemi.

Le Souverain n'a pas plus de droit sur les biens d'un étranger que sur sa personne, & toute prétention à cet égard seroit également contraire au droit du propriétaire, & à celui de la nation dont il est membre. En cas de mort, les biens qu'il délaisse doivent naturellement passer à ceux qui sont ses héritiers suivant les lois de l'Etat dont il est membre. Mais cette regle générale n'empêche point que les biens immeubles ne doivent suivre les dispositions des lois du pays où ils sont situés.

Ces mêmes principes accordent à tout étranger la faculté de tester. Mais on demande à quelles lois il est obligé de se conformer, soit dans la forme de son testament, soit dans ses dispositions mêmes? Quant à la forme, ou aux solennités destinées à constater la vérité d'un testament, il paroît que le testateur doit observer celles qui sont établies dans le pays où il teste, à moins que la loi de l'Etat dont il est membre, n'en ordonne autrement; auquel cas il sera obligé de suivre les formalités qu'elle lui prescrit, s'il veut disposer validement des biens qu'il possede dans sa patrie; je parle d'un testament qui doit être ouvert dans le lieu du décès; car si un voyageur fait son testament, & l'envoie cacheté dans son pays, c'est la même chose que si ce testament eût été écrit dans le pays même; il en doit suivre les lois.

Pour ce qui est des dispositions en elles-mêmes, celles qui concernent les immeubles, doivent se conformer aux lois du pays où ces immeubles sont situés. Le testateur étranger ne peut point non plus disposer des biens mobiliaires ou immeubles qu'il possede dans sa patrie, que d'une maniere conforme aux lois de cette même patrie. Mais quant aux biens mobiliaires, argent ou autres effets, qu'il possede ailleurs, qu'il porte avec lui, ou qui suivent sa personne; il faut distinguer entre les lois locales, dont l'effet ne peut s'étendre au dehors du territoire, & les lois qui affectent proprement la qualité de citoyen. L'étranger demeurant citoyen de sa patrie, est toujours lié par ces dernieres lois en quelque lieu qu'il se trouve, & il doit s'y conformer dans la disposition de ses biens libres, de ses mobiliaires quelconques. Les lois de cette espece établies dans le pays où il se trouve, & dont il n'est pas citoyen, ne l'obligent point. Ainsi un homme qui teste & qui meurt dans un pays étranger, ne peut ôter à sa veuve la portion de ses biens mobiliaires, assignée à cette veuve par les lois de la patrie. Ainsi un Genevois, obligé par la loi de Geneve à laisser une légitime à ses freres, ou à ses cousins, s'ils sont ses plus proches héritiers, ne peut les en priver en testan. dans un pays étranger, tant qu'il demeure citoyen de Geneve : & un étranger mourant à Geneve n'est point tenu de se conformer à cet égard aux lois de la République.

C'est tout le contraire pour les lois locales; elles reglent ce qui peut se faire dans le territoire, & ne s'étendent point au-dehors. Le testateur n'y est plus soumis, dès qu'il est hors du territoire, & elles n'affectent point ceux de ses biens qui en sont pareillement dehors. L'étranger se trouve obligé d'observer ces lois dans le pays où il teste, pour les biens qu'il y possede.

Ce que nous venons de dire suffit pour faire voir avec combien peu de justice le Fisc s'attribue, dans quelques Etats, les biens qu'un étranger y délaisse en mourant. Cette pratique est fondée sur ce qu'on appelle *le droit d'aubaine*, par lequel les étrangers sont exclus de toute succession dans l'Etat, soit aux biens d'un citoyen, soit à ceux d'un étranger, & par conséquent ne peuvent être institués héritiers par testament, ni recevoir aucuns legs. Grotius dit avec raison que cette loi vient des siecles où les étrangers étoient presque regardés comme ennemis (*a*). C'étoit en effet la façon de penser des Grecs ; & c'est chez eux que ce droit semble avoir été enfanté, car le premier qui en ait parlé, c'est Démosthene dans son oraison contre Eubolides. Il fut très-aisé qu'il passât chez les Romains, qui ne pensoient guere différemment des Grecs à l'égard des étrangers. Voyez Cicéron *pro Archia*, & pour lui-même. Et lors même que les Romains furent devenus un peuple très-poli & très-éclairé, ils ne pouvoient s'accoutumer à regarder les étrangers comme des hommes avec lesquels ils eussent un droit commun (*b*). Mais ce qui surprend encore davantage, est que ce droit inhumain & barbare, contraire même à une politique éclairée, est en

(*a*) Droit de la Guerre & de la Paix, Liv. II, chap. VI. §. 14.

(*b*) Voyez Digest. lib. 49. tit. 15. *de captivis & postlim.*

vigueur chez les nations les plus policées de l'Europe.

Tout Etat est maître d'accorder ou de refuser aux étrangers la faculté de posséder des terres, ou d'autres biens immeubles dans son territoire. S'il la leur accorde, ces biens des étrangers demeurent soumis à la juridiction & aux lois du pays, & sujets aux taxes comme les autres. L'empire du Souverain s'étend dans tout le territoire; & il seroit absurde d'en excepter quelques parties, par la raison qu'elles sont possédées par des étrangers. Si le Souverain ne permet point aux étrangers de posséder des immeubles, personne n'est en droit de s'en plaindre; car il peut avoir de très-bonnes raisons d'en agir ainsi; & les étrangers ne pouvant s'attribuer aucun droit dans son territoire, ils ne doivent pas même trouver mauvais qu'il use de son pouvoir & de ses droits, de la maniere qu'il croit la plus salutaire à l'Etat. Et puisque le Souverain peut refuser aux étrangers la faculté de posséder des immeubles, il est le maître sans doute de ne l'accorder qu'à certaines conditions. Cependant il me semble devoir faire une exception en faveur des étrangers qui reçoivent des biens immeubles des citoyens en payement : car souvent ils sont obligés de les recevoir au-dessus de ce qu'ils valent.

Nous en dirons autant des mariages des étrangers ; car il se trouve que ces mariages sont nuisibles ou dangereux à une nation, elle est en droit, & même dans l'obligation de les défendre, ou d'en attacher la permission à certaines conditions. Et comme c'est à elle ou à son Souverain de déterminer ce qu'il croît être du bien de l'Etat ; les autres nations doivent acquiescer à ce qui est statué à cet égard dans un Etat souverain.

Concluons donc qu'une nation doit en général aux étrangers tous les devoirs de l'humanité : & ce ne sont que les barbares dont l'éducation a étouffé tout sentiment d'humanité, qui peuvent s'en exempter. Quant aux lois civiles, il y a deux positions différentes qui doivent les dicter vis-à-vis des étrangers. Le pays où les hommes manquent, doit leur accorder des lois favorables, les attirer par toute sorte de privileges, & les incorporer dans le corps de la nation, dès qu'ils seront reconnus pour d'honnêtes gens, & des personnes utiles à l'Etat. Regarder ces sortes d'étrangers avec indifférence, les exclure de tous les privileges des citoyens, leur imposer même des charges pour leur rendre le séjour chez nous dur & pénible, & qui plus est encore, mettre leurs privileges qu'on appelle *droit de bour-*

geois à un prix bien supérieur à leurs finances ; c'est calculer bien mal, c'est connoître bien peu ses véritables intérêts ; c'est préférer un vil intérêt particulier au bien public.

Mais si le pays est suffisamment peuplé, il doit aux étrangers les lois de l'humanité, de l'urbanité & rien au-delà. Les avantages dont ils viennent profiter sont au préjudice des naturels. Si les lois d'une nation sont équitables & douces, si la liberté personnelle & mobiliaire, & celle du commerce y sont respectées, ce pays se peuplera lui-même : les étrangers y accourront sans privileges, si le climat ne les rebute pas. Voyez Burlamaqui, Tom. VII. Part. III. chap. V. Wattel, Liv. II, chap. VII. & VIII. Puffendorf, Liv. IV. chap. II. Liv. III. chap. III. &c. Grotius, Liv. II. chap. II. & XV. &c. *Corps politiques*, Liv. I. chap. XIII.

LEÇON XIX.

Droits dont les nations ne peuvent être privées, même après l'introduction du domaine & de la propriété.

NOus avons remarqué qu'il n'y a point de devoir ſans droit à tout ce qui eſt néceſſaire pour s'acquitter du devoir. Tout devoir donc abſolu & indiſpenſable, demande des droits abſolus que perſonne ne peut nous ôter, & auxquels nous-mêmes ne ſaurions renoncer : ce ſont des droits inaliénables qui ſubſiſtent toujours, quelque établiſſement que les hommes pour leur commun avantage trouvent à propos de former.

Nous ne répéterons pas les ſuites du droit de néceſſité dont nous avons parlé ailleurs fort au long, & qui peuvent s'appliquer fort aiſément aux nations. Car dans la communion primitive, les hommes avoient droit indiſtinctement à l'uſage de toutes les choſes, autant qu'il leur étoit néceſſaire pour ſatisfaire à leurs obligations naturelles. Et comme rien ne peut les priver de ce droit, l'introduction du domaine & de la propriété, n'a pu ſe faire, qu'en laiſſant à tout homme l'uſage des choſes néceſſaires, c'eſt-à-dire l'uſage abſolument requis pour l'accompliſſement de ſes obligations naturelles. On ne peut donc les ſuppoſer introduits, qu'avec cette reſtriction tacite que tout homme conſerve quelque droit ſur les choſes ſoumiſes à la propriété, dans le cas où ſans ce droit il demeureroit abſolument privé de l'uſage néceſſaire des choſes de cette nature. Ce droit eſt un reſte néceſſaire de la communion primitive. Le domaine des nations n'empêche donc point que chacune n'ait encore quelque droit ſur ce qui appartient aux autres, dans le cas où elle ſe trouveroit privée de l'uſage néceſſaire de certaines choſes, ſi la propriété d'autrui l'en excluoit abſolument. Il faut peſer ſoigneuſement toutes les circonſtances, pour faire une juſte application de ce principe.

Pour nous borner ici à quelques détails qui conviennent plus particuliérement aux droits & aux devoirs des nations, nous commencerons par le droit de paſſage. Ce droit eſt encore un reſte de la communion primitive, dans laquelle la terre entiere étoit commune aux hommes, & l'accès libre par-tout à chacun, ſuivant ſes beſoins. Perſonne ne peut être entiérement privé de ce droit. Mais l'exercice en est restreint par l'introduction du domaine & de la propriété : depuis cette introduction, on ne peut en faire usage, qu'en respectant les droits propres d'autrui. L'effet de la propriété est de faire prévaloir l'utilité du propriétaire sur celle de tout autre. Lors donc que le maître du territoire juge à propos de vous en refuser l'accès, il faut que vous ayez quelque raison plus forte que toutes les siennes, pour y entrer malgré lui ; tel est le droit de nécessité. Ce droit vous permet une action illicite en d'autres rencontres, celle de ne pas respecter le droit de domaine. Quand une vraie nécessité vous oblige à entrer dans le pays d'autrui ; par exemple si vous ne pouvez autrement vous soustraire à un péril éminent, si vous n'avez point d'autres passages pour vous procurer les moyens de vivre ou de satisfaire à quelque autre obligation indispensable, vous pouvez forcer le passage qu'on vous refuse injustement.

Mais si une égale nécessité oblige le propriétaire à vous refuser l'accès ; il le refuse justement, & son droit prévaut sur le vôtre. Ainsi un vaisseau battu de la tempête, a droit d'entrer, même de force, dans un port étranger. Mais si ce vaisseau est infecté de la peste, le maître du port l'éloignera à coups de canon, & ne péchera ni contre la justice, ni même contre la charité, qui en pareil cas doit sans doute commencer par soi-même.

Il faut cependant avouer que le passage d'une armée entiere est sujet à trop d'inconvéniens, pour décider avec Grotius, que les nations soient obligées par droit naturel de se l'accorder réciproquement (*a*). Car d'abord on risque de s'attirer les forces de l'ennemi, que par le refus du passage, on a voulu épargner à une nation tierce. C'est ainsi que les Romains ayant autrefois envoyé des Ambassadeurs aux Gaulois, pour les prier de ne point donner passage aux Carthaginois, qui venoient porter la guerre en Italie ; les Gaulois trouverent cette proposition fort impertinente. « Belle demande, répondirent-» ils, que pour ne pas laisser pénétrer la » guerre en Italie, nous l'attirions sur nos » têtes ! & que pour mettre à couvert » le pays d'autrui, nous exposions le » nôtre au pillage ! ..... D'ailleurs nous » n'avons reçu ni aucun bien des Ro-» mains, ni aucun mal des Carthaginois, » qui nous oblige à prendre les armes ou » pour les premiers ou contre les der-» niers (*b*). »

(*a*) Liv. II. chap. II. §. 13.

(*b*) Tit. Liv. Lib. XXI. cap. XX.

Mais ce n'eſt pas le ſeul danger auquel une nation s'expoſe, en accordant le paſſage à une armée par les terres de ſa domination. Si celui à qui l'on donne le paſſage eſt repouſſé, & a du deſſous, quelque juſte raiſon qu'il ait eu de faire la guerre à l'autre, celui-ci ne ſe vengera-t-il pas de ce qu'il n'a pas tenu à celui qui a accordé le paſſage, que ſon ennemi ne l'accablât ? Mais n'a-t-on rien à craindre de la part même des troupes étrangeres qu'on laiſſe paſſer ? Des gens qui ont les armes à la main ſe laiſſent aiſément aller à la tentation d'en abuſer, & de commettre des violences, ſur-tout s'ils ſont en grand nombre, & qu'ils trouvent l'occaſion de faire un butin conſidérable. Combien de fois n'a-t-on pas vu des armées étrangeres ravager ou s'approprier même les Etats d'un peuple qui les avoit appelés à ſon ſecours ; ſans que les traités & les ſermens les plus ſolennels ayent été capables de les détourner d'une ſi noire perfidie ? Que ne doit-on pas appréhender de ceux qui ne ſont pas dans des engagemens ſi étroits, et qui promettent ſimplement de ne point faire de mal ? Il y a peu de Généraux qui en pareille rencontre, méritent l'éloge qui fut autrefois donné par Cicéron à Pompée le Grand : « Que ſes troupes traverſerent

» toute l'Asie, sans laisser aucune plainte » de leur insolence, non pas même la trace » de leur passage (*). » C'est pourquoi lorsque les Suisses, qui formoient une prodigieuse multitude, & qui avoient autrefois traité ignominieusement l'armée de Cassius, demanderent à César la permission de passer par la Province Romaine, il la leur refusa, persuadé qu'ils n'auroient pu s'empêcher de commettre quelque désordre.

D'ailleurs, comme dans le corps animal, les parties intérieures sont les plus délicates & les plus sujettes à être dangereusement affectées; de même presque tous les Etats ont ceci de commun, que plus on avance dans le cœur du pays, plus on les trouve foibles & désarmés. Les Carthaginois, d'ailleurs invincibles, furent vaincus près de Carthage par Agathocles, & par Scipion. Hannibal disoit qu'on ne pouvoit venir à bout des Romains que dans l'Italie même. C'est donc une chose bien périlleuse, vu l'avidité insatiable des hommes, que de laisser épier ces mysteres à une grande multitude d'étrangers, qui ayant les armes à la main, peuvent profiter de notre foible, & nous punir de notre imprudence. Ajoutez à

(*) Orat. pro L. Manil. cap. XII.

cela que dans tous les Etats, il ne manque jamais d'esprits malins & remuans qui sont capables de solliciter l'étranger, ou contre leurs concitoyens, ou contre le Souverain, ou contre les voisins. L'histoire nous en offre assez d'exemples pour n'en point douter.

Ainsi les précautions que Grotius voudroit que l'on prît en accordant le passage à une armée, ne sont bonnes à prendre que quand on ne peut s'empêcher de donner le passage. Car avec toute la circonspection imaginable, on ne laisse pas souvent d'être la dupe d'une complaisance mal entendue. Je ne parle point de l'interruption du commerce avec la nation dont on laisse passer l'ennemi, ni du renchérissement des vivres pendant le temps du passage : objets cependant assez considérables pour entrer dans le calcul du conducteur de la nation à qui l'on demande le passage.

Nous avons remarqué ailleurs qu'il y auroit de la cruauté de refuser l'usage innocent d'une chose inépuisable, si la propriété exclusive nous étoit inutile, & que l'usage en fût utile à notre prochain. Ainsi les choses mêmes qui à d'autres égards sont assujetties au domaine, si elles sont d'un usage inépuisable, demeurent communes quant à cet usage. Ainsi un fleuve peut être soumis au domaine, & à l'empire, mais dans sa qualité d'eau courante, il demeure commun, c'est-à-dire, que le maître du fleuve ne peut empêcher personne d'y boire & d'y puiser de l'eau. Ainsi la mer même dans ses parties occupées, peut servir à la navigation de tout le monde; celui qui en a le domaine ne peut donc y refuser passage à un vaisseau dont il n'a rien à craindre. Il peut cependant arriver que l'usage de cet objet inépuisable sera refusé avec justice par le maître de la chose, lorsqu'il pourroit lui-même être incommodé ou lésé de cette permission. Par exemple, si vous ne pouvez parvenir à ma rivière pour y puiser de l'eau sans passer sur mes terres, & nuire aux fruits qu'elles portent, je suis en droit de vous exclure de l'usage inépuisable de l'eau courante.

Il y a encore un autre droit dont les nations ne peuvent pas être privées, même après l'établissement de la propriété; il consiste à tirer du bien d'autrui une utilité innocente. On appelle *utilité*, ou *usage innocent*, celui que l'on peut tirer d'une chose, sans causer ni perte ni incommodité au propriétaire; & le *droit d'usage innocent*, est le droit que l'on a à cette utilité, ou à cet usage que l'on peut tirer des choses appartenantes à autrui, ſans lui cauſer ni perte ni incommodité. Car, comme le dit Cicéron ; « pourquoi » eſt-ce qu'on refuſeroit de faire part aux » autres des choſes en quoi on peut leur » rendre ſervice, ſans en être ſoi-même » incommodé (*). »

Il faut cependant faire attention que c'eſt au propriétaire de la choſe de juger ſi l'uſage qu'on veut faire de cette même choſe ne lui cauſera ni dommage ni incommodité. Si d'autres prétendent en juger & contraindre le propriétaire, en cas de refus, il ne ſera plus le maître de ſon bien. Souvent l'uſage d'une choſe paroîtra innocent à celui qui veut en profiter, quoiqu'en effet il ne le ſoit point. Entreprendre de forcer le propriétaire, c'eſt s'expoſer à commettre une injuſtice, ou plutôt c'eſt la commettre actuellement, puiſque c'eſt violer le droit qui appartient au ſeul propriétaire, ſavoir de juger ce qu'il a à faire. En un mot dans tous les cas ſuſceptibles de doute, il faut s'en tenir au jugement du propriétaire.

Mais lorſque l'innocence de l'uſage eſt évidente & abſolument indubitable, le refus eſt une injure. Car outre qu'il prive manifeſtement de ſon droit celui qui demande l'uſage innocent, il témoigne en-

(*) *De Offic.* Lib. I. cap. XVI.

vers lui d'injurieuses dispositions de haine & de mépris. Refuser à un vaisseau marchand le passage par un détroit, à des pêcheurs la liberté de sécher leurs filets sur le rivage de la mer, ou celle de puiser de l'eau dans une riviere; c'est visiblement blesser leur droit à une utilité innocente. Mais dans tous les cas où l'on n'est pressé d'aucune nécessité, on peut demander au maître les raisons de son refus, & s'il n'en rend aucune, le regarder comme injuste, ou comme un ennemi avec lequel on agira suivant les regles de la prudence. En général on réglera ses sentimens & sa conduite envers lui sur le plus ou le moins de poids des raisons dont il s'autorisera.

Je vais plus loin. Je dis qu'une nation non-seulement ne doit fonder un refus de l'usage innocent des choses, que sur des raisons vraies & solides, c'est une maxime d'équité, mais elle ne doit pas même s'arrêter à des minuties, à une perte légere, à quelque petite incommodité; l'humanité le lui défend, & l'amour mutuel que les hommes se doivent, exige de plus grands sacrifices. Certes, ce seroit trop s'écarter de cette bienveillance universelle qui doit unir le genre humain, que de refuser un avantage considérable à toute une nation pour une très-petite perte, une incommodité légere qui peut en résulter. Une nation doit donc à cet égard, se régler sur des raisons proportionnées aux avantages & aux besoins des autres, & compter pour rien une petite dépense, une incommodité supportable, quand il en résulte un grand bien pour un autre.

Rien cependant ne l'oblige à se mettre en frais, ou dans l'embarras pour accorder à d'autres un usage qui ne leur sera ni nécessaire, ni fort utile. Le sacrifice que nous exigeons ici n'est point contraire aux intérêts de la nation. Il est naturel de penser que les autres useront du réciproque; & quels avantages n'en résultera-t-il pas pour tous les Etats?

Mais lorsqu'on accorde par une permission générale à toutes nations étrangeres l'usage innocent des choses, par exemple de voyager librement, soit par terre soit par eau, de s'y marier, d'y acheter ou d'y vendre certaines marchandises, d'y chasser, d'y pêcher, &c. on ne peut exclure une nation de la permission générale, sans lui faire injure, à moins que l'on n'ait quelque raison particuliere & légitime de lui refuser ce que l'on accorde aux autres indifféremment. Il s'agit ici, comme l'on voit, d'actes qui peuvent être d'une utilité innocente : &

par cela même que la nation les permet indiſtinctement aux étrangers, elle fait aſſez connoître qu'elle les juge en effet innocens par rapport à elle. L'Etat en déclarant que les étrangers y ont droit, montre qu'il les reconnoît pour innocens : or le refus d'une choſe dont l'utilité eſt reconnue innocente, eſt une injure manifeſte. D'ailleurs, défendre ſans aucun ſujet à un peuple, ce que l'on permet indifféremment à tous, c'eſt une diſtinction injurieuſe, puiſqu'elle ne peut procéder que de haine ou de mépris. Si l'on a quelque raiſon particulière & bien fondée de l'excepter, la choſe n'eſt plus d'une néceſſité innocente par rapport à ce peuple, & on ne lui fait aucune injure. L'Etat peut encore excepter de la permiſſion générale un peuple qui lui aura donné de juſtes ſujets de plainte, ou qui lui refuſe le réciproque.

Quant aux droits accordés à une ou pluſieurs nations, par convention ou par reconnoiſſance, un Etat peut refuſer les mêmes droits à d'autres, ſans qu'ils doivent s'en offenſer. La nation ne juge pas que les actes dont il s'agit ſoient d'une utilité innocente, puiſqu'elle ne les permet pas à tout le monde indifféremment, & elle peut, ſelon ſon bon plaiſir, céder des droits ſur ce qui leur appartient en en propre, ſans que perſonne ſoit fondé à s'en plaindre, ou à prétendre la même faveur.

L'humanité enfin ne ſe borne pas à permettre aux nations étrangeres, l'utilité innocente qu'elles peuvent tirer de ce qui nous appartient. Elle exige outre cela que nous leur facilitions les moyens d'en profiter, autant que nous pouvons le faire ſans nous nuire à nous-mêmes. Ainſi il eſt d'un Etat bien policé de faire en ſorte qu'il y ait par-tout des hôtelleries où les voyageurs puiſſent être logés, & nourris à un juſte prix; de veiller à leur ſûreté, à ce qu'ils ſoient traités avec équité & avec humanité, mais ſur-tout il faut bien accueillir les étrangers, les recevoir avec politeſſe, & leur montrer en toutes choſes un caractere doux & officieux, il faut avoir toujours devant les yeux ce grand principe que nous avons développé dans un chapitre précédent, & qui guidoit les plus ſages des Anciens, que le monde entier n'eſt qu'une ſeule république, & que chaque peuple n'eſt dans cette patrie commune qu'une grande famille; idée noble, grande, exacte, qui porte les hommes à regarder chaque pays comme dépendant des autres, & comme utile à tous, & qui les détourne de ſe borner à l'amour excluſif de leur patrie. Idée qui, nous présentant le genre humain comme un tout indivisible, nous engage à une amitié générale pour tous les hommes; d'où doivent naître l'amour pour les étrangers, la confiance mutuelle entre les nations, l'empressement à contribuer à l'avantage commun, la bonne foi & la paix parmi les Princes de la terre, comme entre les particuliers de chaque Etat: « J'ai deux » patries, disoit sagement un Empereur » Philosophe; en tant qu'Antonin, Rome; » en tant qu'homme, l'univers (*). » Loin donc de nous ces hommes d'un esprit borné, qui ne voient & qui ne connoissent qu'eux-mêmes, qui ne tenant qu'à eux-mêmes, & y rapportant tout, ont le cœur trop petit pour contenir leurs semblables, & bornent leurs affections dans le cercle étroit qui les environne! Sous quelque climat qu'un homme soit né, il doit être l'objet de notre attention, sans distinguer ni Européen, ni Américain, ni Africain, ni Asiatique. Le droit des gens réunit le Grec & le Barbare, le Chrétien & le Mahométan. Si cette petite portion de matiere que nous appellons notre corps, n'est que d'un pays; notre esprit doit voir par-tout des compatriotes.

(*) Liv. 6. Max. 44.

Tous les gens de bien sont parens, les méchans seuls sont étrangers.

Nous finirons cette leçon en appliquant aux nations ce que nous avons dit ailleurs, touchant la prescription à l'égard des propriétaires particuliers. Comme la prescription est de droit naturel, il est fort aisé de prouver qu'elle est pareillement de droit des gens, & que par conséquent elle doit avoir lieu entre les nations. Car le droit des gens n'est autre chose que l'application du droit de la nature aux nations, faite d'une maniere convenable aux sujets. Et bien loin que la nature des sujets apporte ici quelque exception, la prescription est d'un usage beaucoup plus nécessaire entre les Etats souverains, qu'entre les particuliers, par la raison que leurs querelles sont d'une toute autre conséquence, & que leurs différens ne se terminent d'ordinaire que par des guerres sanglantes, & par conséquent la paix & le bonheur du genre humain exigent bien plus fortement encore, que la possession des Souverains ne soit pas troublée facilement, & qu'après un grand nombre d'années, si elle n'a point été contestée, elle soit réputée juste & inébranlable. La paix est l'objet du droit des gens. Pour l'obtenir, des peuples entiers ont sacrifié leur liberté, & reçu les lois des tyrans. Tous les Etats ont leur vicissitude, leur période d'élévation & leur décadence. Quels changemens n'ont-ils pas souffert? Quel est l'Empire, le Royaume, la République dont le pays n'ait été usurpé ou par ceux qui les possedent, ou par ceux à qui ils ont succédé? Si les Princes étoient obligés de rendre ce qu'ils possedent injustement, dit très-bien Cicéron, leurs palais seroient bientôt convertis en de simples cabanes (*). Il faut qu'une possession soutenue & paisible de la souveraineté les mette hors d'atteinte une fois pour toutes, sans quoi les disputes touchant les Royaumes n'auroient jamais de fin. Ce seroit une source de guerres perpétuelles, & à peine y auroit-il aujourd'hui un Souverain sur la terre qui possédât l'autorité légitimement. *Omnis homo injustus, aut hæres iniqui.* Suivant cette pensée, ceux qui ont été dépossédés d'un Etat, n'y avoient pas plus de droit que leurs vainqueurs. Vous criez à l'injustice après tant de siecles; ceux sur qui vos ancêtres avoient fait une usurpation pareille à celle dont vous vous plaignez, ont crié de même & d'autres avant ceux-là. Faudra-t-il bouleverser toute la terre pour l'amour de vous? Quelles usurpa-

(*) De Leg. III.

tions la prescription n'a-t-elle pas rendu légitimes ? Toutes les nations ont de vieilles prétentions les unes contre les autres : si l'on ne pouvoit y opposer la prescription comme un mur d'airain, aucune République n'auroit un droit assuré sur les villes de son domaine, aucun Roi sur ses peuples. Dans quel trouble ne seroient pas tous les Etats, sans regle, sans assurance, toujours à la veille d'être envahis ! L'état naturel seroit bien préférable à la société civile.

La prescription assure la tranquillité du genre humain. C'est la plus sage de toutes les regles, lorsque le droit qu'elle acquiert est ancien. Une couronne qu'un Prince ne devoit d'abord qu'à son épée, doit demeurer dans la suite, à titre de succession légitime, aux descendans d'un conquérant, pourvu que le droit de conquête ait été suivi de l'acquiescement des peuples, & qu'une possession tranquille l'ait rendu légitime. La République Romaine, après avoir été agitée par les factions de Cinna, de Marius, de Sylla, de Pompée, de César, des Triumvirs, crut devoir pour le bien de la paix se choisir un maître (*). Mais qu'étoit-ce que le

(*) Pacis interfuit ut ab uno regeretur.

premier Empereur Romain, si ce n'est un sujet révolté contre sa patrie, qui lui avoit ravi la liberté, & l'avoit assujettie à la tyrannie? Le choix qu'on en fit étoit-il bien libre? Dans la suite des Empereurs, combien ne trouve-t-on pas d'usurpateurs? Tous les Empires & tous les Royaumes de l'Europe n'ont-ils pas été formés des débris de l'Empire Romain? Depuis même cette grande révolution, des Royaumes héréditaires sont devenus électifs: (a) des Royaumes électifs sont devenus héréditaires; (b) quelques-uns sont redevenus électifs. (c) Pour ne parler que des exemples récens, n'avons-nous pas vu de nos jours arracher une couronne de dessus la tête d'un Prince légitime, (d) pour la mettre sur celle de son gendre, (e) qui l'a fait passer à une maison étrangere? (f) Et ne voyons-nous pas aussi dans l'Europe une République florissante, (g) qui ne doit son origine qu'à la révolte de ses peuples?

Il y a encore une raison particuliere

(a) L'Empire d'Allemagne.
(b) Le Danemarck, la Suede, la Hongrie.
(c) La Suede.
(d) Jacques II. Roi d'Angleterre.
(e) Le Prince d'Orange sous le nom de Guillaume III.
(f) La Maison de Brunswick.
(g) La Hollande.

qui rend plus fort le droit de prescription des Souverains sur celui des simples particuliers. C'est que la souveraineté étant un bien qui dérive immédiatement de la nation; dès que celle-ci ne réclame pas son ancien Souverain, sur-tout si elle en a la force, elle est censée s'accommoder du nouveau, & lui accorder tacitement la propriété de la souveraineté, à l'exclusion de l'ancien propriétaire, qui n'a eu ni assez de courage ni assez de force pour la conserver.

J'avoue cependant que la question est souvent difficile à décider, & que la résolution du cas est douteuse, sur-tout lorsque la prescription est fondée sur un long silence. Personne n'ignore combien il est dangereux pour l'ordinaire à un Etat foible, de laisser entrevoir seulement quelque prétention sur les possessions d'un Monarque puissant. Il est donc alors difficile de fonder une légitime présomption d'abandonnement sur un long silence.

Ajoutez que le conducteur de la société n'ayant pas ordinairement le pouvoir d'aliéner ce qui appartient à l'Etat, son silence ne peut faire préjudice à la nation, ou à ses successeurs, quand même il suffiroit à faire présumer un abandonnement de sa part.

Il sera question alors de voir, si la nation

a négligé de suppléer au silence de son conducteur, si elle y a participé par une approbation tacite. Voyez Burlamaqui, Tom. VII. chap. VI. Part. III. Wattel, Liv. II. chap. IX. Grotius, Liv. II. chap. II. Puffendorf, Liv. III. chap. III.

LEÇON XX.

La Guerre en général : Droit du Souverain sur les Sujets à cet égard.

LA matiere du droit de la guerre est également importante & étendue; elle mérite par conséquent d'être traitée avec exactitude. C'est une maxime fondamentale du Droit de la Nature & des Gens, que les particuliers & les Etats doivent vivre entr'eux dans un état d'union & de société : qu'ils ne doivent se faire aucun mal, ni se causer aucun dommage, & qu'au contraire chacun doit exercer envers autrui les devoirs d'humanité. Lorsque les hommes pratiquent ces devoirs les uns envers les autres, on dit qu'ils sont dans un *état de paix*. Cet état est sans doute plus conforme à la nature humaine, le plus capable de la conserver, celui dont l'établissement & le maintien est le but principal des lois de la nature.

L'état opposé à cet état d'union & de paix, est ce qu'on appelle la *guerre*, qui dans le sens le plus général, n'est autre chose que l'état de ceux qui tâchent de vuider leurs différens par les voies de la force, considérés comme tels. J'ai dit que c'eſt là le ſens le plus général ; car dans un ſens le plus réſervé, l'uſage ordinaire a reſtreint la ſignification du mot de *guerre*, à celle qui ſe fait entre des puiſſances ſouveraines.

La guerre dans cette derniere ſignification eſt de trois eſpèces ; *offenſive*, qui ſe porte ſur les terres de l'ennemi ; *défenſive*, que l'on ſoutient ſur ſon propre terrein ; et *civile*, lorſque les membres d'une même ſociété s'arment les uns contre les autres. La premiere eſt la moins dure ; elle met les propriétés des citoyens à l'abri du ravage & de l'incendie, & ſauve leurs familles de l'inſulte. La ſeconde plus fâcheuſe expoſe à tous ces maux : la troiſieme eſt la plus cruelle. L'effort qui briſe les liens de la ſociété, ceux même du ſang, anime la fureur ; elle la rend plus barbare.

Quoique l'état de la paix & d'une bienveillance mutuelle, ſoit ſans doute plus naturel à l'homme, & le plus convenable aux lois qu'il doit ſuivre, la guerre ne laiſſe pas d'être permiſe dans de certaines circonſtances, & quelquefois même d'être néceſſaire, ſoit à l'égard des particuliers, ſoit à l'égard des nations. C'eſt ce que nous avons déjà ſuffiſamment prouvé en établiſſant les droits que la nature donne à l'homme pour ſa propre conſervation, & les moyens qu'il peut légitimement employer pour cela. Tous les principes que nous avons établis là-dessus à l'égard des particuliers, conviennent également & même à plus forte raison aux nations.

La loi de Dieu ne recommande pas moins au corps des nations, de travailler à leur conservation, qu'aux hommes en particulier : il est donc juste qu'elles puissent employer la force contre ceux qui, se déclarant leurs ennemis, violent envers elles la loi de la sociabilité, leur refusent ce qui leur est dû, cherchent à leur enlever leurs avantages, & à les détruire. Il est donc du bien même de la société, que l'on puisse réprimer efficacement la malice de ceux qui en renversent les fondemens ; sans cela le genre humain deviendroit la victime du brigandage & de la licence, & le droit de faire la guerre est à proprement parler le moyen le plus puissant de maintenir la paix entre les hommes.

Il faut donc tenir pour constant que le Souverain, entre les mains duquel on a remis l'intérêt de toute la société, a le droit de faire la guerre : mais si cela est ainsi, il faut par une conséquence nécessaire lui donner en même temps le droit d'employer tous les moyens nécessaires pour cela. En particulier il faut lui accorder le pouvoir de lever des troupes, d'enrôler des ſoldats, & de les obliger à remplir toutes les fonctions les plus périlleuſes, & même au péril de leur vie; & c'eſt là une branche du droit de vie & de mort, qui appartient inconteſtablement au Souverain.

Ce droit eſt ſans doute au nombre de ceux ſans leſquels on ne peut gouverner d'une manière ſalutaire. Mais comme les différens droits qui forment la puiſſance ſouveraine, réſident originairement dans le corps de la nation, & qu'ils peuvent être ſéparés ou limités, ſuivant la volonté de la nation. C'eſt dans la conſtitution particuliere de chaque Etat, qu'il faut chercher la puiſſance autoriſée à faire la guerre au nom de la ſociété.

Mais comme la force & la valeur des troupes, dépendent en bonne partie de l'habitude où elles ſont des exercices militaires, le Souverain doit, même en temps de paix, former les citoyens à ces exercices, afin qu'ils ſoient plus propres dans l'occaſion à ſupporter les fatigues de la guerre, & à en remplir les différentes fonctions.

Un ſage conducteur d'une nation ne ſauroit prendre aſſez de précautions ſur cette matiere très-délicate. D'un côté aguerrir les ſujets, c'eſt leur apprendre quelle eſt leur force particuliere; c'eſt leur donner un ſentiment de confiance en eux-mêmes ; c'eſt répandre un eſprit deſtructeur de la tranquillité, & qui accorde tout aux armes. D'un autre côté des ſujets ſans connoiſſance de l'art militaire laiſſent l'Etat en proie à l'ennemi, attiré par le mépris qu'inſpire la molleſſe. On doit donc penſer que le gouvernement intérieur ne demande point des ſujets aguerris, & que celui de l'extérieur veut des peuples qui ne craignent point la guerre.

L'obligation où ſont à l'égard de la guerre les ſujets, eſt ſi rigoureuſe, & d'une ſi grande force, qu'il n'y a, à parler à la rigueur, aucun citoyen qui puiſſe s'exempter de prendre les armes dans l'occaſion, & le refus de le faire ſeroit un juſte ſujet de ne plus tolérer dans la ſociété ceux qui voudroient ſe diſpenſer de cette charge : ſi donc pour l'ordinaire il y a dans les Etats quelques citoyens que l'on exempte des exercices militaires, cette immunité n'eſt point un privilege qui leur appartienne de droit, c'eſt une tolérance qui n'a de force qu'autant que l'on a d'ailleurs aſſez de troupes pour la défenſe de l'Etat, & que les perſonnes à qui on l'accorde, rempliſſent quelques autres fonctions utiles & néceſſaires ; mais à cela près, & dans un beſoin, tous ceux qui sont en état, doivent marcher à la guerre, & personne ne sauroit s'en dispenser légitimement.

Car tout citoyen est obligé de servir & de défendre l'Etat autant qu'il en est capable. La société ne peut se conserver autrement, & ce concours pour la défense commune est une des premieres vues de toute association politique. Ceux-là seuls sont exceptés, qui ne sont pas capables de manier les armes. Par cette raison, on exempte les gens de lettres, les vieillards, les enfans & les femmes.

Le Clergé ne peut naturellement & de droit, s'arroger aucune exemption particuliere. Défendre la patrie n'est point une fonction indigne des mains les plus sacrées. La loi de l'Eglise qui défend aux Ecclésiastiques de verser le sang, est une invention commode pour dispenser d'aller aux coups, des gens souvent si ardens à souffler le feu de la discorde, & à exciter des guerres sanglantes. A la vérité un petit nombre d'Ecclésiastiques sages, animé du véritable esprit de la Religion, doit être dispensé de prendre les armes, afin qu'ils continuent à gouverner l'Eglise même en temps de guerre. Mais cette immense multitude d'inutiles Religieux, forts, robustes, & parfaitement bien nourris; ces gens, dis-je, qui sous prétexte de se consacrer à Dieu, se vouent en effet au monde, à la bonne chere & à une molle oisiveté, de quel droit prétendent-ils à une prérogative ruineuse à l'Etat? Et si le Prince l'exempte des armes, ne fait-il pas tort au reste des citoyens, sur qui il rejette le fardeau, sans qu'ils en retirent les mêmes avantages dont ces Ecclésiastiques jouissent?

La discipline militaire doit être très-rigoureuse; la plus petite négligence, la moindre faute est souvent de la derniere conséquence, & pour cela peut être punie très-rigoureusement. Les autres juges pardonnent quelque chose à la foiblesse humaine, ou à la violence des passions, mais dans un conseil de guerre on n'a pas tant d'indulgence, & on punit souvent du dernier supplice, un soldat à qui la crainte d'une mort prochaine a fait abandonner son poste.

Cette rigueur de la discipline militaire est fondée principalement sur deux raisons; la premiere, c'est que les regles prescrites aux soldats regardent des choses dont il leur est aisé de s'abstenir; la seconde c'est qu'on a de bonnes raisons de faire les défenses, & c'est par les mêmes raisons que les fautes les plus légeres en elles-mêmes peuvent devenir des crimes dignes de mort.

Il est donc du devoir de ceux qui sont une fois enrôlés, de tenir ferme dans le poste où le Général les a placés, & de combattre vaillamment lors même qu'ils courent vraisemblablement risque d'y perdre la vie : *Vaincre ou mourir :* c'est la loi de ces sortes de combats, et il vaut mieux sans contredit perdre la vie glorieusement, en tâchant de l'ôter à l'ennemi, que de périr tout seul avec lâcheté.

Telles sont les obligations des sujets par rapport à la guerre, & à la défense de l'Etat; mais cette partie de la souveraineté très-importante en elle-même, demande aussi de grands ménagemens de la part du Souverain, pour être exercée d'une maniere avantageuse à l'Etat.

Et premierement, il est bien évident que la principale force d'un Etat à l'égard de la guerre, consiste dans le nombre de ses habitans : les Souverains ne doivent donc rien négliger de tout ce qui peut contribuer à l'entretenir & à l'augmenter.

Entre tous les moyens que l'on peut mettre en usage pour cela, il y en a trois entr'autres qui sont d'une très grande efficace. Le premier c'est de recevoir sans peine & avec facilité tous les étrangers d'un bon caractere, qui veulent s'établir chez nous, de leur procurer la jouissance de toutes les douceurs du gouvernement, & de leur faire part des avantages de la liberté civile. Ainsi l'Etat se remplit de citoyens qui apportent avec eux les arts, le commerce & les richesses, & dans lesquels on peut trouver dans le besoin un nombre considérable de bons soldats.

Une autre chose & qui va au même but, c'est de favoriser & d'encourager les mariages qui sont la pépiniere de l'Etat, & de faire à cet égard de bonnes lois. La douceur du gouvernement peut entr'autres choses beaucoup contribuer à porter les citoyens à se marier. Des sujets surchargés de tailles & d'impôts, qui peuvent à peine par leur travail trouver de quoi satisfaire aux nécessités de la vie & aux charges publiques, ne se portent pas volontiers au mariage, dans la crainte qu'eux & leurs enfans ne soient réduits à mourir de faim.

Enfin un autre moyen très-propre à entretenir & augmenter le nombre des habitans, c'est la liberté de conscience. La Religion est un des plus grands avantages de l'homme; tous les hommes l'envisagent sur ce pied-là; tout ce qui va à leur ôter la liberté à cet égard, leur paroît insupportable. Ils ne sauroient s'accoutumer qu'avec peine à un gouvernement qui les tyrannise là-dessus. La France, l'Espagne & la Hollande nous présentent aujourd'hui des preuves sensibles de la vérité de ces remarques. Les persécutions ont fait perdre à la premiere une très-grande partie de ses habitans, ce qui l'a considérablement affoiblie : la seconde se trouve presque dépeuplée aujourd'hui, & cette dépopulation est causée principalement par cet établissement barbare & tyrannique, que l'on appelle l'*Inquisition* ; établissement également outrageux à la Divinité, & pernicieux à la société humaine, & qui a fait d'un des plus beaux pays de l'Europe une espece de désert. La troisieme enfin, au moyen d'une entiere liberté de conscience qu'elle offre à tout le monde, s'est considérablement augmentée au milieu même des guerres & des disgraces ; elle s'est élevée, pour ainsi dire, sur les débris des autres nations, & elle jouit d'un crédit & d'une prospérité dont elle est redevable au nombre de ses habitans, qui lui ont apporté tout à la fois la force, le commerce & les richesses. Voyez Burlamaqui, Part. IV. chap. I. Tom. VII. Wattel, Liv. III. chap. I. Puffendorf, Liv. VIII. chap. VI. Grotius, Liv. I. chap. III.

LEÇON XXI.

Causes de la Guerre.

QUiconque aura une idée de la guerre ; quiconque réfléchira à ses effets terribles, aux suites funestes qu'elle traîne après elle, conviendra aisément qu'elle ne doit point être entreprise sans les plus fortes raisons ; l'humanité se révolte contre un Souverain qui prodigue le sang de ses plus fidèles sujets, sans nécessité ou sans des raisons pressantes ; qui expose son peuple aux calamités de la guerre, lorsqu'il pourroit les faire jouir d'une paix glorieuse & salutaire. Que si à l'imprudence & au manque d'amour pour son peuple, il joint l'injustice envers ceux qu'il attaque, de quel crime, ou plutôt de quelle effroyable suite de crimes, ne se rend-il point coupable ? Chargé de tous les maux qu'il attire à ses sujets, il est coupable encore de tous ceux qu'il porte chez un peuple innocent : le sang versé, les villes saccagées, les provinces ruinées : voilà ses forfaits. On ne tue pas un homme, on ne brûle pas une chaumiere dont il ne soit responsable devant Dieu, & comptable à l'humanité. Les violences, les crimes, les désordres de toute espece, qu'entraînent le tumulte & la licence des armes, souillent la conscience & sont mis sur son compte, parce qu'il en est le premier auteur.

Cependant si les hommes étoient toujours raisonnables comme ils devroient l'être, ils ne combattroient que par les armes de la raison. La justice & l'équité naturelle seroit leur regle & leur juge. Les voies de la force sont une triste & malheureuse ressource contre ceux qui méprisent la justice, & qui refusent d'écouter la raison. Mais enfin, il faut bien venir à ce moyen, quand tout autre est inutile. Une nation juste & sage, un bon Prince n'y recourt qu'à l'extrémité & par des raisons fort pressantes.

Pour entrer dans quelque détail là-dessus, il faut distinguer entre les raisons justificatives & les motifs de la guerre. Les premieres sont celles qui rendent en effet, ou qui paroissent rendre la guerre juste, par rapport à l'ennemi; en sorte qu'on croit ne lui faire aucun tort en prenant les armes contre lui: les motifs ce sont les vues d'intérêt qui nous déterminent à déclarer la guerre. Ainsi dans la guerre d'*Alexandre* contre *Darius*, la raison justificative dont le premier se servoit, étoit qu'il vouloit venger les injures que les

Grecs avoient reçues des Perses. Les motifs étoient l'ambition, la vanité & l'avarice de ce conquérant, qui se portoit d'autant plus volontiers à prendre les armes, que les expéditions de Xénophon & d'Agésilas lui faisoient concevoir une grande espérance de réussir aisément. La raison justificative de la seconde guerre Punique, fut le démêlé au sujet de la ville de Sagonte. Le motif en étoit l'indignation des Carthaginois, de ce que les Romains leur avoient extorqué des conditions onéreuses, dans le temps que la fortune ne leur étoit pas favorable, & l'encouragement que leur donnoit le bon succès de leurs armes en Espagne.

Dans une guerre innocente à tous égards, & parfaitement juste, il faut non-seulement que la raison justificative soit légitime, mais encore qu'elle se confonde avec le motif, c'est-à-dire, que l'on n'entreprenne la guerre que par la nécessité où l'on se voit réduit de se défendre contre les insultes d'autrui, de se faire rendre ce qui nous est inviolablement dû, ou d'obtenir la réparation d'une injure manifeste.

La raison véritable de cette proposition est fondée sur ce qu'une nation ou son conducteur, n'ayant pas seulement à garder la justice dans toutes ses démarches, mais encore à les régler constamment ſur le bien de l'Etat ; il faut que des motifs honnêtes & louables concourent avec les raiſons juſtificatives, pour lui faire entreprendre la guerre. Ces raiſons font voir que le Souverain eſt en droit de prendre les armes, qu'il en a un juſte ſujet ; les motifs honnêtes montrent qu'il eſt à propos, qu'il eſt convenable dans le cas dont il s'agit d'uſer de ſon droit : ils ſe rapportent à la prudence, comme les raiſons juſtificatives appartiennent à la juſtice. Ainſi, c'eſt aux Tribunaux de la juſtice & de la prudence à décider la queſtion qui regarde la juſtice d'une guerre, tout comme c'eſt à ces mêmes Tribunaux de décider ſi les actions ſont honnêtes.

Une guerre peut être vicieuſe ou injuſte, à l'égard de ſes cauſes, en quatre manieres.

1°. Lorſqu'on l'entreprend ſans aucune raiſon juſtificative, ni aucun motif d'utilité, tant ſoit peu apparente, mais ſeulement par une fureur inſenſée & brutale, qui fait aimer le ſang & le carnage pour lui-même. Mais on peut douter raiſonnablement, ſi l'on peut trouver aucun exemple d'une guerre ſi barbare.

2°. Lorſqu'on attaque les autres uniquement pour ſon propre intérêt, ſans qu'ils nous ayent fait aucun tort, c'eſt-à-dire, lorſque l'on manque de cauſes juſtificatives, & ces ſortes de guerres ſont, par rapport à l'agreſſeur, de véritables brigandages.

3°. Lorſqu'on a des motifs fondés ſur des cauſes juſtificatives, mais qui n'ont qu'une équité apparente, & qui étant bien examinées, ſe trouvent au fond illégitimes.

4°. Enfin on peut encore dire que la guerre eſt injuſte, lorſqu'ayant de bonnes raiſons juſtificatives, on l'entreprend cependant par d'autres motifs, qui n'ont aucun rapport avec le tort que l'on a reçu, comme pour s'acquérir une vaine gloire, pour étendre la domination, &c.

De ces quatre ſortes de guerre, dont l'entrepriſe renferme quelque injuſtice, la troiſieme & la derniere ſont très-communes; car il n'y a guere de nations aſſez barbares pour prendre les armes ſans alléguer quelques eſpeces de raiſons juſtificatives. Il n'eſt pas bien difficile de découvrir l'injuſtice de la troiſieme : pour la quatrieme, quoique peut-être très-commune, elle n'eſt pas tant injuſte en elle-même que par rapport aux vues & aux diſpoſitions de celui qui la fait. Mais il eſt bien difficile de l'en convaincre, les motifs étant d'ordinaire impénétrables, ou du moins la plupart des gens prenant beaucoup de ſoin pour les cacher, à l'abri desquels on n'ait rien à craindre de leur part pour l'avenir.

Mais lorsqu'il s'agit de juger si une guerre est juste, il faut voir si celui qui l'entreprend a véritablement reçu une injure, ou s'il en est réellement menacé; & pour savoir ce que l'on doit regarder comme une injure, il faut connoître les droits qu'on appelle parfaits d'une nation; car ce n'est que la lésion de ces droits qui autorise à avoir recours à la force, lorsque tous les autres moyens sont inutiles. J'ai dit qu'on peut prendre les armes pour prévenir une injure dont on est réellement menacé ; car nous avons déjà remarqué ailleurs, qu'une nation peut aller au-devant des machinations d'une autre, en observant cependant de ne point attaquer sur des soupçons vagues & incertains, pour ne pas s'exposer à devenir elle-même un injuste agresseur. Nous avons aussi vu, que tout particulier peut prévenir son ennemi, lorsqu'il en est réellement menacé. Si je suis assuré que mon ennemi charge son fusil dans la résolution de me coucher sur le carreau, je serois un insensé si je ne tâchois de le mettre hors d'état de me faire du mal, même en le tuant, si tout autre moyen est inutile.

Par une conséquence immédiate de ce que nous venons de remarquer, si une nation

nation prend les armes lorsqu'elle n'a reçu aucune injure, & qu'elle n'en est point menacée, elle fait une guerre injuste.

Nous déduirons du même principe le but ou la fin légitime de toute guerre, qui est en général de venger ou de prévenir l'injure. *Venger* signifie ici poursuivre la réparation de l'injure, si elle est de nature à être réparée, ou une juste satisfaction, si le mal est irréparable ; c'est encore, si le cas l'exige, punir l'offenseur, dans la vue de pourvoir à notre sûreté pour l'avenir. Nous pouvons donc marquer une triple fin de la guerre légitime : 1°. nous faire rendre tout ce qui nous appartient, ou ce qui nous est dû : 2°. pourvoir à notre sûreté pour la suite, en punissant l'agresseur ou l'offenseur : 3°. nous défendre ou nous garantir d'injure, en repoussant une injuste violence. Les deux premiers points sont l'objet de la guerre offensive, le troisieme est celui de la guerre défensive, comme nous verrons dans la Leçon suivante. Camille, sur le point d'attaquer les Gaulois, présente en peu de mots à ses soldats tous les sujets qui peuvent fonder ou justifier la guerre : *Omnia quæ defendi, repetique & ulcisci fas sit* (*).

(*) Tite-Live, Liv. V. chap. XLIX.

Remarquons enfin que la guerre ne peut être juste de deux côtés. Car dans toute guerre l'un s'attribue un droit, l'autre le lui conteste : l'un se plaint d'une injure, l'autre nie de l'avoir faite. Ce sont deux personnes qui disputent sur la vérité d'une proposition de droit ou de fait : il est impossible que les deux propositions soient vraies en elles-mêmes en même-temps. Cependant il peut arriver que les contendans soient l'un & l'autre dans la bonne foi ; & dans une cause douteuse, il est encore incertain de quel côté se trouve le droit. Puis donc que les nations sont égales & indépendantes, & que par-là elles ne peuvent s'ériger en Juges les unes des autres ; il s'ensuit que dans toute cause susceptible de doute, les armes des deux parties qui se font la guerre, doivent passer également pour légitimes, au moins quant aux effets extérieurs & jusqu'à ce que la cause soit décidée. Cela n'empêche pas que les autres nations n'en puissent porter leur jugement par elles-mêmes, pour savoir ce qu'elles ont à faire, & si elles doivent assister celle qui leur paroîtra fondée. Cet effet de l'indépendance des nations n'empêche point non plus que l'Auteur d'une guerre injuste ne soit très-coupable. Mais s'il agit par les suites d'une ignorance ou d'une erreur invincible, l'injustice de ses armes ne peut lui être imputée.

L'on demande ici, si pour avoir un juste sujet de guerre, il suffit que l'on craigne la puissance d'un voisin qui va en s'augmentant.

La question n'est pas un problême pour la plupart des politiques ; elle est cependant assez embarrassante pour ceux qui veulent allier constamment la justice avec la prudence. D'un côté, l'Etat qui accroît sa puissance par tous les ressorts d'un bon gouvernement, ne fait rien que de louable ; il remplit ses devoirs envers soi-même, & ne blesse point ceux qui le lient envers autrui. Le Souverain qui, par héritage, par une élection libre, ou par quelque autre voie juste & honnête, unit à ses Etats de nouvelles Provinces, des Royaumes entiers, use de ses droits, & ne fait tort à personne. Comment seroit-il donc permis d'attaquer une puissance qui s'agrandit par des moyens légitimes? Il faut avoir reçu une injure, ou en être visiblement menacé, pour avoir un juste sujet de guerre, comme nous venons de le voir. D'un autre côté, une constante & funeste expérience ne montre que trop que les puissances prédominantes ne manquent guere de molester leurs voisins, de les opprimer, de les subjuguer même entiérement, dès qu'elles en trouvent l'occasion, & qu'elles peuvent le faire impunément. Faudra-t-il attendre le danger, laisser grossir l'orage qu'on pourroit dissiper dans ses commencemens, souffrir l'agrandissement d'un voisin, & attendre paisiblement qu'il se dispose à nous donner des fers? Sera-t-il temps de se défendre, quand on n'en aura plus les moyens? La prudence est un devoir pour tous les hommes, & très-particuliérement pour les conducteurs des nations, chargés de veiller au salut de tout un peuple. Tâchons donc de résoudre cette grande question, conformément aux principes sacrés du droit de la nature & des gens. On verra qu'ils ne menent point à d'imbécilles scrupules, & qu'il est toujours vrai de dire que la justice est inséparable de la saine politique.

Observons d'abord que la prudence si nécessaire à une nation, ne peut jamais conseiller l'usage des moyens illégitimes, pour une fin juste & louable. Et qu'on n'oppose point ici le salut du peuple, loi suprême de l'Etat; car ce salut même du peuple, le salut commun des nations, prescrit l'usage des moyens contraires à la justice & à l'honnêteté. Pourquoi certains moyens sont-ils illégitimes? Si l'on y regarde de près, si l'on remonte jusqu'aux premiers principes, on verra que c'est précisément parce que leur introduction seroit pernicieuse à la société humaine, & funeste à toutes les nations. C'est donc pour l'intérêt & le salut même des nations, que l'on doit tenir comme une maxime sacrée, que la fin ne légitime pas les moyens. Et puisque la guerre n'est permise que pour venger une injure reçue, ou pour se garantir de celle dont on est menacé, c'est une loi sacrée du droit des gens, que l'accroissement de puissance ne peut seul & par lui-même donner à qui que ce soit le droit de prendre les armes pour s'y opposer.

Cependant les apparences du danger donnent ce droit. On n'a point reçu d'injure de cette puissance; la question le suppose : il faudroit donc être fondé à s'en croire menacé, pour courir légitimement aux armes. Or la puissance seule ne menace pas d'injure; il faut que la volonté y soit jointe. Il est malheureux pour le genre humain que l'on puisse presque toujours supposer la volonté d'opprimer, là où se trouve le pouvoir d'opprimer impunément. Mais ces deux choses ne sont pas nécessairement inséparables; & tout le droit que donne leur union ordinaire ou fréquente, c'est de prendre les premieres apparences pour un indice suffisant. Dès qu'un Etat a donné des marques d'injustice, d'avidité, d'orgueil, d'ambition, d'un désir impérieux de faire la loi; c'est un voisin suspect, dont on doit se garder; on peut le prendre au moment où il est sur le point de recevoir un accroissement formidable de puissance, lui demander des sûretés, & s'il hésite à les donner, prévenir ses desseins par la force des armes. Les intérêts des nations sont d'une toute autre importance que ceux des particuliers; le Souverain ne peut y veiller mollement, ou sacrifier ses défiances par grandeur d'ame & par générosité. Il y va de tout pour une nation, qui a un voisin également puissant & ambitieux.

Puisque les hommes sont réduits à se conduire le plus souvent sur les probabilités; ces probabilités méritent leur attention, à proportion de l'importance du sujet; & l'on pourroit dire qu'on est fondé à aller au devant du danger, en raison composée du degré d'apparence, & de la grandeur du mal dont on est menacé. S'il est question d'un mal supportable, d'une perte légere, les apparences doivent être plus évidentes pour acquérir le droit de prévenir. Alors il ne faut rien précipiter; il n'y a pas un grand péril à attendre de prendre des précautions, jusqu'à ce qu'on ait une certitude d'en être menacé. Mais s'agit-il du salut de l'Etat ? La prévoyance ne peut aller trop loin. Attendra-t-on pour détourner sa ruine, qu'elle soit devenue inévitable ? Si l'on en croit si aisément les apparences, c'est la faute de ce voisin qui a laissé échapper divers indices de son ambition.

Mais quoi ? si deux nations indépendantes jugent à propos de s'unir, pour ne former désormais qu'un même empire, ne sont-elles pas en droit de le faire ? Qui sera fondé à s'y opposer ? Je réponds qu'elles sont en droit de s'unir, pourvu que ce ne soit pas dans des vues préjudiciables aux autres. Or si chacune de ces deux nations est en état de se gouverner & de se soutenir par elle-même, de se garantir d'insulte & d'oppression, on présume avec raison qu'elles ne s'unissent en un même Etat, que dans la vue de dominer sur leurs voisins ; & dans les occasions où il est impossible ou trop dangereux d'attendre une entiere certitude, on peut justement agir sur une présomption raisonnable. Si un inconnu me couche en joue au milieu d'un bois, je ne suis pas encore certain qu'il veuille me tuer ; lui laisserai-je le temps de tirer pour m'assurer de son dessein ? Est-il un Casuiste raisonnable qui me refuse le droit de le prévenir ?

Il eſt plus aiſé encore de prouver que ſi cette puiſſance formidable laiſſe percer des diſpoſitions injuſtes & ambitieuſes, par la moindre injuſtice qu'elle fera à une autre, toutes les nations peuvent profiter de l'occaſion, en ſe joignant à l'offenſé, réunir leurs forces pour réduire l'ambitieux, & pour le mettre hors d'état d'opprimer ſi facilement ſes voiſins, ou de les faire trembler continuellement devant lui. Car l'injure donne le droit de pourvoir à ſa ſûreté pour l'avenir, en ôtant à l'injuſte les moyens de nuire; & il eſt permis, il eſt même louable d'aſſiſter ceux qui ſont opprimés, ou injuſtement attaqués. Voilà de quoi mettre les Politiques à l'aiſe, & leur ôter tout ſujet de craindre, que ſe piquer ici d'une exacte juſtice, ce ne fût courir à l'eſclavage. Il eſt peut-être ſans exemple, qu'un Etat reçoive quelque notable accroiſſement de puiſſance, ſans donner à d'autres de juſtes ſujets de plainte. Que toutes les nations ſoient attentives à le réprimer, & elles n'auront rien à craindre de ſa part.

Mais ſuppoſé que cet Etat puiſſant par une conduite également juſte & circonſpecte ne donne aucune priſe ſur lui, verra-t-on ſes progrès d'un œil indifférent, & tranquilles ſpectateurs des rapides accroiſſemens de ſes forces, ſe livrera-t-on imprudemment aux desseins qu'elles pourront lui inspirer? Non sans doute. L'imprudente nonchalance ne seroit point pardonnable, dans une matiere de si grande importance, & l'exemple des Romains est une bonne leçon à tous les Souverains. Si les plus puissans de ce temps-là se fussent concertés pour veiller sur les entreprises de Rome, pour mettre des bornes à ses progrès; ils ne seroient pas tombés successivement dans la servitude. Mais la force des armes n'est pas le seul moyen de se mettre en garde contre une puissance formidable. Il en est de plus doux, & qui sont toujours légitimes. Le plus efficace est la confédération des autres Souverains moins puissans, lesquels par la réunion de leurs forces, se mettent en état de balancer la puissance qui leur fait ombrage. Qu'ils soient fidelles & fermes dans leur alliance; leur union sera la sûreté de chacun.

Il leur est encore permis de se favoriser mutuellement à l'exclusion de celui qu'ils redoutent; & par les avantages de toute espece, mais sur-tout dans le commerce, qu'ils feront réciproquement aux sujets des alliés, & qu'ils refuseront à ceux de cette puissance dangereuse, ils augmenteront leurs forces, en diminuant les siennes, sans qu'elle ait sujet de se plaindre;

puisque chacun dispose librement de ses faveurs.

C'est sur ces principes qu'est fondé ce qu'on appelle *Balance de l'Europe*, ou *Equilibre politique.* L'Europe aujourd'hui fait un système politique, un corps où tout est lié par les relations & les divers intérêts des nations qui habitent cette partie du monde. Ce n'est plus comme autrefois, un amas confus de pieces isolées, dont chacune se croyoit peu intéressée au sort des autres, & se mettoit rarement en peine de ce qui ne la touchoit pas immédiatement. L'attention continuelle des Souverains à tout ce qui se passe, les Ministres toujours résidens, les négociations perpétuelles, font de l'Europe moderne une espece de République, dont les membres indépendans, mais liés par l'intérêt commun, se réunissent pour y maintenir l'ordre & la liberté.

On ne peut méconnoître l'avantage de ce systême, à moins de prendre le terme d'équilibre dans toute sa rigueur mécanique, comme a fait derniérement M. Mercier de la Riviere, pour le décrier. Quinze, vingt mille hommes plus ou moins d'un côté ne dérangent point cet équilibre politique. Et son avantage sera toujours très-considérable, dès que par ce systême l'envie ne prendra pas à une puissance de s'agrandir pour accabler les autres, sachant que la balance politique ne lui permettra pas de le faire impunément, parce que les autres nations, en vertu de l'équilibre, se ligueront, & feront cause commune avec la puissance opprimée, contre la puissance opprimante.

Mais voici une autre question, qui a beaucoup de rapport avec la précédente. Quand un voisin au milieu d'une paix profonde, construit des forteresses sur notre frontiere, équipe une flotte, augmente ses troupes, assemble une armée puissante, remplit ses magasins ; en un mot, quand il fait des préparatifs de guerre, nous est-il permis de l'attaquer pour prévenir le danger, dont nous nous croyons menacés ? La réponse dépend beaucoup des mœurs, du caractere de ce voisin. Il faut le faire expliquer, lui demander raison de ces préparatifs. C'est ainsi qu'on en use en Europe. Et si sa foi étoit justement suspecte, on pourroit lui demander des sûretés. Le refus seroit un indice suffisant de mauvais desseins, & une juste raison de les prévenir.

Mais si ce Souverain n'a jamais donné des marques d'une lâche perfidie, & surtout si nous n'avons actuellement aucun démêlé avec lui ; pourquoi ne demeurerions-nous pas tranquilles sur sa parole, en prenant seulement les précautions que la prudence rend indispensables? Nous ne devons point sans sujet le présumer capable de se couvrir d'infamie, en ajoutant la perfidie à la violence. Tant qu'il n'a pas rendu sa foi suspecte, nous ne sommes point en droit d'exiger de lui d'autre sûreté.

Cependant si un Souverain demeure puissamment armé en pleine paix, ses voisins ne peuvent s'endormir entiérement sur sa parole; la prudence les oblige à se tenir sur leurs gardes. Et quand ils seroient absolument certains de la bonne foi de ce Prince, il peut survenir des différents qu'on ne prévoit pas; lui laisseront-ils l'avantage d'avoir alors des troupes nombreuses & bien disciplinées, auxquelles ils n'auront à opposer que de nouvelles levées? Non sans doute; ce seroit se livrer presque à sa discrétion. Les voilà donc contraints de l'imiter, d'entretenir comme lui une grande armée. Et quelle charge pour un Etat? Autrefois, & sans remonter plus haut que le siecle dernier, on ne manquoit guere de stipuler dans les traités de paix, que l'on désarmeroit de part & d'autre; qu'on licencieroit les troupes. Si en pleine paix, un Prince vouloit en entretenir un grand nombre sur pied, ses voisins prenoient leurs mesures, formoient des ligues contre lui, & l'obligeoient à désarmer. Pourquoi cette coutume salutaire ne s'est-elle pas conservée ? Ces armées nombreuses, entretenues en tout temps, privent la terre de ses cultivateurs, arrêtent la population, corrompent les mœurs, & ne peuvent servir qu'à opprimer la liberté du peuple qui les nourrit.

La seule utilité ne donne pas le même droit que la nécessité, & elle ne suffit pas pour rendre une guerre légitime. C'est ainsi, par exemple, qu'on ne peut pas prendre les armes légitimement, pour s'emparer de quelque endroit qui est à notre bienséance, & propre à couvrir nos frontieres.

En effet, il faudroit être bien imprudent, pour prétendre que la seule utilité donne sur le bien d'autrui le même droit que la nécessité ; d'autant plus qu'il seroit très-nuisible au genre humain que chacun pût enlever à autrui tout ce qui l'accommoderoit, & qu'il trouveroit à sa bienséance ; puisque les autres à leur tour se permettroient la même chose à son égard ; & la loi du plus-fort seroit la loi des nations.

Il faut dire la même chose de l'envie de changer de demeure, & de quitter des marais, des déserts, pour s'établir dans un pays plus fertile.

Il n'est pas moins injuste d'attenter sur les droits & la liberté d'un peuple, sous prétexte qu'il n'a ni autant d'esprit, ni des mœurs aussi policées que nous. C'étoit donc mal à propos que les Grecs traitoient les Barbares, comme des gens qui ét[illegible]ient naturellement leurs ennemis, à cau[illegible]e la diversité de leurs mœurs; & peut-être parce qu'ils ne paroissoient pas avoir autant d'esprit qu'eux.

Ce seroit aussi une guerre manifestement injuste, que de prendre les armes contre un peuple, pour le réduire sous son obéissance, sous le prétexte qu'il conviendroit à ce peuple de nous avoir pour maître. De cela seul, qu'une chose est avantageuse à quelqu'un, il ne s'ensuit pas de-là qu'on puisse le contraindre à s'y soumettre. Quiconque a l'usage de la raison, doit avoir la liberté de choisir lui-même ce qu'il croit lui être avantageux.

Ajoutons ici quelque chose des guerres entreprises pour cause de Religion. La loi naturelle qui permet à l'homme de défendre sa vie, ses biens & tous les autres avantages dont il jouit, contre les attaques d'un agresseur injuste, lui accorde sans contredit le pouvoir de se défendre contre ceux qui voudroient, pour ainsi dire, lui enlever par force sa Religion, en l'empêchant de faire profession de celle qu'il croit la meilleure, ou en le contraignant d'embrasser celle qu'il croit être fausse. En effet, la Religion est un des plus grands biens de l'homme ; elle renferme ses intérêts les plus considérables ; quiconque cherche à le traverser à cet égard, se déclare son ennemi, & par conséquent on peut justement se servir contre lui de la force des armes, pour repousser l'injure, & se mettre à couvert du mal qu'il veut nous faire. Il est donc permis & même juste de prendre les armes, lorsqu'on se voit attaqué pour cause de religion.

Mais s'il est permis de se défendre pour cause de religion, il n'est pas permis de faire la guerre pour étendre celle dont nous faisons profession, & pour contraindre ceux qui ont à cet égard des sentimens & des pratiques différentes ; l'un est une suite nécessaire de l'autre ; il n'est pas permis d'attaquer celui qui est en droit de se défendre. Si la guerre défensive est juste, l'offensive est nécessairement criminelle. La nature même de la religion ne permet pas que l'on emploie de moyens violens pour sa propagation ; elle consiste dans les sentimens intérieurs de l'ame. Le droit des hommes à cet égard par rapport aux autres, c'est de les éclairer, de les instruire, & d'employer pour cela la voie d'une douce & d'une forte persuasion. Il faut persuader les hommes, & non les égorger ; en user autrement, c'est exercer contr'eux un brigandage d'autant plus criminel, qu'on cherche à s'autoriser par le prétexte le plus saint. Il n'y a donc pas moins de folie que d'impiété dans un pareil procédé.

En particulier, rien n'est plus contraire à l'esprit du Christianisme, que d'employer la force des armes pour sa propagation. JÉSUS-CHRIST, notre divin Maître, a enseigné les hommes & n'a point usé de violence contr'eux. Les Apôtres ont constamment suivi son exemple, & l'énumération que fait S. Paul des armes qu'il emploie pour la conversion des hommes, est une belle leçon pour les Chrétiens (*).

Comme on ne doit entreprendre la guerre, qui par elle-même est un grand mal, que pour parvenir à une paix solide, il est encore d'une nécessité absolue, de consulter les regles de la prudence avant que de l'entreprendre, quelque juste sujet que l'on en ait d'ailleurs. Il faut peser exactement avant toutes choses le bien ou le mal, qui peut vraisemblablement nous en revenir, car s'il y a lieu de

(*) *Voy.* II. Corinth. Ch. VI. v. 4. & suiv. & Ch. X. v. 4.

craindre en faisant la guerre, qu'on attire sur soi ou sur les siens des maux plus grands que le bien qu'on en pourroit espérer : il vaut mieux sans doute dissimuler l'injure que de s'exposer à des maux plus considérables que celui-là même dont on veut poursuivre la réparation par les armes.

Dans ces circonstances on peut légitimement entreprendre la guerre, non-seulement pour soi-même, mais encore pour autrui; pourvu, 1.° que celui en faveur de qui on s'engage, ait un sujet de prendre les armes, & que d'ailleurs on ait avec lui quelque liaison qui nous autorise à traiter en ennemis, des personnes qui ne nous ont fait à nous-mêmes aucun tort. Or entre ceux que l'on peut & que l'on doit même défendre, il faut mettre au premier rang, ceux qui dépendent du défenseur, c'est-à-dire les sujets de l'Etat; car c'est principalement en vue de cette protection, que les hommes auparavant indépendans, sont entrés dans des sociétés civiles.

Après les sujets viennent les alliés auxquels on s'est engagé expressément par un traité de donner du secours dans le besoin, soit qu'ils se soient mis sous notre protection, comme se reconnoissant inférieurs, soit qu'on ait simplement stipulé du ſecours d'une part, ou bien de part & d'autre. Bien entendu que la guerre doit être de la part de notre allié une guerre juſte ; car on ne ſauroit s'engager innocemment à donner du ſecours à quelqu'un, dans une guerre qui ſeroit manifeſtement injuſte. Ajoutons que l'on peut même ſans préjudice du traité, défendre ſes ſujets préférablement à ſes alliés, quand il n'y a pas moyen de les ſecourir les uns & les autres en même temps ; car les engagemens d'un Etat envers ſes citoyens, l'emportent toujours ſur ceux où il entre envers tout étranger.

On demande encore, ſi pluſieurs de nos alliés ont beſoin de notre ſecours, lequel doit être ſecouru le premier, & préférablement aux autres ? Je réponds que lorſque deux alliés ſe font la guerre injuſtement de part & d'autre, il ne faut ſecourir aucun des deux ; mais ſi la cauſe d'un allié eſt légitime, il faut lui donner du ſecours, non-ſeulement contre des étrangers, mais encore contre un autre de nos alliés ; à moins qu'il n'y ait dans le traité quelque clauſe expreſſe, qui ne nous permette pas de prendre la défenſe du premier contre le dernier, quoique celui-ci ait tort. Que ſi enfin, pluſieurs de nos alliés ſe liguent enſemble contre un ennemi commun, ou bien s'ils font la guerre séparément contre des ennemis particuliers ; il faut leur donner à tous du secours également & conformément aux traités, mais lorsqu'il n'y a pas moyen de les assister tous en même temps, alors il faut donner la préférence à l'allié le plus ancien.

Les amis, c'est-à-dire, ceux avec qui on est uni par une bienveillance & une affection particuliere tiennent ici le troisieme rang. Car quoiqu'on ne leur ait pas promis certains secours déterminés par un traité formel, l'amitié emporte par elle-même un engagement réciproque de se secourir, autant que le permettent des obligations plus étroites ; & cela avec plus d'empressement que ne le demande la simple liaison de l'humanité.

Je dis que l'on peut prendre les armes pour ses amis qui font une guerre juste, car on n'est pas à cet égard dans une obligation rigoureuse, & cela se doit entendre sous cette condition, si on peut le faire aisément, & sans s'incommoder beaucoup soi-même.

Disons enfin, que la seule liaison d'humanité qui est entre les hommes, en conséquence de leur nature commune & de la société, & qui forme la liaison la plus étendue, suffit pour autoriser à secourir ceux qui sont opprimés injustement, pourvu du moins que l'injuſtice ſoit conſidérable & manifeſte, & que l'offenſé nous appelle lui même à ſon ſecours; en ſorte que nous agiſſions plutôt en ſon nom que de notre chef; ſur quoi néanmoins il faut encore faire cette remarque, c'eſt qu'à la vérité l'on a le droit de ſecourir les opprimés, par la ſeule raiſon de l'humanité, mais que l'on n'eſt pourtant pas dans une obligation rigoureuſe à cet égard. Ce n'eſt ici qu'un devoir d'une obligation imparfaite, & qui n'oblige qu'autant qu'on peut le mettre en pratique, ſans ſe cauſer à ſoi-même un mal conſidérable; car toutes choſes d'ailleurs égales, l'on peut & l'on doit même préférer ſa conſervation à celle d'autrui.

Mais peut-on entreprendre une guerre en faveur des ſujets d'un Prince, pour les délivrer de l'oppreſſion de leur Souverain, & par le ſeul principe de l'humanité? Je réponds que cela n'eſt permis que dans les cas où la tyrannie eſt montée à un tel point, que les ſujets eux-mêmes peuvent légitimement prendre les armes pour ſecouer le joug d'un Tyran qui les opprime, ſelon les principes que nous avons établis ci-devant.

Il eſt vrai que depuis l'établiſſement des ſociétés civiles, le Souverain a acquis un droit tout particulier ſur ſes ſujets, en vertu duquel il peut les punir, sans qu'aucune autre puissance doive se mêler de ce qui se passe chez lui; mais il n'est pas moins certain que ce droit a ses bornes, & qu'il ne peut être exercé légitimement que lorsque les sujets sont véritablement coupables, ou que du moins leur innocence est douteuse; alors la présomption doit être effectivement en faveur du Souverain, & une puissance étrangere n'a pas le droit de se mêler de ce qui se passe dans un autre Etat.

Mais enfin si la tyrannie est venue à son comble, si l'oppression est toute manifeste, comme lorsqu'un Busiris ou un Phalaris maltraitent leurs sujets à outrance & d'une maniere à être condamnée par toute personne raisonnable, on ne sauroit refuser à ces sujets ainsi opprimés, la protection des lois de la société humaine. Tout homme en tant qu'homme, a droit d'exiger que les autres le secourent dans le besoin, & chacun y est obligé lorsqu'il le peut, par les lois de l'humanité. Or il est certain qu'on ne renonce point à ces lois, & même qu'on ne peut y renoncer en entrant dans une société civile: cette société ne sauroit s'établir au préjudice des lois de l'humanité; on peut bien être censé s'être engagé à ne pas implorer le secours des étrangers pour de légeres injures, ou même pour des grandes, qui ne tombent que sur peu de personnes.

Mais lorsque tous les sujets, ou une grande partie, gémissent sous l'oppression d'un Tyran, les sujets d'un côté rentrent dans tous les droits de la liberté naturelle, qui les autorisent à chercher du secours où ils peuvent en trouver ; & de l'autre ceux qui sont en état de leur en donner sans s'incommoder eux-mêmes considérablement, peuvent non-seulement, mais doivent travailler de toutes leurs forces à délivrer les opprimés, par cette seule raison qu'ils sont hommes & membres de la société humaine dont les sociétés civiles font partie.

A la vérité il paroît par l'histoire ancienne & par l'histoire moderne, que le désir d'envahir les Etats d'autrui, se couvre souvent de semblables prétextes ; mais le mauvais usage que les hommes font d'une chose, n'empêche pas toujours qu'elle ne soit juste en elle-même ; les corsaires vont sur mer aussi-bien que tout autre navigateur ; les brigands portent l'épée comme toute autre personne. Voy. Burlamaqui, Tom. VII. Part. IV. chap. II. Puffendorf, Liv. VIII. chap. VI. Grotius, Liv. II. chap. I. & XXII. &c. Wattel, Liv. III. chap. III. &c.

LEÇON XXII.

Différentes especes de Guerres.

OUtre la distinction de la guerre, en celle qui est juste & celle qui est injuste, dont nous venons de parler, il y en a plusieurs autres qu'il est à propos de considérer ici : & premierement, on distingue la guerre, en guerre offensive & en guerre défensive.

Les guerres défensives sont celles que l'on entreprend pour se conserver & pour se défendre contre les insultes de ceux qui tâchent de nous faire du mal en notre personne, ou de nous enlever & de détruire ce qui nous appartient. Les guerres offensives sont celles au contraire, qui se font pour contraindre les autres à nous rendre ce qu'ils nous doivent, en vertu d'un droit parfait que l'on a à exiger d'eux, ou pour obtenir la réparation du dommage qu'ils nous ont causé injustement, & pour leur faire donner des sûretés, à l'abri desquelles on n'ait plus rien à craindre de leur part pour l'avenir.

Il faut donc prendre garde de ne pas confondre cette distinction avec la précédente, comme si toute guerre défensive étoit juste, & qu'au contraire toute guerre offensive fût injuste. C'est aujourd'hui la coutume d'excuser les guerres purement défensives. Il y a des gens qui croient que toute guerre injuste doit être appellée offensive, ce qui n'est pas vrai; car s'il y a des guerres offensives qui soient justes, comme on n'en sauroit douter, il y a donc des guerres défensives qui sont injustes, comme lorsque nous nous défendons contre un Prince qui a raison de nous attaquer.

Il ne faut pas croire non plus, que celui qui le premier fait tort à un autre, commence par là une guerre offensive, & que l'autre qui veut qu'on lui fasse justice pour le tort qu'il a reçu, soit toujours sur la défensive. Il y a beaucoup d'injustices qui peuvent allumer une guerre, & qui ne font pourtant pas la guerre même, comme lorsqu'on a maltraité les Ambassadeurs d'un Prince, qu'on a pillé ses sujets, &c. Si donc on prend les armes pour venger une telle injustice, on commence une guerre offensive, mais une guerre juste; & le Prince qui a fait tort & qui ne veut pas le réparer, fait une guerre défensive, mais injuste. La guerre offensive n'est donc injuste que lorsqu'elle est entreprise sans une cause légitime, & alors la guerre

défensive

défensive qui dans d'autres occasions pourroit être injuste, devient juste.

Il faut donc dire en général que le premier qui prend les armes, soit qu'il le fasse justement ou injustement, commence une guerre offensive; & que celui qui s'oppose au premier, soit qu'il ait ou qu'il n'ait pas raison de le faire, commence une guerre défensive. Ceux qui regardent le mot de guerre offensive comme un terme odieux, & qui renferme toujours quelque chose d'injuste, & qui considerent au contraire la guerre défensive comme inséparable de l'équité, brouillent toutes les idées, & embarrassent une matiere qui paroît d'elle-même assez claire. Il en est ici des Princes comme des particuliers : le demandeur qui commence un procès, a quelquefois tort; mais aussi quelquefois raison : il en est tout de même du défendeur; on a tort de ne vouloir pas payer une somme qui est justement due, comme on a raison de se défendre de payer ce qu'on ne doit pas.

En général la guerre défensive est juste, quand elle se fait contre un injuste agresseur. Cela n'a pas besoin de preuve. La défensive de soi-même contre une injuste violence n'est pas seulement un droit, c'est un devoir pour une nation, & l'un de ses devoirs les plus sacrés. Mais si l'ennemi qui fait une guerre offensive à la justice de son côté, on n'est point en droit de lui opposer la force, & la défensive alors est injuste. Car cet ennemi ne fait qu'user de son droit : il a pris les armes pour se procurer une justice qu'on lui refusoit ; & c'est une injustice que de résister à celui qui use de son droit. La seule chose qui reste à faire en pareil cas, c'est d'offrir à celui qui attaque, une juste satisfaction. S'il ne veut pas s'en contenter on a l'avantage d'avoir mis le bon droit de son côté ; & l'on oppose désormais de justes armes à ses hostilités devenues injustes, parce qu'elles n'ont plus de fondement. Les Samnites, poussés par l'ambition de leurs Chefs, avoient ravagé les terres des alliés de Rome. Revenus de leur égarement, ils offrirent la réparation du dommage & toute sorte de satisfaction raisonnable, mais leurs soumissions ne purent appaiser les Romains ; sur quoi Caïus Pontius, Général des Samnites, dit à son peuple : « Puisque les Romains veulent » absolument la guerre, elle devient juste » pour nous par nécessité ; les armes » sont justes & saintes pour ceux à qui » on ne laisse d'autre ressource que les » armes. »

On distingue encore la guerre, en guerre solennelle, & en guerre non solennelle.

Il faut deux choses pour qu'une guerre soit solennelle ; la premiere, qu'elle se fasse par autorité du Souverain ; la seconde, qu'elle soit accompagnée de certaines formalités, comme d'une déclaration solennelle, &c. ; mais c'est ce dont nous parlerons plus amplement dans la suite. La guerre non solennelle est celle qui se fait ou sans avoir été déclarée dans les formes, ou simplement contre des particuliers. Nous nous contenterons d'indiquer ici cette division, renvoyant à l'examiner plus particuliérement, & à voir quels en peuvent être les effets, lorsque nous traiterons de ce qui a accoutumé de précéder la guerre.

A l'égard de la guerre proprement ainsi nommée, & qui se fait contre un ennemi étranger ; pour juger du pouvoir des Magistrats ou Officiers des Souverains, il ne faut que faire attention à l'étendue de leur commission. Car il est incontestable qu'ils ne sauroient légitimement entreprendre quelque acte d'hostilité de leur chef, & sans un ordre formel du Souverain, du moins raisonnablement présumé, en conséquence des circonstances dans lesquelles ils se rencontrent.

Ainsi par exemple, un Général d'armée envoyé à une expédition avec plein pouvoir de son maître, peut agir contre l'ennemi offensivement aussi bien que défensivement, & de la maniere qu'il jugera la plus avantageuse; mais il ne sauroit ni entreprendre une nouvelle guerre, ni faire la paix de son chef. Que si son pouvoir est limité, il ne doit jamais passer les bornes qui lui ont été prescrites, à moins que d'y être inévitablement réduit par la nécessité de se défendre; car tout ce qu'il fait pour cela, est censé fait de l'aveu même & par l'ordre du Souverain : ainsi, supposé qu'un Amiral eût ordre de se tenir sur la défensive, il ne lui est pas pour cela défendu de poursuivre & de foudroyer la flotte ennemie, pour la disperser ou pour la détruire, s'il vient à en être attaqué, mais seulement il lui est défendu de l'aller chercher lui-même le premier.

En général, les Gouverneurs des Provinces & des Villes, s'ils ont des troupes à leur disposition, peuvent se défendre de leur propre autorité, contre un ennemi qui les attaque; mais ils ne doivent jamais porter la guerre dans quelque autre pays, sans un ordre exprès de leurs Souverains. Ce fut en vertu de ce privilege que donne la nécessité, que Lucius Pinnatius Gouverneur d'Enna en Sicile pour les Romains, sachant avec certitude que les habitans tramoient de se ranger sous l'obéissance de Carthage, fit main-basse sur eux, &

ſauva ainſi la place ; mais hors ces cas-là, les habitans d'une ville n'ont nul droit de prendre les armes pour ſe venger des injures dont le Prince néglige lui-même de tirer raiſon.

Quand un Gouverneur eſt aſſiégé dans une place, toute communication lui étant ôtée avec ſon Souverain, il ſe trouve par cela même revêtu de toute l'autorité de l'Etat en ce qui concerne la défenſe de la place & le ſalut de la garniſon. Il eſt néceſſaire de bien remarquer ce que nous diſons ici, afin d'avoir un principe pour juger de ce que les divers Commandans, qui ſont des puiſſances ſubalternes ou inférieures, dans la guerre, peuvent faire avec un pouvoir ſuffiſant.

Une ſimple préſomption de la volonté du Souverain ne ſeroit pas même ſuffiſante pour diſculper un Gouverneur, ou tel autre Officier qui entreprendroit la guerre hors des cas de néceſſité, ſans aucun ordre, ni général, ni particulier. Car ce n'eſt pas aſſez de voir dans telle ou telle ſituation des choſes, quel parti on a lieu de croire que prendroit le Souverain, ſi on le conſultoit, mais il faut plutôt conſidérer en général, ce qu'il faudroit qu'on fît ſans le conſulter, lorſqu'on a le temps, ou que l'affaire eſt douteuſe ; or ſans contredit, le Souverain ne conſentira jamais que ses Ministres puissent, toutes les fois qu'ils jugeront à propos, entreprendre sans son ordre, une affaire aussi capitale, & d'une aussi grande importance qu'est la guerre offensive, dont il est ici question.

Ainsi dans ces circonstances, quelque parti que le Souverain lui-même eût trouvé à propos de prendre, s'il avoit été consulté, & quelque succès qu'ait pu avoir la guerre entreprise sans ses ordres, il est toujours libre au Souverain de ratifier ou non, l'entreprise de son Ministre. S'il la ratifie, cette approbation rend la guerre solennelle par un effet rétroactif; de sorte que tout le corps de l'Etat en est alors responsable: mais si le Souverain désavoue l'action du Gouverneur, les actes d'hostilité que celui-ci a commencé d'exercer, doivent passer pour de purs brigandages, dont la faute ne rejaillit en aucune maniere sur l'Etat, pourvu que d'ailleurs on livre le Gouverneur, ou qu'on le punisse suivant les lois du pays, en procurant autant qu'il est possible la réparation du dommage qu'il a causé.

Au reste, on peut remarquer ici que dans les sociétés civiles lorsque quelqu'un des citoyens a fait du mal à quelque étranger, on s'en prend quelquefois à tout le corps de l'Etat, ou à celui qui en est le Chef, en telle sorte que l'on peut lui déclarer la guerre pour cela; mais pour donner lieu à cette espece d'imputation, il faut nécessairement supposer l'une de ces deux choses, ou que les Souverains ont souffert que l'on fît tort à l'étranger, ou qu'ils donnent retraite au coupable.

Sur le premier cas il faut poser pour maxime, qu'un Souverain qui ayant connoissance des crimes de ses sujets, comme par exemple qu'ils exercent la piraterie sur les étrangers, & qui d'ailleurs pouvant & devant l'empêcher, ne le fait pas, se rend lui-même coupable, parce qu'il a consenti à l'action mauvaise qu'il laisse commettre, & fournit par conséquent un juste sujet de guerre.

Les deux conditions dont on vient de parler, je veux dire, la connoissance & la tolérance du Souverain sont absolument nécessaires, & l'une ne suffit pas sans l'autre: or on présume qu'un Souverain sait tout ce que ses sujets font tous les jours, d'une maniere ouverte & sans se cacher; pour le pouvoir d'empêcher le mal, on le présume aussi toujours, à moins que le Prince ne prouve clairement son impuissance.

L'autre maniere dont un Souverain se rend coupable par rapport au crime d'autrui, c'est lorsqu'il donne une retraite au coupable, & qu'il empêche aussi qu'on ne le punisse.

1°. Depuis l'établissement des sociétés civiles, on a effectivement accordé à chaque Souverain qu'il seroit le seul qui eût droit de punir comme il trouveroit à propos, les fautes de ses sujets qui intéressent proprement le corps dont ils sont membres.

2°. Mais on ne leur a pas laissé un droit si absolu & si particulier à l'égard des crimes qui intéressent en quelque façon la société humaine; en telle sorte que, par rapport à ces crimes, les autres Etats ou leurs Chefs ont droit d'en poursuivre la punition.

3°. A plus forte raison ont-ils ce droit lorsqu'il s'agit des crimes par lesquels ils sont offensés d'une maniere directe, & à l'égard desquels ils ont un droit parfait de punition, pour le maintien de leur société ou de leur honneur; ainsi dans ces circonstances, l'Etat ou le Chef de l'Etat, chez qui un coupable étranger se retire, ne doit apporter pour ce qui le concerne, aucun empêchement à l'exécution qui appartient à toute autre puissance.

4°. Or comme un Prince ne permet pas ordinairement qu'un autre Prince envoie sur ses terres des gens armés, pour se saisir des criminels qu'il veut punir,

(& cela aussi seroit sujet à de fâcheux inconvéniens.) Il faut nécessairement que le Souverain sur les terres duquel se trouve un coupable atteint & convaincu, fasse de deux choses l'une, ou qu'il punisse lui-même le coupable à la réquisition du Souverain offensé, ou qu'il le remette entre les mains de celui-ci, pour qu'il le punisse ainsi qu'il le trouvera à propos ; & c'est ce qu'on appelle livrer, & dont on trouve tant d'exemples dans l'Histoire.

Outre toutes les espèces de guerre dont on a parlé jusqu'ici, on peut encore les distinguer en guerres pleines & parfaites, & en guerres imparfaites. La guerre pleine & parfaite est celle qui rompt entiérement & à tous égards, l'état de paix & de société, & qui donne lieu à tous les actes d'hostilité, quels qu'ils puissent être. La guerre imparfaite est au contraire celle qui ne rompt pas la paix à tous égards, mais pour de certaines choses seulement, l'état de paix subsistant quant au surplus. C'est à cette derniere espece de guerre que l'on rapporte communément les représailles, dont il est à propos de traiter ici. On entend donc par les représailles, cette espece de guerre imparfaite, ces actes d'hostilité, que les Souverains exercent les uns contre les autres, ou leurs sujets par leur consentement, en arrêtant ou les personnes, ou les effets des sujets d'un Etat, qui a commis à notre égard quelque injustice qu'il refuse de réparer, afin de nous procurer des sûretés à cet égard & pour l'engager à nous rendre justice; & au cas qu'il persiste à nous la refuser, de nous la faire à nous-mêmes, l'état de paix subsistant quant au surplus.

Dans l'indépendance de l'état de nature, & avant qu'il y eût aucun gouvernement, personne ne pouvoit s'en prendre qu'à ceux-là même de qui il avoit reçu du tort, ou à leurs complices; parce que personne n'avoit alors avec d'autres, une liaison en vertu de laquelle il pût être censé participer en quelque maniere à ce qu'ils faisoient, même sans sa participation. Mais depuis qu'on eut formé des sociétés civiles, c'est-à-dire des corps dont tous les membres s'unissent ensemble pour leur défense commune, il a nécessairement résulté de-là une communauté d'intérêts & de volontés, qui fait que comme la société ou les puissances qui la gouvernent, s'engagent à se défendre chacun contre les insultes de tout autre, soit citoyen, soit étranger, chacun aussi peut être censé s'être engagé à répondre de ce que fait ou doit faire la société dont il est membre, ou les puissances qui la gouvernent.

Aucun établissement humain, aucune liaison où l'on entre, ne sauroit dispenser de l'obligation de cette loi générale de la nature, qui veut que le dommage que l'on a causé à autrui soit réparé, à moins que ceux qui sont exposés à en souffrir, n'ayent manifestement renoncé au droit d'exiger cette réparation, & lorsque ces sortes d'établissemens empêchent à certains égards que ceux qui ont été lésés, ne puissent obtenir aussi aisément la satisfaction qui leur est due, qu'ils l'auroient fait sans cela, il faut réparer cette difficulté, en fournissant aux intéressés toutes les autres voies possibles de se faire eux-mêmes raison.

Or il est certain que les sociétés ou les puissances qui les gouvernent, par cela même qu'elles sont armées des forces de tout le corps, sont quelquefois encouragées à se moquer impunément des étrangers qui viennent leur demander quelque chose qu'elles leur doivent, & que chaque sujet y contribue d'une maniere ou d'autre à les mettre en état d'en user ainsi. De sorte que par-là il peut être censé y consentir en quelque sorte : que s'il n'y consent pas en effet, il n'y a pas après tout, d'autre maniere de faciliter aux étrangers lésés, la poursuite de leurs droits, devenue difficile par la réunion des forces de tout le corps, que de les autoriſer à s'en prendre à tous ceux qui en font partie.

Par une ſuite même de la conſtitution des ſociétés civiles, chaque ſujet demeurant tel, eſt donc reſponſable par rapport aux étrangers, de ce que fait ou doit faire la ſociété ou le Souverain qui la gouverne, ſauf à lui demander un dédommagement lorſqu'il y a de la faute, ou de l'injuſtice de la part des Supérieurs; que ſi quelquefois on eſt fruſtré de ce dédommagement, il faut regarder cela comme un des inconvéniens que la conſtitution des affaires humaines rend inévitable dans tout établiſſement humain.

Les repréſailles étant des actes d'hoſtilité, & qui dégénerent même ſouvent dans une guerre pleine & parfaite, il eſt bien évident qu'il n'y a que le Souverain qui puiſſe les exercer légitimement, & que les ſujets ne peuvent le faire que de ſon ordre & par ſon autorité.

D'ailleurs il eſt néceſſaire que le tort ou l'injuſtice que l'on nous fait, & qui occaſionne les repréſailles, ſoit manifeſte & évident, & qu'il s'agiſſe de quelque intérêt conſidérable. Si l'injuſtice eſt douteuſe, il ſeroit également injuſte & périlleux d'en venir à cette extrémité, & de s'expoſer ainſi à tous les maux d'une guerre ouverte ; on ne doit pas non plus en venir aux représailles avant que d'avoir tâché d'obtenir raison par les voies ordinaires, du tort qui nous a été fait ; il faut s'adresser pour cela au Magistrat de celui qui nous a fait injustice, après quoi si le Magistrat ne nous écoute point, ou nous refuse satisfaction, on peut pour se la procurer user de représailles.

En un mot, il n'est permis d'en venir aux représailles, que lorsque tous les moyens ordinaires d'obtenir ce qui nous est dû, viennent à nous manquer ; en telle sorte, par exemple, que si un Magistrat subalterne nous avoit refusé la justice que nous demandons, il ne nous seroit pas encore permis d'user de représailles, avant que de nous être adressé au Souverain de ce Magistrat même, qui peut-être nous rendra justice. Dans ces circonstances on peut donc ou arrêter les sujets d'un Etat, si l'on arrête nos gens chez eux, ou saisir leurs biens & leurs effets : mais quelque juste sujet qu'on ait d'user de représailles, on ne peut jamais directement pour cette seule raison, faire mourir ceux dont on s'est saisi ; on doit seulement les garder sans les maltraiter, jusqu'à ce qu'on ait obtenu satisfaction ; de sorte que pendant tout ce temps-là ils sont comme en ôtage.

Pour les biens saisis par droit de repréſailles, il faut en avoir ſoin juſqu'à ce que le temps auquel on doit nous faire ſatisfaction ſoit expiré, après quoi on peut les adjuger au créancier, ou les vendre pour l'acquit de la dette, en rendant à celui à qui on les a pris ce qui reſte, tous frais déduits.

Remarquons encore qu'il n'eſt permis d'uſer de repréſailles, qu'à l'égard des ſujets proprement ainſi nommés & de leurs biens; car pour ce qui eſt des étrangers qui ne font que paſſer, ou qui viennent ſeulement pour demeurer quelque temps dans le pays, ils n'ont pas une aſſez grande liaiſon avec l'Etat dont ils ne ſont membres qu'à temps & d'une maniere imparfaite, pour que l'on puiſſe ſe dédommager ſur eux du tort qu'on a reçu de quelque citoyen originaire & perpétuel, & du refus que le Souverain a fait de nous rendre juſtice. Il faut encore excepter ici les Ambaſſadeurs qui ſont des perſonnes ſacrées, même pendant une guerre pleine & entiere : mais pour ce qui eſt des femmes, des Eccléſiaſtiques, des Gens de Lettres, &c. le droit naturel ne leur accorde ici aucun privilege, s'ils ne l'ont d'ailleurs acquis en vertu de quelque traité. Voyez Burlamaqui, Tom. VIII. chap. III. Wattel, Liv. III. chap. I. Puffendorf, Liv. VIII. chap. VI. Grotius, Liv. I. chap. III. &c.

LEÇON XXIII.

Choses qui doivent précéder la Guerre.

QUelque sujet qu'on ait de faire la guerre, cependant comme elle entraîne après soi & d'une maniere inévitable, une infinité de maux, & même souvent des injustices, il est certain que l'on ne doit pas se porter d'abord, ni trop facilement, à en venir à une extrémité dangereuse, & qui peut être très-funeste au vainqueur lui-même.

Voici donc les ménagemens que la prudence veut que les Souverains observent dans ces circonstances. 1°. En supposant que le sujet de la guerre est juste en lui-même, il faut qu'il s'agisse d'une chose de grande conséquence pour nous : il vaut mieux dissimuler ou relâcher quelque chose de son droit lorsque la chose n'est pas considérable, que d'en venir aux armes. 2°. Il faut que l'on ait au moins quelque apparence probable de réussir ; car ce seroit une témérité criminelle, une véritable folie, que de s'exposer de gaieté de cœur à une destruction certaine, & à se jetter dans un grand mal, pour en éviter un moindre. 3°. Enfin il faut qu'il y ait une véritable nécessité à prendre les armes, c'est-à-dire, que l'on ne puisse employer aucun moyen plus doux pour obtenir ce que nous demandons, ou pour nous mettre à couvert des maux qui nous menacent.

Car le droit de faire la guerre n'appartient aux nations que comme un remede contre l'injustice; c'est le fruit d'une malheureuse nécessité. Ce remede est si terrible dans ses effets, si funeste à l'humanité, si fâcheux même à celui qui l'emploie, que la loi naturelle ne le permet qu'à la derniere extrémité, c'est-à-dire, lorsque tout autre est inefficace pour le soutien de la justice.

Non-seulement ce sont-là des principes de prudence, mais la maxime générale de la sociabilité & de l'amour de la paix, veut que nous en usions de cette maniere: maxime qui n'a pas moins de force par rapport aux nations, que par rapport aux particuliers: c'est donc une nécessité aux Souverains de suivre ces maximes: la justice du gouvernement les y oblige par une suite de la nature même & du but de l'autorité; ils doivent toujours prendre un soin particulier de l'Etat & de leurs sujets, & par conséquent ne les exposer à tous les maux que la guerre entraîne après soi, qu'à la derniere extrémité, & lorsqu'il ne reste plus d'autre ressource que celle des armes.

Ce n'est donc pas assez que la guerre soit juste en elle-même par rapport à l'ennemi ; il faut encore qu'elle le soit par rapport à nous-mêmes & à nos sujets. Plutarque nous rapporte là-dessus que « parmi les anciens Romains, lorsque les » Prêtres nommés *Feciaux*, avoient con» clu que l'on pouvoit justement entre» prendre la guerre, le Sénat examinoit » encore s'il étoit avantageux de s'y en» gager. »

Voici le procédé des Romains à cet égard, qui se trouvoit réglé dans leur droit fécial. Ils envoyoient premiérement le Chef des Feciaux, ou Hérauts d'armes, appelé *Pater Patratus*, demander satisfaction au peuple qui les avoit offensés ; & si dans l'espace de trente-trois jours, ce peuple ne faisoit pas une réponse satisfaisante, le Héraut prenoit les Dieux à témoins de l'injustice, & s'en retournoit en disant que les Romains verroient ce qu'ils auroient à faire. Le Roi & dans la suite le Consul demandoit l'avis du Sénat : & la guerre résolue, on envoyoit le Héraut la déclarer sur la frontiere (*). On est

(*) Tite-Live, Liv. I. chap. XXXII.

étonné de trouver chez les Romains une conduite ſi juſte, ſi modérée & ſi ſage, dans un temps où il ſemble qu'on ne devoit attendre d'eux que de la valeur & de la férocité. Un peuple qui traitoit la guerre ſi religieuſement, jetoit des fondemens bien ſolides de ſa grandeur future.

Enfin ſi l'on ſe voit contraint, pour derniere reſſource, d'entreprendre la guerre, l'on doit encore, avant que de le faire, la déclarer ſolennellement à l'ennemi. Cette déclaration de guerre conſidérée en elle-même, & indépendamment des formalités particulieres de chaque peuple, eſt du droit même naturel; en effet, la prudence & l'équité naturelle demandent également qu'avant de prendre les armes contre quelqu'un, on ait tenté toute ſorte de voies de douceur, avant que d'en venir à cette extrémité. Il faut donc ſommer celui de qui on a reçu quelque tort, de nous en faire quelque ſatisfaction au plutôt, pour voir s'il ne voudroit pas penſer à lui-même, & nous éviter la néceſſité de pourſuivre notre droit par la voie des armes.

Il s'enſuit de ce que nous venons de dire, que la déclaration de guerre n'a lieu que dans les guerres offenſives; car lorſque l'on eſt actuellement attaqué, cela ſeul nous donne lieu de croire que l'ennemi a bien résolu de ne point entendre parler d'accommodement.

Il s'ensuit encore, que l'on ne doit pas commencer les actes d'hostilité immédiatement après avoir déclaré la guerre, mais qu'il faut attendre, du moins autant que l'on peut sans se causer à soi-même du préjudice, que celui qui nous a fait tort ait refusé hautement de nous satisfaire, & se soit mis en devoir de nous attendre de pied ferme, & cela encore même qu'il n'y ait pas beaucoup d'espérance qu'il se dispose à nous donner satisfaction. Autrement la déclaration de guerre ne seroit plus qu'une vaine cérémonie, & on ne doit rien négliger pour faire voir à tout le monde & à l'ennemi même, que ce n'est qu'à la derniere extrémité que l'on prend les armes, pour obtenir & maintenir ses justes droits; après avoir tenté toute autre sorte de voies, & lui avoir donné tout le temps de revenir à lui-même.

On distingue la déclaration de guerre, en déclaration conditionnelle & en déclaration pure & simple. La déclaration conditionnelle est celle qui est jointe avec la demande solenneile de la chose qui nous est dûe, & sous cette condition, que si on ne nous satisfait pas, nous nous ferons raison par les armes. La déclaration pure

& ſimple, eſt celle qui ne renferme aucune condition, mais par laquelle on renonce purement à l'amitié, & à la ſociété de celui à qui on déclare la guerre ; mais la déclaration de guerre, de quelque maniere qu'elle ſe faſſe, eſt par ſa nature conditionnelle. On doit toujours être diſpoſé à recevoir une ſatisfaction raiſonnable, du moment que l'ennemi l'offre : & c'eſt ce qui fait que quelques perſonnes rejettent cette diſtinction de la déclaration de guerre. Mais elle peut pourtant ſe ſoutenir, en ſuppoſant que celui à qui on déclare la guerre purement & ſimplement, a déjà aſſez témoigné qu'il n'avoit aucun deſſein de nous épargner la néceſſité d'en venir aux mains avec lui. Juſques-là donc, la déclaration peut bien, du moins quant à la forme, être pure & ſimple, ſans préjudice des diſpoſitions où l'on doit toujours être, ſuppoſé que l'ennemi revînt à lui-même ; ce qui regarde la fin de la guerre, plutôt que les commencemens, auxquels ſe rapporte la diſtinction des déclarations, en pures & en conditionnelles.

Au reſte, du moment que la guerre a été déclarée à un Souverain, non-ſeulement elle eſt cenſée déclarée en même-temps à tous les ſujets, qui avec lui ne ſont qu'une ſeule perſonne morale, mais encore à tous ceux qui dans la ſuite peuvent se joindre à lui, & qui ne doivent être regardés par rapport à l'ennemi principal, que comme des secours, ou des accessoires.

Remarquons ici que le Souverain qui déclare la guerre, ne peut retenir les sujets de l'ennemi, qui se trouvent dans ses Etats au moment de la déclaration, non plus que leurs effets. Ils sont venus chez lui sur la foi publique; en leur permettant d'entrer dans ses terres & d'y séjourner, il leur a promis tacitement toute liberté & toute sûreté pour le retour. Il doit donc leur marquer un temps convenable, pour se retirer avec leurs effets, & s'ils restent au-delà du terme prescrit; il est en droit de les traiter en ennemis, mais en ennemis désarmés. S'ils sont retenus par un empêchement insurmontable, par une maladie, il faut nécessairement & par les mêmes raisons, leur accorder un juste délai. Loin de manquer à ce devoir, aujourd'hui on donne plus encore à l'humanité, & très-souvent on accorde aux étrangers, sujets de l'Etat auquel on déclare la guerre, tout le temps de mettre ordre à leurs affaires. Cela se pratique sur-tout envers les négocians, & l'on a soin d'y pourvoir dans les traités du commerce. Le Roi d'Angleterre dans sa derniere déclaration de guerre contre la France, en 1755, ordonna que tous les François qui se trouvoient dans ses Etats, pouvoient y demeurer avec une entiere sûreté pour leurs personnes & leurs effets, pourvu qu'ils s'y comportassent comme ils le devoient.

Pour ce qui est des formalités que les différentes nations observent dans les déclarations de guerre, elles sont toutes arbitraires par elles-mêmes. Il est donc indifférent qu'on les fasse par des Envoyés, par des Hérauts ou par des lettres ; que ce soit à la personne même du Souverain ou aux sujets, pourvu néanmoins que le Prince ne puisse pas les ignorer.

On peut même omettre la déclaration de guerre dans certains cas, quand même la guerre est offensive ; lors, par exemple, qu'une nation à qui on a résolu de faire la guerre, ne veut admettre ni Ministre ni Héraut pour la lui déclarer : on peut, quelle que soit d'ailleurs la coutume, se contenter de la publier dans ses propres Etats, ou sur la frontiere ; & si la déclaration ne parvient pas à sa connoissance avant le commencement des hostilités, cette nation ne peut en accuser qu'elle-même. Les Turcs mettent en prison, & maltraitent les Ambassadeurs même des Puissances avec lesquelles ils ont résolu de rompre ; il seroit périlleux à un Héraut, d'aller chez eux leur déclarer la guerre.

On eſt diſpenſé de le leur envoyer, par leur propre férocité.

Mais comme perſonne n'eſt diſpenſé de ſon devoir, par cela ſeul qu'un autre n'a pas rempli le ſien ; nous ne pouvons nous diſpenſer de déclarer la guerre à une nation, avant que de commencer les hoſtilités, par la raiſon que dans une autre occaſion elle nous a attaqué ſans déclaration de guerre. Cette nation a péché alors contre la loi naturelle, & ſa faute ne nous autoriſe pas à en commettre une pareille.

Quant au temps de la déclaration, le droit des gens n'impoſe point l'obligation de déclarer la guerre, pour laiſſer à l'ennemi le temps de ſe préparer à une injuſte défenſive. Il eſt donc permis de faire ſa déclaration ſeulement lorſqu'on eſt entré dans les terres de l'ennemi, & que l'on y a occupé un poſte avantageux : toutefois avant que d'y commettre aucune hoſtilité. Car de cette maniere, on pourvoit à ſa propre sûreté, & on atteint également le but de la déclaration de guerre, qui eſt de donner encore à un injuſte adverſaire, le moyen de rentrer ſérieuſement en lui-même, & prévenir les horreurs de la guerre, en faiſant juſtice. Henri IV en uſa de cette maniere envers Charles-Emmanuel, Duc de Savoye, qui avoit lassé sa patience par des négociations vaines & frauduleuses.

Il ne faut pas confondre la *déclaration* de la guerre avec la *publication*. L'unique but de la déclaration de la guerre, c'est de déclarer à la nation injuste ou à son conducteur, que l'on va enfin recourir au dernier remede, & employer la force ouverte pour obtenir justice. Au lieu que par la publication de la guerre, on se propose non-seulement d'avertir les sujets du Prince qui déclare la guerre, que telle ou telle nation doit être regardée comme ennemie, & qu'ils doivent prendre leurs mesures là-dessus; mais encore d'aviser de la déclaration de guerre les Puissances neutres, pour les informer des raisons justificatives qui l'autorisent, du sujet qui l'oblige à prendre les armes, & de leur notifier que tel ou tel peuple est son ennemi, afin qu'elles puissent se diriger en conséquence. Ainsi la déclaration regarde seulement l'ennemi, & la publication se fait en faveur des sujets de la puissance qui déclare la guerre, & des puissances neutres.

Les manifestes que les Princes publient, contiennent ordinairement la publication de la guerre. Ces pieces ne manquent point de contenir les raisons justificatives, bonnes ou mauvaises, sur lesquelles on on ſe fonde pour prendre les armes. Le moins ſcrupuleux voudroit paſſer pour juſte, équitable, amateur de la paix; il ſent qu'une réputation contraire pourroit lui être nuiſible. Eſt-il néceſſaire dans un ſiecle ſi poli, d'obſerver que l'on doit s'abſtenir dans ces écrits qui ſe publient au ſujet de la guerre, de toute expreſſion injurieuſe, qui manifeſte des ſentimens de haîne, d'animoſité, de fureur; ce qui n'eſt propre qu'à exciter de ſemblables ſentimens dans le cœur de l'ennemi? Un Prince doit garder la plus noble décence dans ſes diſcours & dans ſes écrits; il doit ſe reſpecter ſoi-même dans la perſonne de ſes pareils; & s'il a le malheur d'être en différent avec une nation, ira-t-il aigrir la querelle par des diſcours offenſans, & s'ôter juſqu'à l'eſpérance d'une réconciliation ſincere? Les Papes dans leurs beaux jours ont excellé dans l'art de faire des manifeſtes inſultans; je me perſuade qu'aujourd'hui ils auroient plus de ménagemens. Voyez Burlamaqui, Tom. VIII. chap. IV. Wattel, Liv. III. chap. II. & IV. Puffendorf, Liv. VIII. chap. VI.

LEÇON XXIV.

Regles générales pour connoître ce qui est permis dans la Guerre.

CE n'est pas assez pour qu'une guerre se fasse avec justice, qu'elle soit entreprise pour un juste sujet, & que l'on y observe d'ailleurs les autres choses dont nous avons parlé jusqu'ici : mais il faut de plus qu'en la faisant, on reste dans les termes de la justice, de l'humanité, & qu'on ne pousse pas les actes d'hostilité au-delà de leurs bornes. Nous établirons ici trois regles générales.

La premiere, c'est que tout ce qui a une liaison moralement nécessaire avec le but de la guerre, est permis & rien davantage : en effet il seroit tout-à-fait inutile d'avoir droit de faire une chose, si l'on ne pouvoit se servir des moyens nécessaires pour en venir à bout ; mais aussi il ne seroit pas juste que, sous prétexte de défendre son droit, on se crût tout permis, & qu'on se portât aux dernieres extrémités.

La seconde regle, c'est que le droit qu'on a contre un ennemi & que l'on poursuit par les armes, ne doit pas être considéré uniquement par rapport au ſujet qui fait commencer la guerre, mais encore par rapport aux nouvelles cauſes qui ſurviennent dans la ſuite & pendant le cours de la guerre, tout de même qu'en juſtice une des parties acquiert ſouvent un nouveau droit pendant le cours du procès. C'eſt là le fondement du droit que l'on a d'agir contre ceux qui ſe joignent à notre ennemi pendant le cours de la guerre, ſoit qu'ils dépendent de lui ou non.

Enfin, *la troiſieme regle*, c'eſt qu'il y a bien des choſes qui, quoiqu'illicites d'ailleurs, deviennent permiſes dans la guerre, parce qu'elles en ſont des ſuites inévitables, & qu'elles arrivent contre notre intention & ſans un deſſein formel : autrement, il n'y auroit jamais moyen de faire la guerre ſans injuſtice, & les actions les plus innocentes devroient ſouvent être regardées comme injuſtes, puiſqu'il y en a peu d'où il ne puiſſe par occaſion provenir quelque mal contre l'intention de l'agent.

Ainſi, par exemple, pour avoir ce qui nous appartient, on a droit de prendre une choſe qui vaut davantage, ſi l'on ne peut pas prendre préciſément autant qu'il nous eſt dû, ſous l'obligation néanmoins de rendre la valeur de ce qui eſt au-delà de la dette. On peut auſſi canonner un vaisseau plein de Corsaires, quoique dans ce vaisseau, il se trouve quelques femmes, quelques enfans, ou d'autres personnes innocentes qui courent risque d'être enveloppées dans la ruine de ceux que l'on veut & que l'on peut faire périr avec justice.

Telle est l'étendue du droit que l'on a contre un ennemi en vertu de l'état de guerre. Cet état anéantissant par lui-même l'état de société, quiconque se déclare notre ennemi, nous autorise par là à agir contre lui par des actes d'hostilité poussés aussi loin qu'on le juge à propos; & cela non-seulement jusqu'à ce qu'on se soit mis à couvert des dangers dont on est menacé, où qu'on ait recouvré ce qui nous avoit été enlevé injustement, ou que l'on se soit fait rendre ce qui nous étoit dû, mais encore jusqu'à ce qu'on nous ait donné de bonnes sûretés pour l'avenir. Il n'est donc pas toujours injuste de rendre plus de mal qu'on n'en avoit effectivement reçu.

Mais il faut encore remarquer ici, que quoique ces maximes soient vraies en vertu du droit rigoureux de la guerre, la loi de l numanité met néanmoins des bornes à ce droit; elle veut que l'on considere non-seulement si tels ou tels actes d'hostilité peuvent être exercés contre un ennemi ſans qu'il ait lieu de s'en plaindre, mais encore s'ils ſont dignes d'un vainqueur humain, ou même d'un vainqueur généreux. Ainſi autant qu'il eſt poſſible, & que notre défenſe & notre ſûreté pour l'avenir nous le permettent, il faut tempérer les maux que l'on fait à un ennemi par les principes de l'humanité.

Pour ce qui eſt des voies mêmes que l'on peut employer légitimement contre un ennemi, il eſt bien évident que la terreur & la force ouverte ſont le caractere propre de la guerre, comme auſſi la voie la plus commune dont on ſe ſert : mais il n'eſt pas moins permis d'employer la ruſe & l'artifice contre un ennemi, pourvu qu'on le faſſe ſans perfidie & ſans manquer à ce qu'on a promis ; ainſi l'on peut tromper l'ennemi par de fauſſes nouvelles & des diſcours inventés à plaiſir, mais on ne doit jamais violer ce à quoi on s'eſt engagé envers lui, par quelque promeſſe ou par quelque convention, comme nous le ferons voir plus particuliérement dans la ſuite.

On peut juger par-là du droit des ſtratagemes, & l'on ne ſauroit raiſonnablement douter que l'on ne puiſſe innocemment employer la ruſe & l'artifice à l'égard de celui contre lequel on peut tourner toutes ſes forces : les premiers moyens ont même cet avantage ſur les derniers, qu'ils ſont ordinairement ſuivis de moins de maux, & que l'on conſerve par-là la vie à bien des innocens.

Il eſt vrai que quelques nations ont quelquefois rejeté l'uſage des ruſes & des tromperies dans la guerre, mais ce n'étoit pas que l'on y trouvât de l'injuſtice, c'eſt par une eſpece de grandeur d'ame bien ou mal entendue, & ſouvent par la confiance qu'elles avoient en leurs propres forces. Les Romains, preſque juſqu'à la fin de la ſeconde guerre punique, ſe faiſoient un point d'honneur de n'uſer d'aucune ruſe de guerre.

Au reſte, je crois qu'il y avoit plus de généroſité que de ſageſſe dans une pareille conduite; elle ſeroit très-louable ſans doute, ſi comme dans la manie des duels, il n'étoit queſtion que de faire preuve de courage. Mais à la guerre il s'agit de défendre la patrie, de pourſuivre par la force, des droits qu'on nous refuſe injuſtement, & les moyens les plus sûrs ſont auſſi les plus louables, pourvu qu'ils n'ayent rien d'illicite & d'odieux en eux-mêmes.

.... *Dolus, an virtus, quis in hoste requirat?* (*)

(*) Virgil. Æneid. Lib. II. v. 390.

Le mépris des ruses de guerre, des stratagemes, des surprises, vient souvent comme dans Achilles, d'une noble confiance dans sa valeur & dans ses propres forces : & il faut avouer que quand on peut vaincre un ennemi à force ouverte, en bataille rangée, on doit se flatter bien plus sûrement de l'avoir dompté & réduit à demander la paix, que si on a obtenu l'avantage par surprise, comme le disent dans Tite-Live ces généreux Sénateurs qui n'approuvoient pas la conduite peu sincere que l'on avoit tenue avec Persée (*). Lors donc que la valeur simple & ouverte peut assurer la victoire, il est des occasions où elle est préférable à la ruse, parce qu'elle procure à l'Etat un avantage plus grand & plus durable.

L'usage des espions est une espece de tromperie à la guerre ou de pratique secrete. Ce sont des gens qui s'introduisent chez l'ennemi, pour découvrir l'état de ses affaires, pénétrer ses desseins, & en avertir celui qui les emploie. On punit communément les espions du dernier supplice, & cela avec justice, puisque l'on n'a guere d'autre moyen de se garantir du mal qu'ils peuvent faire.

(*) Lib. XLII. cap. XLVII.

Pour cette raiſon un homme d'honneur ne ſe chargera jamais du métier illégal & honteux d'eſpion, qui ne ſauroit s'exercer ſans quelque eſpece de trahiſon, & qui expoſe celui qui l'exerce à périr par la main du bourreau. Le Souverain n'eſt donc pas en droit d'exiger un pareil ſervice de ſes ſujets, ſi ce n'eſt peut-être dans quelque cas ſingulier & de la plus grande importance. Il y invite par l'appât du gain quelques ames mercenaires. Si ceux qu'il y emploie viennent s'offrir d'eux-mêmes, ou s'il n'y engage que des gens qui ne ſont point ſujets de l'ennemi, & qui ne tiennent à lui par aucun lien, il n'eſt pas douteux qu'il ne puiſſe légitimement, & ſans honte profiter de leurs ſervices.

Ajoutons ici un mot touchant les intelligences doubles. On appelle intelligence double, celle d'un homme qui fait ſemblant de trahir ſon parti pour attirer l'ennemi dans le piege. C'eſt une trahiſon & un métier infâme, quand on le fait de propos délibéré & en s'offrant le premier. Mais un Officier, un Commandant de place ſollicité par l'ennemi, peut légitimement, en certaines occaſions, feindre de prêter l'oreille à la ſéduction, pour attraper le ſuborneur. Celui-ci lui fait injure en tentant ſa fidélité, il ſe venge juſtement en le faiſant tomber dans le piege qu'il avoit préparé contre ſon Prince. Par cette conduite il ne nuit point à la foi des promeſſes, au bonheur du genre humain ; car des engagemens criminels ſont abſolument nuls, ils ne doivent jamais être remplis, & il ſeroit avantageux que perſonne ne pût compter ſur les promeſſes des traîtres, qu'elles fuſſent encore plus environnées d'incertitude & de danger qu'elles ne le ſont.

Tels ſont les principes au moyen deſquels on peut juger juſqu'à quel degré on peut pouſſer les actes d'hoſtilité : ajoutons là-deſſus que la plupart des nations n'ont mis aucunes bornes aux droits que la loi naturelle donne d'agir contre un ennemi : & pour dire la vérité, il eſt bien difficile de déterminer préciſément juſqu'où il ſuffit de porter les actes d'hoſtilité, dans les guerres mêmes les plus légitimes, pour ſe défendre & pour obtenir la réparation du dommage, ou pour ſe procurer les ſûretés néceſſaires pour l'avenir, d'autant plus que ceux qui entrent en guerre ſe donnent eux-mêmes l'un & l'autre, & par une eſpece de convention tacite, une liberté entiere de tempérer ou d'augmenter la fureur des armes, & d'exercer toutes ſortes d'actes d'hoſtilité, ſelon que chacun le trouve à propos. Et ſi les Généraux d'armée puniſſent ceux qui ont porté les actes d'hostilité au-delà des ordres précis qu'ils avoient donnés, ce n'est pas tant parce qu'ils ont fait par-là du tort à l'ennemi, mais principalement pour avoir violé les ordres de leur Commandant, & afin de maintenir la discipline qui demande beaucoup de sévérité.

C'est encore par une conséquence de ces principes, que ceux qui dans une guerre publique & solennelle ont poussé le carnage & les pilleries au-delà de ce que la loi naturelle permet, ne passent pas d'ordinaire dans le monde pour des meurtriers ou des voleurs, & ne sont pas punis comme tels. Il est établi entre les nations qu'il faut laisser cela à la conscience de ceux qui se font la guerre, plutôt que de s'attirer des querelles fâcheuses, en s'ingérant de condamner l'une ou l'autre des parties.

On peut même dire que l'usage où sont les nations là-dessus est fondé sur des principes naturels. En effet, supposons que dans l'indépendance de l'état de nature, trente chefs de famille, habitans d'une même contrée, se fussent ligués pour attaquer ou pour repousser d'autres chefs de famille unis ensemble : je dis que ni pendant cette guerre, ni après qu'elle est finie, ceux de la même contrée ou d'ailleurs qui n'étoient point entrés dans la ligue d'une part ni d'une autre, ne devoient & ne pouvoient point punir comme meurtriers ou voleurs, aucun de ceux des deux partis qui pourroient venir à tomber entre leurs mains. Ils ne le pourroient pas pendant la guerre, car ce seroit épouser la querelle de l'un des deux partis, & par cela même qu'ils sont d'abord demeurés neutres, ils ont clairement renoncé au droit de se mêler de ce qui pourroit se passer dans cette guerre : bien moins le pourroient-ils encore après la guerre finie, puisque la guerre ne pouvant finir sans quelque accommodement ou quelque traité de paix, les intéressés eux-mêmes se sont réciproquement tenus quittes de tous les maux qu'ils s'étoient faits.

Le bien de la société vouloit aussi que l'on suivît ces maximes. Car si ceux qui demeurent neutres, étoient autorisés à connoître des actes d'hostilité, exercés dans une guerre étrangere, & en conséquence à punir ceux qu'ils jugeroient en avoir commis d'injustes, & à prendre les armes pour ce sujet, au lieu d'une guerre, il s'en éleveroit nécessairement plusieurs, & ce seroit une source féconde de querelles & de troubles. Plus les guerres devenoient fréquentes, & plus il étoit nécessaire pour la tranquillité du genre humain, qu'on n'épousât pas légerement la querelle d'autrui. L'établissement même des sociétés civiles n'a fait que rendre plus nécessaire la pratique de ces maximes, parce que les guerres sont devenues dès-lors, sinon plus fréquentes, du moins plus étendues, & accompagnées d'un grand nombre de maux.

Remarquons enfin que tous les actes d'hostilité que l'on peut exercer légitimement contre un ennemi, peuvent être exercés & sur nos propres terres & sur celles de l'ennemi, & sur une terre qui n'appartient à personne, & sur mer.

Il n'en est pas de même en pays neutre, c'est-à-dire dans ceux dont le Souverain n'a pris aucun parti entre ceux qui sont en guerre. Dans ces terres on ne sauroit légitimement exercer aucun acte d'hostilité, ni sur les personnes mêmes des ennemis, ni sur leurs biens; cela non point en vertu de quelque droit de l'ennemi même, mais par un juste respect pour le Souverain du pays, qui n'ayant pris parti ni pour ni contre nous, nous met dans la nécessité de respecter sa juridiction & de ne commettre aucune violence sur ses terres. Ajoutez que par cela seul que le Souverain du pays est demeuré neutre, il s'est engagé tacitement à ne permèttre sur son territoire aucun acte d'hostilité de part ni d'autre. Voyez Burlamaqui, Tom. VIII. chap. V. Grotius, Liv. III. chap. I. Wattel, Liv. III. chap. VIII. IX. & X.

LEÇON XXV.

Droits que donne la Guerre sur les personnes des ennemis, leur étendue & leurs bornes.

IL est certain que l'on peut innocemment tuer un ennemi; je dis innocemment, non-seulement aux termes de la justice extérieure & qui passe pour telle chez toutes les nations, mais encore selon la justice intérieure & les lois de la conscience. Et en effet, le but de la guerre demande nécessairement que l'on ait ce pouvoir, autrement ce seroit en vain que l'on prendroit les armes, & que les lois de la nature le permettroient.

Si l'on ne consultoit ici que l'usage des nations, cette licence de tuer l'ennemi s'étendroit bien loin; on pourroit dire qu'elle n'a point de bornes, & qu'elle peut être exercée jusques sur les personnes innocentes. Cependant quoiqu'il soit incontestable que la guerre entraîne après elle une infinité de maux qui, considérés en eux-mêmes, sont des injustices & de véritables cruautés, mais qui dans de certaines circonstances, doivent plutôt être envisagés comme des malheurs inévitables; il est vrai néanmoins, que le droit que donne la guerre sur la personne & la vie de l'ennemi, a des bornes, & qu'il y a ici des tempéramens à observer, que l'on ne sauroit négliger sans crime.

En général il faut toujours avoir égard aux principes que nous avons établis dans la Leçon précédente, pour juger du degré auquel on peut porter les actes d'hostilité. Le pouvoir que l'on a d'ôter la vie à l'ennemi, ne va donc pas jusqu'à l'infini, & si l'on peut parvenir au but légitime que l'on se propose en faisant la guerre, si l'on peut obtenir la réparation du tort qu'on nous a fait, & de bonnes sûretés pour l'avenir, en épargnant la vie de l'ennemi, il est incontestable que la justice & l'humanité veulent qu'on en use de cette maniere.

Il est vrai que dans l'application de ces maximes aux cas particuliers, il est très-difficile, pour ne pas dire impossible, de marquer précisément l'étendue & les bornes qu'on doit leur donner, mais au moins il est toujours certain que l'on doit tâcher d'en approcher autant que l'on peut, & sans blesser nos intérêts bien entendus. Faisons l'application de ces principes aux cas particuliers.

Le droit de tuer l'ennemi ne regarde-t-il que ceux qui portent actuellement les armes, ou bien s'étend-il indifféremment sur tous ceux qui se trouvent sur les terres de l'ennemi, soit qu'ils soient sujets ou étrangers ? Je réponds qu'à l'égard de tous ceux qui sont sujets, la chose est incontestable ; ce sont-là les ennemis principaux, & l'on peut exercer sur eux tous les actes d'hostilité en vertu de l'état de guerre.

Pour ce qui est des étrangers, ceux qui lorsque la guerre est commencée, vont, le sachant, dans le pays de notre ennemi, peuvent avec justice être regardés comme tels ; mais pour ceux qui étoient déjà venus dans le pays ennemi avant la guerre, la justice & l'humanité veulent qu'on leur accorde quelque temps pour se retirer ; que s'ils n'en veulent pas profiter, on se trouve par-là autorisé à les traiter comme nos ennemis mêmes.

A l'égard des vieillards, des femmes & des enfans, il est certain que le droit de la guerre n'exige pas par lui même que l'on pousse les hostilités jusqu'à les tuer ; & que par conséquent c'est une pure cruauté d'en user ainsi. Je dis que le but de la guerre n'exige pas cela par lui-même; car si les femmes, par exemple, exercent elles-mêmes des actes d'hostilité, si oubliant la foiblesse de leur sexe, elles prennent les armes contre l'ennemi, alors on est sans contredit en droit de se servir contre elles de celui que donne la guerre. Disons encore que lorsque le feu de l'action emporte le soldat comme malgré lui, & nonobstant les ordres des Supérieurs, à commettre ces actes d'inhumanité, comme, par exemple, à la prise d'une ville qui, par sa résistance a irrité les troupes, alors on doit plutôt regarder ces maux-là comme des malheurs & comme des suites inévitables de la guerre, que comme des crimes punissables.

Il en faut dire autant des Ministres publics de la Religion, des Gens de Lettres, ou autres personnes dont le genre de vie est fort éloigné du métier des armes. Non que ces gens-là, ni même les Ministres des autels, aient nécessairement & par leur emploi aucun caractere d'inviolabilité, ou que la loi civile puisse le leur donner par rapport à l'ennemi : mais comme ils n'opposent point la force ou la violence à l'ennemi, ils ne lui donnent aucun droit d'en user contr'eux. Les laboureurs sont aussi dignes de toute l'attention des conducteurs d'armée, en considération de leur travail si utile au genre humain.

Il faut à-peu-près raisonner de la même maniere sur les prisonniers de guerre; on ne sauroit pour l'ordinaire les faire mourir sans se rendre coupable de cruauté. Je dis pour l'ordinaire : car il peut se rencontrer des cas de nécessité si pressans, que le soin de notre propre conservation nous oblige à nous porter à des extrémités, qui hors de ces circonstances seroient tout-à-fait criminelles.

En général, les lois même de la guerre demandent que l'on s'abstienne du carnage autant qu'il est possible, & que l'on ne répande pas du sang sans nécessité; l'on ne doit pas directement & de propos délibéré, ôter la vie ni aux prisonniers de guerre, ni à ceux qui demandent quartier, ni à ceux qui se rendent, moins encore aux vieillards, aux femmes & aux enfans, & en général à aucun de ceux qui ne sont ni d'un âge, ni d'une profession à porter les armes, & qui n'ont d'autre part à la guerre, que de se trouver dans le pays ou dans le parti ennemi. L'on comprend bien encore que les droits de la guerre ne s'étendent pas jusqu'à autoriser les outrages faits à l'honneur des femmes; car cela ne fait rien ni à notre défenſe, ni à notre ſûreté, ni au maintien de nos droits, & ne peut ſervir qu'à ſatisfaire la brutalité du ſoldat.

Mais dans les cas où il eſt permis d'ôter la vie à l'ennemi, peut-on ſe ſervir pour cela de toutes ſortes de moyens indifféremment? Je réponds qu'à conſidérer la choſe en elle-même, & d'une maniere abſtraite, il n'importe de quelle maniere on ôte la vie à un ennemi, que ce ſoit de vive force, ou par ruſe ou par ſtratageme, par le fer ou par le poiſon.

Cependant il eſt certain que ſuivant le droit naturel, c'eſt une lâcheté criminelle, non-ſeulement de faire donner à l'ennemi quelque breuvage mortel, mais encore d'empoiſonner les puits, les ſources, les fleches, les dards, les balles, & les autres choſes dont on ſe ſert contre lui.

Je dis que le droit naturel défend le poiſon à la guerre : car la loi naturelle nous défend expreſſément d'étendre à l'infini les maux de la guerre. Frappez l'ennemi, mettez-le hors de combat, tuez-le même : tout cela vous eſt permis; le droit des gens vous y autoriſe. Mais lorſque l'ennemi eſt une fois hors du combat, dès qu'il ne vous réſiſte plus, faut-il qu'il meure inévitablement de ſes bleſſures empoiſonnées? Si vous pouvez prendre une place par le meurtre d'une partie de la garnison; pourquoi voulez-vous absolument que toute la garnison & les habitans même, la plupart innocents, ayent le même sort par l'empoisonnement des fontaines, des puits, &c.? Ce seroit pousser la cruauté à l'excès, & bien au-delà de ce que les lois de la guerre le permettent. La guerre même a ses lois, dit sagement Plutarque, dans l'esprit des honnêtes gens (*) : l'on se trompe bien lorsque l'on croit que le droit de guerre permette ce qui n'est pas renfermé dans les bornes de l'honnêteté.

Ce sont donc là de justes précautions que les hommes doivent suivre pour leur propre avantage. Il est de l'avantage commun du genre-humain, que les périls ne s'augmentent pas à l'infini; en particulier la société y est intéressée par rapport à la conservation de la vie des Rois, des Généraux d'armée & d'autres personnes considérables, du salut desquelles dépend pour l'ordinaire celui des sociétés; car si la vie de ces personnes est plus en sûreté que celle des autres, quand on ne l'attaque que par les armes, elles ont d'un autre côté beaucoup plus à craindre du poison, &c. & elles seroient tous les jours exposées à périr de cette maniere, si la

(*) Vita Camil.

loi naturelle ne les mettoit à couvert de ce côté-là.

Ajoutons enfin que toutes les nations qui se sont piquées de générosité, ont toujours suivi ces maximes, & les Consuls Romains, dans une lettre qu'ils écrivirent à Pyrrhus, disoient qu'il étoit de l'intérêt de toutes les nations, qu'on ne donnât point de tels exemples.

On demande encore si l'on peut légitimement faire assassiner un ennemi? Je réponds, 1°. que celui qui se sert pour cela du ministere de quelqu'un des siens, le peut en toute justice. Lorsqu'on peut tuer un ennemi, il n'importe que ceux qu'on emploie pour cela soient en grand ou en petit nombre : six cents Lacédémoniens étant entrés avec Léonidas dans le camp de l'ennemi, allerent droit à la tente du Roi de Perse ; or ils auroient pu sans doute le faire, quoiqu'ils eussent été en plus petit nombre. L'entreprise fameuse de Mucius Scevola est louée par tous ceux qui en ont parlé; & Porsenna lui-même, celui à qui on vouloit ôter la vie, ne trouve rien que de beau dans ce dessein.

Mais il n'est pas si aisé de déterminer si l'on peut pour cela employer des assassins, qui en se chargeant de cette commission, commettent eux-mêmes un acte de perfidie, comme sont des sujets par rapport à leur Souverain, des soldats par rapport à leur Général. A cet égard il semble qu'il faut d'abord distinguer ici deux questions différentes. L'une, si l'on fait du tort à l'ennemi même contre lequel on se sert de traîtres. L'autre, si supposé qu'on ne lui fasse aucun tort, on commet néanmoins une mauvaise action.

Pour la premiere question, à considérer la chose en elle-même & suivant le droit rigoureux de la guerre, il semble qu'en supposant la guerre juste, on ne fait aucun tort à l'ennemi, soit qu'on profite de l'occasion d'un traître qui vient s'offrir de lui-même, soit qu'on la recherche soi-même & qu'on se la procure. L'état de guerre où l'ennemi s'est mis, & où il ne tenoit qu'à lui de ne pas se mettre, donne par lui-même toute permission contre lui; en sorte qu'il n'a aucun lieu de se plaindre, quoi qu'on fasse. D'ailleurs on n'est pas plus obligé, à parler à la rigueur, de respecter le droit qu'un ennemi a sur ses sujets & la fidélité qu'ils lui doivent en cette qualité, que leurs vies dont on peut incontestablement les dépouiller par droit de guerre.

Cependant je crois que cela ne suffit pas pour rendre un assassinat fait dans ces circonstances, tout-à-fait innocent; un Souverain qui aura la conscience tant soit peu délicate, & qui sera bien convaincu de la justice de ses armes, n'ira point chercher des voies de trahison pour vaincre son ennemi, & n'embrassera pas facilement celles qui se présenteront d'elles-mêmes. La juste confiance qu'il aura dans la protection du Ciel, l'horreur pour la perfidie d'autrui, la crainte de s'en rendre complice & de donner un mauvais exemple qui pourroit retomber sur lui-même & sur les autres, lui feront mépriser & rejeter tous les avantages qu'il pourroit se promettre de tels moyens.

Ajoutons encore que de tels moyens ne sauroient toujours être regardés comme une chose entiérement innocente par rapport à celui qui les met en usage. L'état d'hostilité qui dispense du commerce des bons offices, & qui autorise à nuire, ne rompt pas pour cela tout lien d'humanité, & n'empêche point qu'on ne doive, autant qu'on le peut, éviter de donner lieu à quelque mauvaise action de l'ennemi ou de quelqu'un des siens, sur-tout de ceux qui par eux-mêmes n'ont eu aucune part à ce qui fait le sujet de la guerre. Or tout traître commet sans contredit une action également honteuse & criminelle.

Il faut donc dire qu'on ne peut jamais en conscience séduire ou solliciter à la trahison les sujets de l'ennemi, puisque c'est les porter positivement & directement à commettre un crime abominable, & auquel sans cela ils n'auroient peut-être jamais pensé d'eux-mêmes.

Or est-il honnête de corrompre, d'inviter au crime son plus mortel ennemi? Tout au plus pourroit-on excuser ces pratiques dans une guerre très-juste, quand il s'agiroit de sauver la patrie de la ruine dont elle seroit menacée par un injuste conquérant. Il semble qu'alors le sujet ou le Général qui trahiroit son Prince dans une cause manifestement injuste, ne commettroit pas une faute si odieuse. Celui qui ne respecte lui-même ni la justice, ni l'honnêteté, mérite d'éprouver à son tour les effets de la méchanceté & de la perfidie; & si jamais il est pardonnable de sortir des regles séveres de l'honnêteté, c'est contre un ennemi de ce caractere & dans une extrémité pareille.

Autre chose est quand on ne fait que profiter de l'occasion, & des dispositions que l'on voit dans une personne qui n'a pas eu besoin d'être sollicitée à la trahison : or il me semble que la tache de la perfidie ne tombe pas sur celui qui la trouve toute formée dans le cœur du traître, sur-tout si l'on considère que d'ennemi à ennemi, la chose à l'égard de laquelle on met à profit les mauvaises dispositions d'autrui, est de telle nature; qu'on peut la faire innocemment & légitimement soi-même.

Mais quoi qu'il en soit, par les raisons que l'on a alléguées, on ne peut guere se prévaloir d'une trahison qui s'offre, que dans un cas extraordinaire, & dans une espece de nécessité. Et quoique l'usage de plusieurs nations n'ait rien d'obligatoire par lui-même, cependant dès-là que les peuples avec qui on a quelque chose à démêler, regardent comme illicite l'acceptation même des offres d'une certaine espece de perfidie, comme celle d'assassiner son Prince ou son Général, on est raisonnablement censé s'y soumettre tacitement.

Enfin il est permis de tuer l'ennemi par tout, excepté sur les terres d'un peuple neutre; car les voies de fait ne sont pas permises dans une société civile, où l'on doit implorer le secours du Souverain. Dans le temps de la seconde guerre punique, sept galeres des Carthaginois étant dans un port de la domination de Syphax, alors Prince neutre entre les Romains & les Carthaginois; Scipion tira vers ce même port avec deux galeres seulement, que les Carthaginois auroient pu aisément défaire avant qu'elles entrassent dans le port, & ils s'y disposoient effectivement; mais

mais un coup de vent ayant jeté les deux galeres Romaines dans le port sans donner le temps aux Carthaginois de lever l'ancre, ils n'oserent plus remuer, parce qu'ils étoient en pays neutre.

Il est naturel de dire ici quelque chose des prisonniers de guerre. C'étoit un usage presque universellement établi autrefois, que tous ceux qui étoient pris dans une guerre juste & solennelle, soit qu'ils se fussent rendus eux-mêmes, ou qu'ils eussent été pris de vive force, devenoient esclaves du moment qu'ils étoient conduits dans quelque lieu de la dépendance du vainqueur, ou dont il étoit le maître; & cela s'étendoit à tous ceux qui étoient pris, même à ceux qui se trouvoient malheureusement sur les terres de l'ennemi dans le temps que la guerre s'étoit élevée tout d'un coup.

Bien plus, non-seulement ceux qui étoient faits prisonniers de guerre, mais encore leurs descendans à perpétuité, étoient réduits à la même condition, c'est-à-dire, ceux qui naissoient d'une mere esclave.

Les effets d'un tel esclavage n'avoient point de bornes, tout étoit permis à un maître à l'égard de son esclave; il avoit sur lui droit de vie & de mort, & tout ce que l'esclave possédoit ou pouvoit acquérir dans la suite, appartenoit de droit au maître.

Tous les Chrétiens généralement ont trouvé à propos d'abolir entr'eux l'usage de rendre esclaves les prisonniers de guerre, & par un usage qui releve également l'honneur & l'humanité des Européens, un Officier prisonnier de guerre est renvoyé sur sa parole : il a la consolation de passer le temps de sa prison dans sa patrie, au sein de sa famille ; & celui qui l'a relâché se tient aussi sûr de lui, que s'il le retenoit dans les fers.

Mais on demande s'il est permis de faire mourir un prisonnier de guerre ? Distinguons le prisonnier de guerre qui se trouve entre les mains du vainqueur, d'avec celui qui est retenu par le vaincu. Si la justice de la guerre étoit du côté du vainqueur, dès qu'il est tel, il est censé avoir vengé l'injure reçue, ou dont il étoit menacé : & le droit des gens ne l'autorisoit à faire du mal à l'ennemi que jusqu'au point d'avoir obtenu une entiere satisfaction, & une parfaite sûreté. La condition de vainqueur lui assure l'une & l'autre. Par quel droit donc pousseroit-il encore les hostilités contre les ennemis prisonniers & désarmés ?

Si le vainqueur a fait une guerre injuste, loin d'avoir droit sur la vie des priſonniers, il eſt comptable de tous les maux & de toutes les horreurs de la guerre. Comment donc oſera-t-il prétendre quelque droit ſur les priſonniers?

Si les priſonniers ſe trouvent entre les mains du vaincu, il faut encore diſtinguer ſi la guerre a été juſte ou injuſte de ſon côté. Dans le premier cas, il n'a point de droit ſur les priſonniers; parce que le droit que la guerre donne ſur l'ennemi, a pour but ou la réparation d'une injure reçue, ou la sûreté d'une injure dont on eſt menacé. Mais ce ne ſera pas sûrement par la mort des priſonniers que le vaincu obtiendra ce qu'il demande, dans la ſuppoſition que la juſtice ſoit de ſon côté; car n'ayant pas eu du bonheur contre l'ennemi armé, s'il alloit décharger ſa mauvaiſe humeur contre les ennemis déſarmés, il irriteroit par-là le vainqueur, & il s'attireroit des maux encore plus fâcheux, effets naturels de la colere de l'ennemi irrité.

Enfin, ſi le vaincu eſt l'injuſte, continuera-t-il à ſouiller ſes mains du ſang innocent de ſes priſonniers qui ont combattu pour une cauſe juſte? N'eſt-il pas encore content du ſang qu'il a fait répandre dans la chaleur du combat? Ne craindra-t-il pas d'être entiérement écraſé par le vainqueur, irrité juſtement de la cruauté exercée par son ennemi injuste & vaincu, dans le temps même que pour son bonheur & celui de ses Etats, il auroit dû recourir à la clémence & à la générosité du vainqueur ?

L'on voit par-là combien se trompent ceux qui prétendent que l'on peut rendre esclaves les prisonniers de guerre. Leur raison est qu'une nation ayant droit sur la vie des prisonniers, peut à plus forte raison les condamner à un esclavage perpétuel. Nous venons de voir que la loi naturelle n'accorde point le droit de vie sur les prisonniers, à moins qu'ils ne se soient rendus personnellement coupables de quelque attentat digne de mort. En effet, épargner les jours à un prisonnier, pour le condamner à un sort si contraire à la nature de l'homme, je ne fais que continuer avec lui l'état de la guerre, je continue à le regarder comme ennemi; mais par quel droit ?

La question étoit autrefois plus embarrassante, lorsque l'ennemi ne pouvoit ni garder ni nourrir ses prisonniers. Lors donc qu'on a une si grande multitude de prisonniers, qu'il est impossible de les nourrir ou de les garder avec sûreté, sera-t-on en droit de les faire périr, ou les renverra-t-on fortifier l'ennemi, au risque d'en être accablé dans une autre occasion ?

Aujourd'hui la chose est sans difficulté, on renvoie ces prisonniers sur leur parole, en leur imposant la loi de ne point reprendre les armes jusqu'à un certain temps, ou jusqu'à la fin de la guerre. Et comme il faut nécessairement que tout Commandant soit en pouvoir de convenir des conditions auxquelles l'ennemi le reçoit à composition, les engagemens qu'il a pris pour sauver sa vie ou sa liberté, & celle de sa troupe, sont valides comme faits dans les termes de ses pouvoirs, & son Souverain ne peut les annuller. Nous en voyons dans toutes les guerres des exemples.

Mais si nous avons affaire à une nation également féroce, perfide & formidable, lui renverrons-nous des soldats qui peut-être la mettront en état de nous détruire? Quand notre sûreté se trouve incompatible avec celle d'un ennemi, même soumis, il n'y a pas à balancer. Mais pour faire périr de sang-froid un grand nombre de prisonniers, il faut qu'on ne leur ait pas promis la vie; & nous devons bien nous assurer que notre salut exige un pareil sacrifice. Pour peu que la prudence permette ou de se fier à leur parole, ou de mépriser leur mauvaise foi, un ennemi généreux écoutera plutôt la voix de l'humanité, que celle d'une timide circonspection.

Ne quittons point cette matiere, de ce qu'on est en droit de faire contre la personne de l'ennemi, sans dire un mot des dispositions qu'on doit conserver envers lui.

Il ne faut jamais oublier que nos ennemis sont hommes. Réduits à la fâcheuse nécessité de poursuivre notre droit par la force des armes, ne dépouillons point la charité qui nous lie à tout le genre humain. De cette maniere nous défendrons courageusement les droits de la patrie, sans blesser ceux de l'humanité. Que notre valeur se préserve d'une tache de cruauté, & l'éclat de la victoire ne sera point terni par des actions inhumaines & brutales. On déteste aujourd'hui Marius, Attila; on ne peut s'empêcher d'admirer & d'aimer César : peu s'en faut qu'il ne rachete par sa générosité, par sa clémence l'injustice de son entreprise. La modération, la générosité du vainqueur lui est plus glorieuse que son courage, elle annonce plus sûrement une grande ame. Outre la gloire qui suit infailliblement cette vertu, on a vu souvent des fruits présens & réels de l'humanité envers un ennemi.

Autrefois celui qui pouvoit tuer le Roi ou le Général ennemi, étoit loué & récompensé : on sait quel honneur étoit attaché aux dépouilles opimes. Rien n'étoit plus naturel : les anciens combattoient presque toujours pour leur salut ; & souvent la mort du Chef met fin à la guerre. Aujourd'hui, au moins pour l'ordinaire, un soldat n'oseroit se vanter d'avoir ôté la vie au Roi ennemi. Les Souverains s'accordent ainsi tacitement à mettre leur personne en sûreté. Il faut avouer que dans une guerre peu échauffée, & où il ne s'agit pas du salut de l'Etat, il n'y a rien que de louable dans ce respect pour la majesté royale, rien même que de conforme aux devoirs mutuels des nations. Dans une pareille guerre ôter la vie au Souverain de la nation ennemie quand on pourroit l'épargner, c'est faire peut-être à cette nation plus de mal qu'il n'est nécessaire, pour finir heureusement la querelle. Mais ce n'est point une loi de la guerre, d'épargner en toute rencontre la personne du Roi ennemi ; & on n'y est obligé que quand on a la facilité de le faire prisonnier. Voyez Burlamaqui, Tom. VIII. chap. VI. Wattel, Liv. III. chap. VIII. IX. Grotius, Liv. III. chap. IV.

LEÇON XXVI.

Droits que donne la guerre sur les biens des ennemis.

A L'égard des biens de l'ennemi, il est incontestable que l'état de guerre permet de les lui enlever, de les ravager, de les endommager, & même de les détruire entiérement ; car comme le remarque fort bien Cicéron, il n'est point contraire à la nature, de dépouiller de son bien une personne à qui l'on peut ôter la vie avec justice, & toutes ces sortes de maux que l'on peut causer à l'ennemi, en ravageant ainsi ses terres & ses biens, c'est ce qu'on appelle le dégât.

Ajoutons encore que l'Etat qui prend les armes pour un juste sujet, a double droit contre son ennemi ; savoir, 1°. le droit de se mettre en possession de ce qui lui appartient, & que l'ennemi lui refuse : à quoi il faut ajouter les dépenses faites à cette fin, les frais de la guerre & la réparation des dommages ; car s'il étoit obligé de supporter ces pertes & ces frais, il n'obtiendroit point en entier ce qui est à lui, ou ce qui lui est dû. 2°. Il a le droit d'affoiblir l'ennemi pour le mettre hors d'état de soutenir une injuste violence, il a le droit de lui ôter les moyens de résister. C'est de-là proprement que naissent comme de leur principe tous les droits de la guerre sur les choses qui appartiennent à l'ennemi; le droit même d'ôter la vie à l'ennemi, en cas de résistance, n'a point d'autre source. Il y a des occasions extraordinaires, où le droit de punir produit de nouveaux droits sur les choses qui appartiennent à l'ennemi; mais toutes les guerres ne donnent pas un juste sujet de punir.

Le droit de dégât s'étend en général sur toutes les choses qui appartiennent à l'ennemi, & le droit des gens proprement ainsi nommé n'en excepte pas même les choses sacrées, c'est-à-dire, celles qui sont consacrées au vrai Dieu, ou aux fausses divinités, dont les hommes font l'objet de leur culte religieux. Il est vrai qu'à cet égard les mœurs & les coutumes des nations ne s'accordent pas parfaitement; les unes s'étant permis le dégât des choses sacrées & religieuses, & les autres l'ayant envisagé comme une profanation criminelle : mais quels que puissent être l'usage & les mœurs des nations, c'est ce qui ne sauroit jamais faire la regle primitive du droit : c'est pourquoi pour s'assurer du droit que donne la guerre à cet égard;

il faut recourir aux principes du Droit de la Nature & des Gens.

Je remarque donc que les choses sacrées ne sont pas dans le fond d'une nature différente des autres choses, que l'on appelle profanes. Elles ne different de celles-ci que par la destination que les hommes en ont fait pour servir au culte de la religion. Mais cette destination ne donne pas aux choses la qualité de saintes & sacrées, comme un caractere intrinseque & ineffaçable dont personne ne puisse les dépouiller. Ces choses ainsi sacrées, appartiennent toujours au public ou au Souverain, & rien n'empêche que le Souverain qui les a destinées au culte religieux, ne change dans la suite cette destination, & ne les applique à d'autres usages; car elles sont de son domaine, ainsi que toutes les autres choses publiques.

C'est donc une superstition grossiere de croire que par la consécration ou destination de ces choses au service de Dieu, elles changent, pour ainsi dire, de maître, & qu'elles n'appartiennent pas aux hommes, qu'elles soient tout-à-fait & absolument soustraites du commerce, & que la propriété en passe des hommes à Dieu. Superstition dangereuse qui doit son origine à l'esprit ambitieux des Ministres de la Religion.

Mais pour faire sentir encore le droit

de dégât & de pillage des choses même sacrées, nous remarquerons que ce que les hommes doivent ordinairement avoir le plus à cœur, c'est la religion, & ce qui la regarde. En ravageant donc & en pillant les temples, on touche l'ennemi dans la partie la plus délicate, & par-là on le dispose à nous donner satisfaction.

D'ailleurs, autorisé par le droit de la guerre à affoiblir mon ennemi, & à lui ôter tous les moyens de me résister, & de prolonger la guerre, si les temples contiennent des effets précieux que la superstition y a amassés, je puis les saisir & les employer pour fournir aux frais de la guerre, & pour ôter à mon ennemi cette ressource. Ce moyen même me mettra fort au large, & je fournirai aux frais immenses de la guerre, sans toucher aux biens de mes sujets, qui d'ailleurs sont assez exposés aux autres calamités de la guerre. Les Protestans ont beau jeu à cet égard dans les guerres qu'ils entreprennent contre les Catholiques, dont les Eglises sont ordinairement remplies d'effets précieux que la superstition y consacre.

Enfin, le but même de ce droit en suggere la modération. Ainsi il faut épargner les bâtimens publics, les temples, les tombeaux, tous les monumens respectables par leur perfection. En effet, que gagnet-on à les détruire ? On n'affoiblit point l'ennemi par-là ; on ne lui ôte point les moyens de nous résister plus long-temps ; nous n'en devenons pas plus puissans. C'est se déclarer ennemi du genre humain, que de le priver de gaieté de cœur, de ces monumens des arts, de ces modeles du goût, comme Belisaire le représentoit à Totila, Roi des Goths. Nous détestons encore aujourd'hui ces Barbares, qui détruisirent tant de merveilles quand ils inonderent l'Empire Romain.

Cependant, s'il est nécessaire de détruire des édifices de cette nature, pour les opérations de la guerre, pour pousser les travaux d'un siége ; on en a le droit sans doute. Le Souverain du pays ou son Général, le détruit bien lui-même quand le besoin ou les maximes de la guerre l'y invitent. Le Gouverneur d'une ville assiégée en brûle les fauxbourgs, pour empêcher que les assiégeans ne s'y logent. Personne ne s'avise de blâmer celui qui dévaste des jardins, des vignes, des vergers, pour y asseoir son camp, & s'y retrancher. Si par-là il détruit quelque beau monument, c'est un accident, une suite malheureuse de la guerre : il ne sera condamné que dans le seul cas, où il eût pu camper ailleurs sans le moindre inconvénient. Il est cependant difficile d'épargner lès chef-d'œuvres des arts quand on bombarde une ville. Communément on se borne aujourd'hui à foudroyer les remparts & tout ce qui appartient à la défense de la place : détruire une ville par des bombes & les boulets rouges, est une extrémité à laquelle on ne se porte pas sans de grandes raisons. Elle est cependant autorisée par les lois de la guerre, lorsqu'on ne peut par aucun autre moyen s'emparer d'un lieu essentiel ou qui sert à nous porter des coups dangereux.

Au pillage du pays, on a substitué un usage, en même-temps plus humain & plus avantageux au Souverain qui fait la guerre : c'est celui des contributions. Quiconque fait une guerre juste, est en droit de faire contribuer le pays ennemi à l'entretien de son armée, à tous les frais de la guerre ; il obtient ainsi une partie de ce qui lui est dû ; & les sujets de l'ennemi se soumettant à cette imposition, leurs biens sont garantis du pillage, le pays est conservé. Mais si un Général veut jouir d'une réputation sans tache, il doit modérer les contributions, & les proportionner aux facultés de ceux à qui il les impose.

On ravage souvent entiérement un pays, on saccage les villes & les villages, on y porte le fer & le feu. Terribles extrémités quand on y est forcé! Excès barbares & monstrueux quand on s'y abandonne sans une absolue nécessité ! Deux raisons cependant peuvent les autoriser : 1°. la nécessité de châtier une nation injuste & féroce, de réprimer sa brutalité, & de se garantir de ses brigandages : 2°. on ravage un pays, on le rend inhabitable, pour s'en faire une barriere pour couvrir sa frontiere contre un ennemi que l'on ne se sent pas capable d'arrêter autrement. Le moyen est dur, il est vrai ; mais pourquoi ne pourroit-on pas en user aux dépens de l'ennemi, puisqu'on se détermine bien dans les mêmes vues à ruiner ses propres provinces ?

Outre le pouvoir que donne la guerre de gâter & de détruire les biens de l'ennemi, elle donne encore le droit d'acquérir, de s'approprier & retenir en conscience les choses que l'on a prises sur l'ennemi, jusqu'à la concurrence de la somme qui nous est due, y compris les frais de la guerre, à laquelle l'ennemi nous a engagés, pour n'avoir pas voulu nous satisfaire, & même ce qu'on juge à propos de garder, comme une sûreté pour l'avenir.

Selon les regles du droit des gens, non-seulement ceux qui ont pris les armes pour un juste sujet, mais encore tous ceux qui font la guerre, acquierent la propriété de ce qu'ils prennent à l'ennemi, & cela sans regle ni mesure, du moins quant aux effets extérieurs, dont le droit de propriété est accompagné, c'est-à-dire, que les nations neutres doivent regarder les deux partis qui sont en guerre, comme propriétaires légitimes de ce qu'ils peuvent acquérir l'un sur l'autre par la force des armes, l'état même de neutralité ne leur permettant pas de prendre parti, & de traiter l'un ou l'autre de ceux qui sont en guerre comme un usurpateur, selon les principes que nous avons établis ci-dessus.

Il faut cependant remarquer que le vainqueur n'acquiert par droit de guerre les biens mobiliers ou immeubles, que jusqu'à la concurrence de la réparation du dommage & des frais de la guerre. Par conséquent il ne posséde pas légitimement ce qui surpasse cette somme. Aussi les puissances de l'Europe sont aujourd'hui dans l'usage de rendre les biens meubles ou immeubles qui passent la somme de ce qu'elles ont droit d'exiger réciproquement. Ainsi lorsque je dis qu'une nation possede à juste titre ce qu'elle a conquis par droit de guerre, j'entends parler des biens qui ne vont pas au-delà de ce qu'elle est en droit de demander. Et ce ne sont que ces biens seulement qu'on acquiert par droit de guerre; & on n'en acquiert le surplus que par le droit du plus fort, qui est celui des barbares.

On demande quand est-ce que les choses prises par droit de guerre, sont censées véritablement prises, & appartenir à celui qui s'en est mis en possession? Je réponds, que suivant la justice extérieure par laquelle les puissances neutres sont obligées de regarder la guerre juste de part & d'autre, la propriété doit suivre immédiatement la possession. Mais si l'on examine cette question relativement à la justice intérieure, ou à la conscience, la nation qui fait une guerre injuste, n'acquiert jamais la vraie propriété sur ce qu'elle a pris à l'ennemi, la nation au contraire qui fait une guerre juste, acquiert la propriété des biens de l'ennemi, du moment qu'elle en est en possession. Cette décision est le résultat de nos principes.

Remarquons que pour pouvoir s'approprier une chose par droit de guerre, il faut qu'elle appartienne à l'ennemi, car celles qui appartiennent à des gens qui ne sont ni ses sujets, ni animés du même esprit que lui contre nous, ne sauroient être prises par droit de guerre, encore même qu'elles se trouvent sur les terres de l'ennemi : mais si des étrangers neutres fournissoient à notre ennemi quelque chose, & cela à dessein de le mettre en état de nous nuire, ils peuvent alors être regardés comme étant du parti de notre ennemi, & par conséquent leurs effets sont sujets à être pris par droit de guerre.

Il faut pourtant remarquer encore à ce sujet, que dans le doute la présomption est toujours, que ce que l'on trouve en pays ennemi, ou dans un de ses vaisseaux, est censé lui appartenir; car outre que cette présomption est très-naturelle, si la maxime contraire avoit lieu, elle fourniroit l'occasion à une infinité de fraudes; mais cette présomption, quelque raisonnable qu'elle soit en elle-même, peut être détruite par des preuves contraires.

Les vaisseaux appartenans à des amis, ne sont pas non plus de bonne prise, à cause de quelques effets des ennemis qui s'y trouvent, à moins qu'ils n'y ayent été mis par le consentement du maître du vaisseau, qui par-là semble violer la neutralité ou l'amitié, & nous donner un juste droit de le traiter comme ennemi. Mais il faut en général remarquer sur toutes ces questions, qu'il est de la prudence & de la sagesse des Souverains, de s'entendre entr'eux sur ces différens cas, par des concordats précis, afin d'éviter les disputes qui en peuvent naître.

Remarquons encore que c'est une conséquence des principes que nous venons d'établir, que quand l'on a pris ſur l'ennemi des choſes dont il avoit dépouillé lui-même quelqu'autre par droit de guerre, l'ancien poſſeſſeur qui les a ainſi perdues, ne peut point les réclamer entre nos mains.

Pour ce qui regarde en particulier l'acquiſition des choſes incorporelles par droit de guerre, il faut remarquer qu'on n'en devient maître que quand on eſt en poſſeſſion du ſujet même auquel elles ſont attachées ; or elles accompagnent ou les choſes ou les perſonnes. On attache ſouvent par exemple, aux fonds de terre, aux rivieres, aux ports, aux villes, certains droits qui les ſuivent toujours, à quelques poſſeſſeurs qu'elles parviennent, ou plutôt ceux qui les poſſedent ont par cela ſeul certains droits ſur d'autres choſes, ou ſur d'autres perſonnes.

Les droits qui conviennent directement & immédiatement à une perſonne, regardent ou d'autres perſonnes ou ſeulement certaines choſes : ceux qu'une perſonne a ſur une autre perſonne, ne s'acquierent que par le conſentement de celle-ci, qui eſt cenſée n'avoir voulu donner pouvoir ſur elle qu'à une certaine perſonne déterminée, & non à une autre : ainſi lorſqu'on a pris le Roi du peuple avec qui on eſt en guerre, on n'eſt pas pour cela ſeul maître de ſon Royaume. Mais à l'égard des droits personnels sur les choses, il ne suffit pas de s'être saisi de la personne de l'ennemi, pour avoir acquis tous ses biens, à moins qu'on ne s'empare en effet de ces biens même dans l'occasion.

Disons encore quelque chose du droit de *postliminie*. Le droit de postliminie est ce droit en vertu duquel les personnes & les choses prises par l'ennemi sont rendues à leur premier état, quand elles reviennent sous la puissance de la nation à laquelle elles appartiennent. Ce droit est fondé sur ce que le Souverain est obligé de protéger la personne & les biens de ses sujets, de les défendre contre l'ennemi. Lors donc qu'un sujet ou quelque partie de ses biens sont tombés entre les mains de l'ennemi, si quelque heureux événement le remet en la puissance du Souverain, il n'y a nul doute qu'il ne doive les rendre à leur premier état, rétablir les personnes dans tous leurs droits, & dans toutes leurs obligations, rendre les biens aux propriétaires, en un mot, remettre toutes choses comme elles étoient avant que l'ennemi s'en fût rendu maître. La justice ou l'injustice de la guerre n'apporte ici aucune différence, non-seulement parce que suivant le Droit des Gens, qu'on appelle volontaire, & qui n'est fondé que sur l'impunité, la guerre quant à ses effets est réputée juste de part & d'autre ; mais encore parce que la guerre juste ou non, est la cause de la nation ; & si les sujets qui combattent, ou qui souffrent pour elle, après être tombés eux ou leurs biens entre les mains de l'ennemi, se retrouvent par un heureux accident, sous la puissance de leur nation, il n'y a aucune raison de ne pas les rétablir dans leur premier état : c'est comme s'ils n'eussent point été pris. Si la guerre est juste, ils avoient été pris injustement ; rien de plus naturel que de les rétablir dès qu'on le peut : si la guerre est injuste, ils ne sont pas plus obligés d'en porter la peine que le reste de la nation.

La fortune fait tomber tout le mal sur eux, quand ils sont pris ; elle les en délivre, lorsqu'ils échappent ; c'est donc comme s'ils n'avoient pas été pris : ni leur Souverain, ni l'ennemi, n'ont aucun droit particulier sur eux : l'ennemi a perdu par un accident ce qu'il avoit gagné auparavant. Enfin, ce droit a lieu aussi-tôt que les personnes ou les choses prises par l'ennemi, tombent entre les mains des soldats de la même nation, ou se retrouvent dans l'armée, dans le camp, dans les terres de leur Souverain, dans les lieux où il commande. Voyez Burlamaqui, Tom. VIII. chap. VII. Grotius, Liv. III. ch. IV. Wattel, Liv. III. ch. IX.

LEÇON XXVII.

Droit de Souveraineté que l'on acquiert ſur les vaincus.

OUtre tous les effets de la guerre dont nous avons parlé juſqu'ici, il y en a encore un qui eſt le plus conſidérable, & dont il nous reſte à traiter ; je veux dire le droit de ſouveraineté que l'on acquiert ſur les vaincus. Nous avons déjà fait cette remarque ci-devant, en expliquant les différentes manieres dont on peut acquérir la ſouveraineté, c'eſt qu'en général on peut l'acquérir ou d'une maniere violente, & par droit de conquête, &c.

L'acquiſition de la ſouveraineté par droit de conquête ne peut, à parler à la rigueur, paſſer pour légitime, à moins que la guerre ne ſoit juſte en elle-même, que le but légitime que l'on ſe propoſe, n'autoriſe le vainqueur à pouſſer les actes d'hoſtilité juſqu'à acquérir la ſouveraineté ſur les vaincus ; c'eſt-à-dire, qu'il faut que notre ennemi n'ait pas d'autre moyen de s'acquitter envers nous de ce qu'il nous doit, de nous dédommager, ou que notre propre ſûreté exige que nous le réduiſions abſolument dans notre dépendance. Dans ces circonſtances il eſt certain que la résistance d'un ennemi vaincu, autorise à pousser les actes contre lui, jusqu'à ce qu'il soit entiérement réduit sous notre puissance. Mais ce droit de conquête est-il fondé sur le consentement exprès ou tacite du peuple soumis ?

Les cas où le consentement du peuple est nécessaire pour acquérir le droit de conquête sont très-rares, comme il paroîtra par l'exposition des cas où ce consentement est inutile. Car 1°. si la nation a été impliquée dans la guerre aussi bien que son Souverain, comme le vainqueur peut priver ce dernier de sa souveraineté sans son consentement ni exprès ni tacite; pourquoi ne pourroit-il pas gouverner la nation sans son consentement? 2°. Si la guerre est manifestement injuste du côté du vaincu, qui d'ailleurs n'ait pas de quoi réparer les dommages & les frais énormes de la guerre; pourquoi le vaincu ne pourroit-il pas s'en emparer pour se dédommager de ce qui lui est justement dû? 3°. Si la nation vaincue est une nation perfide, inquiete & dangereuse, quel besoin auroit le vainqueur de ce consentement? Car dans ce cas non-seulement il peut se déclarer son Souverain, mais il peut même lui ôter par forme de peine, ses droits, ses franchises, & la mettre hors d'état de l'inquiéter; il doit même cette précaution à sa sûreté & à celle de sa nation pour l'avenir. 4°. Enfin si les habitans se sont rendus personnellement coupables envers le vainqueur, par quelque attentat, ou si en prenant injustement les armes contre lui, ils se sont montrés directement ses ennemis; quel besoin auroit le conquérant du consentement de ces habitans pour acquérir un véritable droit de souveraineté sur eux? Le consentement donc du peuple soumis n'est nécessaire, que dans le cas de ces conquérans, qu'on appelle ainsi mal à propos, mais dont le véritable nom est celui de brigands. Car si celui qui a contraint l'autre par la supériorité de ses armes, à se soumettre à son empire, a entrepris une guerre manifestement injuste, ou si le prétexte sur lequel elle est fondée, est un prétexte visiblement frivole au jugement de toute personne tant soit peu raisonnable, j'avoue qu'une souveraineté acquise dans ces circonstances, me paroîtroit visiblement injuste; & je ne vois pas pourquoi le peuple vaincu seroit plus obligé de tenir un pareil traité, qu'un homme qui après être tombé entre les mains des brigands, seroit tenu de leur aller porter exactement, ou de payer à leur réquisition, l'argent qu'il leur auroit promis pour racheter sa vie & sa liberté.

Mais si le vainqueur avoit entrepris la guerre pour quelque sujet apparent, quoique peut-être dans le fond il ne fût pas juste à toute rigueur, l'intérêt commun du genre humain demande que l'on observe exactement les engagemens où l'on est entré envers lui, quoiqu'extorqués par une crainte qui étoit injuste en elle-même, du moins aussi long-temps qu'il ne survient pas de nouveau sujet qui puisse valablement exempter de tenir sa promesse ; car le droit de nature qui veut que les sociétés, aussi bien que les particuliers, travaillent à leur conservation, fait par cela seul regarder non pas comme proprement justes les actes d'hostilité de la part d'un vainqueur injuste, mais l'engagement d'un traité exprès ou tacite, comme ne laissant pas que d'être néanmoins valide ; en sorte que le vaincu ne peut se dispenser de le tenir, sous prétexte de la crainte injuste qui en est la cause, comme il le pourroit d'ailleurs sans la considération de l'avantage qui en revient au genre humain.

Ces considérations deviennent encore plus fortes, si l'on suppose que le vainqueur ou les siens jouissent paisiblement de a souveraineté qu'il a acquise par droit de conquête, & que d'ailleurs il gouverne les peuples vaincus comme un vainqueur

vainqueur humain et généreux. Dans ces circonſtances une longue poſſeſſion accompagnée d'un gouvernement équitable peut légitimer la conquête la plus injuſte dans ſes commencemens & dans ſon principe.

Les puiſſances neutres n'étant pas Juges dans la cauſe des puiſſances belligérantes, elles ſont obligées de regarder comme juſtes & légitimes les prétentions du vainqueur. Auſſi la conquête indépendamment de la juſtice de la guerre, a toujours été regardée comme un titre légitime entre les nations; & l'on n'a guere vu conteſter ce titre, à moins que la guerre ne fût non-ſeulement injuſte, mais encore deſtituée de tout prétexte.

Il y a divers ménagemens dont on doit uſer dans l'exercice de l'empire que l'on acquiert ſur les vaincus; telle étoit, par exemple, cette ſage modération des anciens Romains, qui confondoient pour ainſi dire les vaincus avec les vainqueurs, en ſe hâtant de les incorporer avec eux, & de leur faire part de leur liberté & de leurs avantages. Politique doublement ſalutaire, qui en même-temps qu'elle rendoit plus douce la condition des vaincus, affermiſſoit conſidérablement la domination & l'Empire des Romains. « Quel » empire aurions-nous aujourd'hui, diſoit

» Séneque, si les vaincus n'eussent été » mêlés avec les vainqueurs par l'effet » d'une sage politique? Romulus, notre » Fondateur, fut bien sage à l'égard de » la plupart des peuples qu'il subjugua, » de faire dans un même jour des citoyens » de ses ennemis. »

Une autre modération dans la victoire consiste à laisser aux Rois ou aux peuples vaincus, la souveraineté dont ils jouissent, & à ne point changer la forme de leur gouvernement; rien ne peut mieux assurer au vainqueur sa conquête; l'Histoire ancienne, & sur-tout celle des Romains, nous en fournit plusieurs exemples.

Mais si le vainqueur ne peut pas sans danger pour lui-même, accorder toutes ces douceurs aux vaincus, on peut prendre alors différens tempéramens, comme de laisser aux vaincus ou à leurs Rois, quelque partie de la souveraineté. Lors même que l'on dépouille entiérement les vaincus de leur souveraineté, on peut encore leur laisser, pour ce qui regarde leurs affaires particulieres & les publiques de peu d'importance, leurs lois, leurs coutumes, & leurs Magistrats.

Il faut sur-tout ne point ôter aux vaincus l'exercice libre de leur religion, à moins qu'ils ne vinssent à être persuadés de la vérité de celle dont le vainqueur fait profeſſion : non-ſeulement cette complaiſance eſt par elle-même très-agréable aux vaincus, mais le vainqueur eſt abſolument obligé de l'avoir pour eux ; il ne ſauroit les violenter à cet égard ſans tyrannie. Ce n'eſt pas que le vainqueur ne doive tâcher d'amener les peuples vaincus à la vraie religion, mais il ne doit employer pour cela que les moyens proportionnés à la nature de la choſe, & au but qu'il a en vue, & qui n'ayent en eux-mêmes rien de violent & de contraire à l'humanité.

Le fondement de ces modérations eſt que tout le droit du conquérant vient de la juſte défenſe de ſoi-même, laquelle contient le maintien & la pourſuite de ſes propriétés. Lors donc qu'il a entiérement vaincu une nation ennemie, il peut ſans doute premiérement ſe faire juſtice ſur ce qui a donné lieu à la guerre, & ſe payer des dépenſes & des dommages qu'elle lui a cauſés : il peut ſelon l'exigence du cas, lui impoſer des peines, pour l'exemple ; il peut même, ſi la prudence l'y oblige, la mettre hors d'état de nuire ſi aiſément dans la ſuite. Mais pour remplir toutes ſes vues, il doit préférer les moyens les plus doux, & ſe ſouvenir que la loi naturelle ne permet les maux que l'on fait à un ennemi, que préciſément dans la meſure néceſſaire à une juſte défenſe, & à une sûreté raiſonnable pour l'avenir. Quelques Princes ſe ſont contentés d'impoſer un tribut à la nation vaincue, d'autres de la priver de quelques droits, de lui ôter une Province, ou de la brider par des forteresſes : d'autres n'en voulant qu'au Souverain ſeul, ont laiſſé la nation dans tous ſes droits, ſe bornant à lui donner un maître de leur main.

Mais ſi le vainqueur juge à propos de retenir la ſouveraineté de l'État conquis, il en a le droit, & alors la maniere dont il doit traiter ces nouveaux ſujets, découle des mêmes principes. S'il n'a à ſe plaindre que du Souverain, la raiſon démontre qu'il n'acquiert par ſa conquête que les droits qui appartenoient réellement à ce Souverain dépoſſédé : & auſſi-tôt que le peuple ſe ſoumet, il doit le gouverner ſuivant les lois de l'Etat. Si le peuple ne ſe ſoumet pas volontairement, l'état de guerre ſubſiſte.

Un conquérant qui en prenant les armes, n'a pas ſeulement eu en vue le Souverain, mais toute la nation elle-même ; & qui a voulu dompter un peuple féroce, en réduiſant une fois pour toutes un ennemi opiniâtre ; ce conquérant, dis-je, peut avec juſtice impoſer des charges aux vaincus, pour ſe dédommager des frais de la guerre, & pour les punir; il peut selon le degré de leur indocilité, les régir avec un sceptre plus ferme & capable de les mater; les tenir quelque temps, s'il est nécessaire, dans une espece de servitude. Mais cet état forcé doit finir dès que le danger cesse, dès que les vaincus sont devenus citoyens; car alors le droit du vainqueur expire, quant à ses voies de rigueur, puisque sa défense & sa sûreté n'exigent plus de précautions extraordinaires. Tout doit être enfin ramené aux régles d'un gouvernement doux, & aux devoirs d'un Prince modéré.

Lorsqu'un Souverain se prétendant le maître absolu de la destinée d'un peuple qu'il a vaincu, veut le réduire en esclavage, il fait subsister l'état de guerre entre ce peuple & lui. Les Scythes disoient à Alexandre le Grand : « Il n'y a jamais » d'amitié entre le maître & l'esclave : au » milieu de la paix le droit de la guerre » subsiste toujours. »

La saine politique se trouve ici comme par-tout ailleurs, parfaitement d'accord avec l'humanité. Quelle fidélité, quel secours pouvez-vous attendre d'un peuple opprimé? Voulez-vous que votre conquête augmente véritablement vos forces, qu'elle vous soit attachée? Traitez-la en pere, en véritable Souverain. J'admire la généreuſe réponſe de cet Ambaſſadeur de Pivernes. Introduit devant le Sénat Romain, & le Conſul lui demandant : « Si » nous uſons de clémence, quel fond pou» vons-nous faire ſur la paix que vous » venez nous demander ? » L'Ambaſſadeur répondit : « Si vous nous l'accordez » à des conditions raiſonnables, elle ſera » sûre & éternelle ; ſinon elle ne durera » pas long-temps. » Quelques-uns s'offenſerent d'un diſcours ſi hardi ; mais la plus ſaine partie du Sénat trouva que le Pivernate avoit parlé en homme & en homme libre. « Peut-on eſpérer, diſoient ces » ſages Sénateurs, qu'aucun peuple, ou » aucun homme demeure dans une con» dition dont il n'eſt pas content, dès que » la néceſſité qui l'y retenoit viendra à » ceſſer ? Comptez ſur la paix, quand » ceux à qui vous la donnez la reçoivent » volontiers. Quelle fidélité pouvez-vous » attendre de ceux que vous voulez ré» duire à l'eſclavage ? (a) La domination » la plus aſſurée, diſoit Camille, eſt celle » qui eſt agréable à ceux-là même ſur qui » on l'exerce (b). »

On demande à qui appartient la conquête, au Prince qui l'a faite, ou à ſon

(a) Tite-Live, Liv. VIII. chap. XXI.

(b) Tite-Live, ibid. chap. XIII.

Etat? C'eſt une queſtion qui n'auroit jamais dû naître. Le Souverain peut-il agir en cette qualité, pour quelque autre fin que pour le bien de l'Etat? A qui ſont les forces qu'il emploie dans ſes guerres? Quand il auroit fait la conquête à ſes propres frais, des deniers de ſon épargne, de ſes biens particuliers & patrimoniaux, n'y emploie-t-il pas les bras de ſes ſujets? n'arroſe t-il pas ſes conquêtes de leur ſang? Mais ſuppoſez encore qu'il ſe fût ſervi de troupes étrangeres & mercenaires; n'expoſe-t-il pas ſa nation au reſſentiment de l'ennemi? ne l'entraîne-t-il pas dans la guerre? & le fruit en ſera-t-il pour lui! N'eſt-ce pas pour la cauſe de l'Etat, de la nation qu'il prend les armes? tous les droits qui en naiſſent ſont donc pour la nation.

Si le Souverain fait la guerre pour un ſujet qui lui eſt perſonnel, pour faire valoir, par exemple, un droit de ſucceſſion à une ſouveraineté étrangere, la queſtion change: cette affaire n'eſt plus celle de l'Etat; mais alors la nation doit être en liberté de ne point s'en mêler, ou de ſecourir ſon Prince. Telle ſeroit la nation Angloiſe, ſi ſon Roi devoit ſoutenir une guerre en Allemagne pour ſes Etats d'Hanovre. Que ſi le Prince a le pouvoir d'employer les forces de la nation à ſoutenir ſes droits perſonnels, il ne doit plus distinguer ces droits de ceux de l'Etat.

Ajoutons ici les principes de la neutralité. Les peuples neutres dans une guerre sont ceux qui n'y prennent aucune part, demeurant amis communs des deux partis, & ne favorisant point les armes de l'un au préjudice de l'autre. Considérons ici briévement les obligations & les droits qui découlent de la neutralité.

Pour saisir cette question, il faut distinguer ce qui est permis à une nation libre de tout engagement, avec ce qu'elle peut faire, si elle prétend être traitée comme parfaitement neutre dans une guerre. Tant qu'un peuple neutre veut jouir sûrement de cet état, il doit montrer en toutes choses une exacte impartialité entre les parties belligérantes; car s'il favorise l'une au préjudice de l'autre, il ne pourra point se plaindre quand celui-ci le traitera comme adhérent et associé de son ennemi. Sa neutralité seroit une neutralité frauduleuse, dont personne ne veut être la dupe. On la souffre quelquefois, parce qu'on n'est pas en état de s'en ressentir; on dissimule pour ne pas s'attirer de nouvelles forces sur les bras. Mais nous cherchons ici ce qui est de droit, & non ce que la prudence peut dicter, selon les conjonctures.

La neutralité se rapporte uniquement à

la guerre, & comprend deux choses : 1°. de ne point donner de secours quand on n'y est pas obligé ; de ne fournir librement ni troupes, ni armes, ni munitions, ni rien de ce qui sert directement à la guerre. Je dis de ne point donner de secours, & non pas d'en donner également : car il seroit absurde qu'un Etat secourût en même-temps deux ennemis ; puisqu'il seroit impossible de le faire avec égalité ; les mêmes choses, le même nombre de troupes, la même quantité d'armes, de munitions, &c. fournies en des circonstances différentes, ne forment plus des secours équivalens. 2°. Dans tout ce qui ne regarde pas la guerre, une nation neutre & impartiale ne refusera point à l'un des partis, à raison de sa querelle présente, ce qu'elle accorde à l'autre. Cela ne lui ôte point la liberté dans ses négociations, dans ses liaisons d'amitié & dans son commerce, de se diriger sur le plus grand bien de l'Etat. Quand cette raison l'engage par des préférences, pour des choses dont chacun dispose librement, elle ne fait qu'user de son droit, il n'y a point là de partialité. Mais si elle refusoit quelqu'une de ces choses-là à un des partis, uniquement parce qu'il fait la guerre à l'autre, pour favoriser celui-ci, elle ne garderoit plus une exacte neutralité. Cependant quand un Souverain fournit le ſecours modéré qu'il doit en vertu d'une ancienne alliance défenſive, il ne s'aſſocie point à la guerre ; il peut donc s'acquitter de ce qu'il doit, & garder du reſte une exacte neutralité. Les exemples en ſont fréquens en Europe.

Le droit de demeurer neutre eſt fondé ſur l'indépendance des nations ; car celui qui voudroit les contraindre à ſe joindre à lui, leur feroit injure, puiſqu'il entreprendroit ſur leur indépendance dans un point très-délicat. C'eſt à elle uniquement de décider ſi quelque raiſon les invite à prendre parti : & elles ont deux choſes à conſidérer ; 1°. la juſtice de la cauſe. Si elle eſt évidente, on ne peut favoriſer l'injuſtice ; il eſt beau au contraire de ſecourir l'innocence opprimée, lorſqu'on en a le pouvoir. Si la cauſe eſt douteuſe, les nations peuvent ſuſpendre leur jugement, & ne point entrer dans une querelle étrangere. 2°. Quand elles voient de quel côté eſt la juſtice, il reſte encore à examiner s'il eſt du bien de l'Etat de ſe mêler de cette affaire, & de s'embarquer dans la guerre.

Une nation qui fait la guerre, ou qui ſe prépare à la faire, prend ſouvent le parti de propoſer un traité de neutralité à celle qui lui eſt ſuſpecte. Il eſt prudent de ſavoir de bonne heure à quoi s'en tenir, & de ne point s'expoſer à voir tout-à-coup un voiſin ſe joindre à un ennemi, dans le plus fort de la guerre. En toute occaſion où il eſt permis de reſter neutre, il eſt permis auſſi de s'engager à la neutralité. La nation même neutre y trouve ſon avantage; car en concluant avec les deux partis des traités de neutralité, elle ſe maintient par-là en paix, elle aſſure ſa tranquillité, & prévient toute difficulté; autrement il eſt à craindre qu'il ne s'éleve des diſputes ſur ce que la neutralité permet ou ne permet pas. Cette matiere offre bien des queſtions que les Auteurs ont agitées avec chaleur, & qui ont excité entre les nations des querelles encore plus fâcheuſes. Cependant le droit naturel & des gens a ſes principes invariables, & peut fournir des regles ſur cette matiere comme ſur les autres. Il eſt auſſi des choſes qui ont paſſé en coutume entre les nations policées, & auxquelles il faut ſe conformer, ſi l'on ne veut pas s'attirer le blâme de rompre injuſtement la paix. Quant aux regles du droit des gens naturel, elles réſultent d'une juſte combinaiſon des droits de la guerre avec la liberté, le ſalut, les avantages, le commerce & les autres droits des nations neutres. C'eſt ſur ce principe qu'on peut établir les regles ſuivantes.

Premiérement tout ce qu'une nation fait en usant de ses droits, & uniquement en vue de son propre bien, sans partialité, sans dessein de favoriser une puissance au préjudice d'une autre; tout cela, dis-je, ne peut en général être regardé comme contraire à la neutralité, & ne devient tel que dans ces occasions particulieres, où il ne peut avoir lieu sans faire tort à l'un des partis, qui a alors un droit particulier de s'y opposer.

Mais si la nation neutre amene elle-même, par exemple, des marchandises à mon ennemi, affectant même de ne me vendre aucun de ces articles, & en prenant des mesures pour les porter en abondance à mon ennemi, dans la vue manifeste de le favoriser, cette partialité la tireroit de la neutralité. Car dès que je suis en guerre avec une nation, mon salut & ma sûreté demandent que je la prive autant qu'il est en mon pouvoir, de tout ce qui peut la mettre en état de me résister & de me nuire. Voyez Burlamaqui, Tom. VIII. chap. VIII. Wattel, Liv. III. chap. XIII. Grotius, Liv. I. chap. III. & Liv. III. chap. VI. &c.

LEÇON XXVIII.

Traités publics en général.

TRop convaincus du peu de fond qu'il y a à faire ſur les obligations naturelles des corps politiques, ſur les devoirs réciproques que l'humanité leur impoſe ; les plus prudentes nations cherchent à ſe procurer par des traités les ſecours & les avantages que la loi naturelle leur aſſureroit, ſi les pernicieux conſeils d'une fauſſe politique ne la rendoit inefficace. D'ailleurs le but des traités, eſt ſouvent de nous procurer des avantages auxquels nous n'avions pas droit de nous attendre. Nous avons déjà remarqué (*), que l'uſage des conventions ou des traités, étoit 1°. de produire de nouvelles obligations entre les hommes ; 2°. de rendre parfaites des obligations qui n'étoient qu'imparfaites ; 3°. d'éteindre des obligations où l'on étoit entré ; 4°. de remettre en force & en vigueur des obligations interrompues, ou même entiérement éteintes. L'on dit cependant que le but principal des traités publics, dont nous parlons dans

(*) Droit Naturel, IV. Part. chap. IV. Tom. IV. p. 6.

ce Chapitre, eſt de produire l'amitié entre les Souverains, & la paix entre les peuples. Cela peut bien être vrai dans la ſpéculation ; mais on pourroit fort bien douter de ce but ſalutaire des traités publics, ſi nous en examinions la pratique. La vie d'un homme n'eſt pas aſſez longue pour lire attentivement tous les traités qui ſe ſont paſſés entre les différentes puiſſances de l'Europe, ſeulement depuis la paix de Weſtphalie ; cependant on y a à peine connu la paix, & on ne l'a jamais goûtée. J'aimerois donc mieux dire que les alliances ou les traités publics ne ſont utiles que pour donner le temps de faire la guerre avec ſupériorité, ou de ſe défendre avec de plus grandes forces : je crois que c'eſt toute l'idée qu'on doit s'en former.

Quoi qu'il en ſoit, les Souverains ne ſont pas moins obligés que les particuliers de tenir inviolablement leur parole, & d'être fideles à leurs engagemens. Le droit des gens fait de cette maxime un devoir indiſpenſable ; car il eſt aiſé de ſentir que ſans cela non-ſeulement les traités publics ne ſeroient d'aucune utilité aux nations, mais que d'ailleurs leur violation les jetteroit dans un état de défiance & de guerre continuelle, c'eſt-à-dire, dans l'état le plus fâcheux. L'obligation où ſont les Souverains à cet égard, est d'autant plus forte, que la violation de ce devoir a des suites plus dangereuses, & qui intéressent le bonheur d'une infinité de particuliers. La sainteté du serment qui accompagne pour l'ordinaire les traités publics, est encore une nouvelle raison pour engager les Princes à les observer avec la derniere fidélité, & certainement rien n'est plus honteux pour les Souverains, qui punissent si rigoureusement ceux de leurs sujets qui manquent à leurs engagemens, que de se jouer eux-mêmes des traités & de la bonne foi, & de ne les regarder que comme un moyen de se duper les uns les autres.

La parole royale doit donc être inviolable & sacrée; mais il y a tout lieu de craindre que si les Princes ne sont pas plus attentifs là-dessus, bientôt cette expression ne dégenere dans un sens tout opposé, & de la même maniere qu'anciennement (*) la bonne foi Carthaginoise se prenoit pour la perfidie.

En effet, celui qui fait une promesse à quelqu'un, lui confere un véritable droit d'exiger la chose promise; & par conséquent ne point garder une promesse parfaite, stipulée par un traité public, c'est

(*) Fides Punica.

violer le droit d'autrui; c'est une injustice aussi manifeste que celle de dépouiller quelqu'un de son droit. Toute la tranquillité, le bonheur & la sûreté du genre humain reposent sur la justice, sur l'obligation de respecter les droits d'autrui. Le respect des autres pour nos droits de domaine & de propriété, fait la sûreté de nos possessions actuelles; la foi des promesses est notre garant pour les choses qui ne peuvent être livrées ou exécutées sur-le-champ. Plus de sûreté, plus de commerce entre les hommes, s'ils ne se croient point obligés de garder la foi, de tenir leur parole. Cette obligation est donc aussi nécessaire qu'elle est naturelle & indubitable, entre les nations qui vivent ensemble dans l'état de nature, & qui ne reconnoissent point de supérieurs sur la terre, pour maintenir l'ordre & la paix dans leurs sociétés. Les nations & leurs conducteurs doivent donc garder inviolablement leurs promesses & leurs traités. Cette grande vérité, quoique trop souvent négligée dans la pratique, est généralement reconnue de toutes les nations. Mahomet lui-même recommandoit fortement à ses disciples l'observation des traités (*). Le reproche de perfidie est une

(*) Ockley, *Histoire des Sarrasins*, T. I.

injure atroce parmi les Souverains : or celui qui n'obſerve pas un traité eſt aſſurément perfide, puiſqu'il viole ſa foi. Au contraire rien n'eſt ſi glorieux à un Prince & à ſa nation, que la réputation d'une fidélité inviolable à ſa parole. Par-là autant & plus encore que par ſa bravoure, la nation Suiſſe s'eſt rendue reſpectable dans l'Europe, & a mérité d'être recherchée des plus grands Monarques, qui lui confient même la garde de leurs perſonnes.

Il faut encore remarquer ici que tous les principes que nous avons établis ci-devant ſur la validité & l'invalidité des conventions en général, conviennent aux traités publics, auſſi-bien qu'aux contrats des particuliers ; il faut donc dans les uns comme dans les autres, un conſentement ſérieux déclaré convenablement exempt d'erreur, de dol, de violence.

Si des traités faits dans ces circonſtances ſont obligatoires entre les Etats ou les Souverains qui les ont faits, ils le ſont auſſi par rapport aux ſujets de chaque Prince en particulier : ils ſont obligatoires comme conventions entre les puiſſances contractantes ; mais ils ont force de lois à l'égard des ſujets conſidérés comme tels, & il eſt bien manifeſte que deux Souverains qui ſont enſemble un traité, impoſent par-là à leurs ſujets, l'obligation d'agir d'une maniere conforme au traité & de ne rien faire qui y soit contraire.

L'on fait plusieurs distinctions des traités publics. Et 1°. il y en a qui roulent simplement sur des choses auxquelles on étoit déjà obligé par le droit naturel, & d'autres par lesquelles on s'engage à quelque chose de plus. Il faut mettre au premier rang tous les traités par lesquels on s'engage purement & simplement à ne point se faire du mal les uns aux autres, & à se rendre au contraire les devoirs de l'humanité. Parmi les peuples civilisés qui font profession de suivre les lois naturelles, ces sortes de traités ne sont pas nécessaires. Le seul devoir de l'humanité suffit sans un engagement formel; mais chez les anciens, ces sortes de traités étoient regardés comme nécessaires; l'opinion commune étant que l'on n'étoit tenus d'observer les lois de l'humanité, qu'envers ses concitoyens, & que l'on pouvoit regarder & traiter les étrangers sur le pied d'ennemis, à moins que l'on n'eût pris avec eux quelque engagement contraire; c'est de quoi l'on trouve plusieurs preuves dans les Historiens.

Quoique les devoirs de l'humanité soient des devoirs imparfaits, nous y sommes cependant obligés par le droit naturel, & les traités qui nous en assurent, n'ajoutent rien à ce que nous nous devons comme freres, & comme membres de la société universelle, comme le commerce, le passage, &c. Tous les traités donc qui ont pour but de s'assurer des devoirs de l'humanité, sont des traités de la premiere classe : savoir de ceux qui concernent simplement des choses déjà dues, par le droit naturel.

Mais si l'assistance & les offices qui sont dûs en vertu d'un pareil traité, se trouvent dans quelque rencontre incompatibles avec les devoirs d'une nation envers elle-même, ou avec ce que le Souverain doit à sa propre nation, le cas est tacitement excepté dans le traité. Car ni la nation, ni le Souverain, n'ont pu s'engager à abandonner le soin de leur propre salut, du salut de l'Etat, pour contribuer à celui de son allié. Si le Souverain a besoin pour la conservation de sa nation, des choses qu'il a promises par le traité : si par exemple il s'est engagé à fournir des blés, & qu'en un temps de disette il en ait à peine pour la nourriture de son peuple, il doit sans difficulté préférer sa nation. Car il ne doit naturellement l'assistance à un peuple étranger, qu'autant que cette assistance est en son pouvoir; & il n'a pu la promettre par un traité que sur ce pied-là : car il n'est pas en son pouvoir d'ôter la subsistance à sa nation, pour en assister une autre. La nécessité forme ici une exception, & il ne viole point le traité lorsqu'il ne peut y satisfaire.

Les traités par lesquels on s'engage à quelque chose de plus qu'à ce qui étoit dû en vertu du droit naturel, commun à tous les hommes, sont encore de deux sortes : savoir ou égaux ou inégaux. 3°. Et les uns & les autres se font encore ou pendant la guerre ou en pleine paix. Les traités égaux sont ceux que l'on contracte avec une entiere égalité de part & d'autre; c'est-à-dire dans lesquels non-seulement on promet de part & d'autre des choses égales, ou purement & simplement, ou à proportion des forces de chacun des contractans, mais on s'y engage encore sur le même pied; en sorte que l'une des parties ne se reconnoît inférieure à l'autre en quoi que ce soit.

Ces sortes de traités se font, ou en vue du commerce ou de la guerre, ou d'autres choses. A l'égard du commerce, par exemple, en stipulant que les sujets de part & d'autre seront francs de tous impôts, & de tous droits d'entrée & de sortie, ou qu'on n'exigera jamais d'eux davantage que des gens même du pays, &c. Dans les alliances égales qui concernent la guerre, on ſtipule par exemple, que chacun fournira à l'autre une égale quantité de troupes, de vaiſſeaux ou d'autres choſes ; & cela en toutes ſortes de guerres, tant offenſives que défenſives, ou dans les défenſives ſeulement, &c. Enfin les alliances d'égalité peuvent rouler ſur d'autres choſes, comme lorſqu'on s'engage à n'avoir point de places fortes ſur les frontieres l'un de l'autre, à ne point accorder de protection, ou donner retraite aux ſujets l'un de l'autre, en cas de crime ou de déſobéiſſance, ou même à les faire ſaiſir & à les renvoyer ; à ne point donner paſſage aux ennemis l'un de l'autre.

Les nations n'étant pas moins obligées que les particuliers, de reſpecter l'équité, elles doivent garder autant qu'il eſt poſſible l'égalité de leurs traités. Lors donc que les parties ſont en état de ſe faire les mêmes avantages réciproques, la loi naturelle demande que leur traité ſoit égal, à moins qu'il n'y ait quelque raiſon particuliere de s'écarter de l'égalité ; telle ſeroit par exemple la reconnoiſſance d'un bienfait reçu, l'eſpérance de s'attacher inviolablement une Nation, quelque motif particulier, qui feroit ſinguliérement déſirer à l'un des contractans de conclure le traité, &c. Et même, à le bien prendre, la considération de cette raison particuliere, remet dans le traité l'égalité, qui semble en être ôtée par la différence des choses promises.

Ce que l'on vient de dire fait assez comprendre ce que c'est que les traités inégaux, dans lesquels ce que l'on promet de part & d'autre, n'est pas égal, ou bien qui rendent l'un des Alliés inférieur à l'autre. L'inégalité des choses stipulées, est tantôt du côté de la puissance la plus considérable, comme si elle promet du secours à l'autre sans en stipuler aucun de lui, ou du côté de la puissance inférieure en dignité, lorsqu'elle s'engage à faire en faveur de la puissance supérieure, plus que celle-ci ne promet de son côté.

Toutes les conditions des alliances inégales, ne sont pas de même nature; les unes sont telles que, quoiqu'onéreuses à l'allié inférieur, elles laissent pourtant la souveraineté dans son entier; d'autres, au contraire donnent quelque atteinte à l'indépendance & à la souveraineté de l'allié inférieur, & la diminuent en quelque chose.

Ainsi dans le traité des Romains avec les Carthaginois, après la seconde guerre punique, il étoit porté, que les Carthaginois ne pourroient faire la guerre à personne, ni au-dedans ni au-dehors de l'Afrique, ſans le conſentement du peuple Romain; ce qui tout évidemment donnoit atteinte à la ſouveraineté de Carthage, & la mettoit ſous la dépendance de Rome.

Mais la ſouveraineté de l'allié inférieur demeure en ſon entier, quoiqu'il s'engage par exemple, à payer l'armée de l'autre, à lui rembourſer les frais de la guerre, à raſer les fortifications de quelque place, à donner des ôtages, à tenir pour amis ou pour ennemis tous les amis ou ennemis de l'autre, à n'avoir point de places fortes à certains endroits, à ne point faire voile en certaines mers, à reconnoître la prééminence de l'autre, à lui témoigner dans l'occaſion quelque déférence, &c.

Cependant quoique ces conditions & d'autres ſemblables, ne donnent point atteinte à la ſouveraineté, il faut convenir que ces ſortes de traités d'inégalité ont ſouvent beaucoup de délicateſſe, & que ſi le Prince qui eſt au deſſus de l'autre en dignité, le ſurpaſſe auſſi beaucoup en force & en puiſſance, il eſt à craindre que le premier n'acquiere peu à peu une domination proprement ainſi nommée, ſurtout ſi le traité eſt perpétuel.

Quoi qu'en diſe une politique intéreſſée, il faut ou ſouſtraire abſolument les Souverains à l'autorité de la loi naturelle, ou convenir qu'il ne leur eſt pas permis d'obliger, ſans de juſtes raiſons, les Etats plus foibles, à compromettre leur dignité, moins encore leur liberté, dans une alliance inégale. Les nations ſe doivent les mêmes ſecours, les mêmes égards, la même amitié que les particuliers vivant dans l'état de nature. Loin de chercher à déprimer les foibles, à les dépouiller de leurs avantages les plus précieux, elles reſpecteront, elles maintiendront leur dignité & leur liberté, ſi la vertu les inſpire plutôt que l'orgueil, ſi elles ſont plus touchées de l'honnêteté que d'un groſſier intérêt, que dis-je, ſi elles ſont aſſez éclairées pour connoître leurs véritables intérêts. Rien n'affermit plus sûrement la puiſſance d'un grand Monarque, que les égards qu'il a pour tous les Souverains. Plus il ménage les foibles, plus il leur témoigne d'eſtime, & plus ils le réverent; ils aiment une puiſſance qui ne leur fait ſentir ſa ſupériorité que par ſes bienfaits; ils s'attachent à elle comme à leur ſoutien: le Monarque devient l'arbitre des nations. Il eût été l'objet de leur jalouſie & de leur crainte, s'il ſe fût comporté avec orgueil, & peut-être eût-il un jour ſuccombé ſous leurs efforts réunis.

Mais il eſt des cas où l'inégalité des traités & des alliances, dictée par quelque raiſon

raiſon particuliere, n'eſt point contraire à l'équité, ni par conſéquent à la loi naturelle. Ces cas ſont en général tous ceux dans leſquels les devoirs d'une nation envers elle-même, ou ſes devoirs envers les autres, l'invitent à s'écarter de l'égalité. Par exemple, un Etat foible veut ſans néceſſité conſtruire une fortereſſe, qu'il ne ſera pas capable de défendre dans un lieu où elle deviendroit très-dangereuſe à ſon voiſin, ſi jamais elle tomboit entre les mains d'un ennemi puiſſant. Ce voiſin peut s'oppoſer à la conſtruction de la fortereſſe, & s'il ne lui convient pas de payer la complaiſance qu'il demande, il peut l'obtenir en menaçant de rompre de ſon côté les chemins de communication, d'interdire tout commerce, de bâtir des fortereſſes, ou de tenir une armée ſur la frontiere, &c. Il impoſe ainſi une condition inégale ; mais le ſoin de ſa propre ſûreté l'y autoriſe. De même, il peut s'oppoſer à la conſtruction d'un grand chemin, qui ouvriroit à l'ennemi l'entrée de ſes Etats.

Les devoirs envers autrui conſeillent auſſi quelquefois & autoriſent l'inégalité dans un ſens contraire, ſans que pour cela le Souverain puiſſe être accuſé de ſe manquer à ſoi-même ou à ſon peuple. Ainſi la reconnoiſſance, le déſir de marquer ſa ſenſibilité pour un bienfait, portera un

Souverain généreux à s'allier avec joie, & à accorder dans le traité plus qu'il ne doit naturellement.

On peut encore avec justice imposer les conditions d'un traité inégal, ou même d'une alliance inégale, par forme de peine, pour punir un injuste agresseur, & le mettre hors d'état de nuire aisément dans la suite. Tel fut le traité auquel Scipion l'Africain força les Carthaginois, après qu'il eut vaincu Hannibal. Le vainqueur donne souvent des lois pareilles ; & par-là il ne blesse ni la justice ni l'équité, s'il demeure dans les bornes de la modération, après qu'il a triomphé dans une guerre juste & nécessaire.

L'on fait encore une autre division des traités publics, en réels & en personnels. Les traités personnels sont ceux que l'on fait avec un Roi considéré personnellement, en sorte que le traité expire avec lui. Les traités réels sont au contraire, ceux où l'on ne traite pas tant avec le Roi ou avec les Chefs du peuple, qu'avec tout le corps de l'Etat, & qui par conséquent subsistent après la mort de ceux qui les ont faits, & obligent leurs successeurs.

Il est très-important de ne pas confondre ces deux sortes d'alliances. Aussi les Souverains ont-ils assez accoutumé aujourd'hui de s'expliquer dans leurs traités de maniere à ne laisser aucune incertitude à cet égard, & c'est sans doute le meilleur & le plus sûr. Au défaut de cette précaution, la matiere même du traité ou les expressions dans lesquelles il est conçu, peuvent fournir les moyens de reconnoître s'il est réel ou personnel. Donnons là-dessus quelques regles générales.

1°. Il faut d'abord faire attention à la teneur même du traité, à ses clauses & aux vues que se sont proposées les parties contractantes. *Utrum autem in rem, aut in personam factum est, non minùs ex verbis; quàm ex mente convenientium æstimandum est* (*). Ainsi s'il y a une clause expresse que le traité est fait à perpétuité, ou pour un certain nombre d'années, ou pour le bien de l'Etat, ou avec le Roi pour lui & ses successeurs, on voit assez par-là que le traité est réel.

Un traité fait par un Souverain n'oblige pas ses successeurs, s'il n'est pas réel; ainsi qu'on ne peut pas prendre pour un traité réel, celui qu'un Roi fait pour lui & ses successeurs, par cela seul que l'expression du traité renferme non-seulement le Roi régnant, mais aussi ses successeurs. Ce ne sont que les traités réels faits pour subsister indépendamment de la

(*) Leg. 7. §. 8. ff. de pactis.

personne qui les a conclus, qui obligent les successeurs du Souverain qui stipule.

L'on demande s'il est prudent de stipuler un traité perpétuel ? Rien ne me paroît si puérile que le mot de perpétuité dans les traités des Princes. On sait bien que l'on contracte une promesse que l'on n'exécutera point, & que les intérêts, les situations ne se trouvant pas les mêmes, l'alliance sera rompue un jour. Je suppose que l'on soit dans le dessein de la rendre en effet perpétuelle, s'il étoit possible; il est encore plus sage alors de fixer un temps pour sa durée; & de la renouveller au terme, ou un peu avant qu'il expire, si les circonstances sont les mêmes. L'amitié se relâche par le seul espace du temps : ses nœuds se resserrent au contraire, quand on se ménage l'occasion de les renouer ; ce sont des actes géminés qui rafraîchissent la mémoire & le sentiment.

2°. Tout traité avec une République est réel de sa nature, parce que le sujet avec lequel on contracte est une chose permanente.

Quand un peuple libre, un Etat populaire, ou une République Aristocratique fait un traité, c'est l'Etat même qui contracte. Ses engagemens ne dépendent point de la vie de ceux qui n'en ont été que les instrumens. Les membres du peuple ou de la régence changent & se succedent : l'Etat est toujours le même.

Mais il est manifeste qu'il faut excepter de la regle les traités qui se rapportent à la forme du Gouvernement actuel. Ainsi deux Etats populaires qui ont traité expressément, ou qui paroissent évidemment avoir traité dans la vue de se maintenir de concert dans leur état de liberté & de gouvernement populaire, cessent d'être alliés, au moment que l'un des deux s'est soumis à l'empire d'un seul.

3°. En cas de doute, lorsque rien n'établit clairement ou la personnalité ou la réalité d'un traité, on doit le présumer réel s'il roule sur des choses favorables & personnelles en matieres odieuses. Les choses favorables sont ici celles qui tendent à la commune utilité des contractans, & qui favorisent également les deux parties : les choses odieuses sont celles qui chargent une partie seule, ou qui la chargent beaucoup plus que l'autre. Rien n'est plus conforme que cette regle à la raison & à l'équité. Dès que la certitude manque dans les affaires des hommes, & elle ne manque que trop souvent, il faut avoir recours aux présomptions. Or si les contractans ne se sont pas expliqués, il est naturel, quand il s'agit des choses favorables, également avantageuses aux deux alliés, de penser que leur intention a été de faire un traité réel, comme plus utile à leurs Etats ; & si l'on se trompe en le présumant tel, on ne fait tort ni à l'un ni à l'autre.

Mais si les engagemens ont quelque chose d'odieux, si l'un des Etats contractans s'est trouvé lésé, comment présumer que le Prince qui a pris de pareils engagemens, ait voulu imposer ce fardeau à perpétuité sur ses Etats ? Tout Souverain est présumé vouloir le plus grand bien & le plus grand avantage de l'Etat qui lui est confié ; on ne peut donc point supposer qu'il ait consenti à le charger pour toujours d'une obligation onéreuse. Si la nécessité lui en faisoit une loi, c'étoit à son allié de le faire expliquer clairement : & il est probable que celui-ci n'y eût pas manqué, sachant que les hommes & particuliérement les Souverains ne se soumettent guere à des charges pesantes & désagréables, s'ils n'y sont formellement obligés.

4°. Tout traité de paix est réel de sa nature, & doit être gardé par les successeurs ; car aussi-tôt que l'on a exécuté ponctuellement les conditions du traité, la paix efface entiérement les injures qui avoient allumé la guerre, & rétablit les nations dans l'état où elles doivent être naturellement.

Le traité de paix est de sa nature fait pour durer perpétuellement : dès qu'une fois il est dûment conclu & ratifié, c'est une affaire consommée ; il faut l'accomplir de part & d'autre, & l'observer selon sa teneur ; s'il s'exécute sur-le-champ, tout est fini. Mais si le traité contient des engagemens à quelques prestations successives & réitérées, il sera toujours question d'examiner suivant les regles indiquées s'il est à cet égard réel ou personnel : si les contractans ont prétendu obliger leurs successeurs à ces prestations, ou s'ils ne les ont promises que pour le temps de leur regne seulement. De même, aussi-tôt qu'un droit est transféré par une convention légitime, il n'appartient plus à l'Etat qui l'a cédé : l'affaire est conclue & terminée. Que si le successeur trouve quelque vice dans l'acte & le prouve, ce n'est pas prétendre que la convention ou le traité ne l'oblige pas ; & refuser de l'accomplir, c'est montrer qu'il n'a point été fait ; car un acte vicieux & invalide est nul & comme non avenu.

5°. Si l'une des parties ayant déjà exécuté quelque chose à quoi elle étoit tenue par le traité, l'autre vient à mourir avant que d'avoir exécuté de son côté ses engagemens, il faut alors distinguer la nature de ce qui a été fait en accomplissement du traité. Si ce sont de ces prestations déterminées & certaines que l'on se promet réciproquement, par maniere d'échange ou d'équivalent, il est hors de doute que celui qui a reçu, doit donner ce qui avoit été promis en retour, s'il veut tenir l'accord, & qu'il s'est obligé à le tenir; s'il n'y est pas obligé & qu'il ne veuille pas le tenir, il doit restituer ce qu'il a reçu, remettre les choses dans leur premier état, ou dédommager l'allié qui a donné. En agir autrement ce seroit retenir le bien d'autrui. C'est le cas d'un homme qui a payé d'avance une chose, laquelle ne lui a pas été livrée. Mais s'il s'agissoit dans le traité personnel, de prestations incertaines & contingentes, qui s'accomplissent dans l'occasion, de ces promesses qui n'obligent à rien si le cas de les remplir ne se présente pas; le réciproque, le retour de semblables prestations, n'est dû pareillement aussi que dans l'occasion, & le terme de l'alliance arrivé, personne n'est plus tenu à rien. Dans une alliance défensive, par exemple, deux Rois se seront promis réciproquement un secours gratuit pendant leur vie. L'un se trouve attaqué; il est secouru par son allié, & meurt avant que d'avoir eu l'occasion de le secourir à son tour ; l'alliance est finie, & le successeur du mort n'est tenu à rien, si ce n'est qu'il doit assurément de la reconnoissance au Souverain qui a donné dans le besoin à son Etat un secours salutaire.

On pourroit ici faire une autre question : L'alliance personnelle expirant à la mort de l'un des alliés ; si le survivant, dans l'idée qu'elle doit subsister avec le successeur, remplit le traité à son égard, défend son pays, sauve quelqu'une de ses places, ou fournit des vivres à son armée : que fera le Souverain ainsi secouru ? Il doit sans doute par-là même qu'il reçoit quelque secours, être supposé laisser subsister l'alliance comme il paroît que l'allié de son prédécesseur a cru qu'elle devoit subsister, & cette acceptation est censée un renouvellement tacite, une extension du traité ; à moins qu'il ne paye le service réel qu'il a reçu, suivant une juste estimation de son importance, s'il ne veut pas continuer dans cette alliance.

6°. Enfin il faut remarquer qu'il a comme passé en coutume, que les successeurs doivent renouveller, du moins en termes généraux, les traités manifestement reconnus pour réels, afin qu'ils soient plus fortement obligés à les observer, & qu'ils ne s'en croient pas dispensés, sous prétexte qu'ils ont d'autres idées touchant les intérêts de l'Etat, que celles qu'avoient leurs prédécesseurs.

L'on fait encore une question; savoir, s'il est permis de faire des traités & des alliances avec ceux qui ne professent pas la véritable Religion? Je réponds que par le droit de nature il n'y a point de difficulté là-dessus. Le droit de faire des traités est commun à tous les hommes, & n'a rien d'opposé aux principes de la vraie Religion, qui bien loin de condamner la prudence & l'humanité, recommande fortement l'une & l'autre.

Au reste cette question pouvoit être nécessaire dans un temps où la fureur des partis obscurcissoit encore des principes qu'elle avoit long-temps fait oublier. Osons croire qu'elle seroit superflue dans notre siecle. La loi naturelle seule régit les traités des nations : la différence de Religion y est absolument étrangere. Les peuples traitent ensemble en qualité d'hommes, & non en qualité de Chrétiens ou de Musulmans. Leur salut commun exige qu'ils puissent traiter entr'eux, & traiter avec sûreté. Les secours des Païens ou des Musulmans ne sont pas moins efficaces que ceux des Chrétiens : tout comme les injures des premiers ne font pas moins de tort à une nation, que celles des derniers.

Pour bien juger des causes qui mettent fin aux traités publics, il ne faut que faire attention aux regles des conventions en général.

1°. Ainsi un traité conclu pour un certain terme, expire au but du terme dont on est convenu.

Ce terme est quelquefois fixe, comme lorsqu'on s'allie pour un certain nombre d'années; & quelquefois incertain, comme dans les alliances personnelles, dont la durée dépend de la vie des contractans. Le terme est incertain encore, lorsque deux ou plusieurs Souverains forment une alliance en vue de quelque affaire particuliere ; par exemple, pour chasser une nation barbare d'un pays qu'elle aura envahi dans le voisinage ; pour rétablir un Souverain sur son trône, &c. Le terme de cette alliance est attaché à la consommation de l'entreprise pour laquelle elle a été formée.

2°. Un traité expiré n'est point comme tacitement renouvellé ; car une nouvelle obligation ne se présume pas aisément. Lors donc qu'après le terme expiré, on exerce encore quelques actes qui paroissent conformes aux engagemens du traité précédent, ils doivent passer plutôt pour de simples marques d'amitié & de bienveillance, que pour un renouvellement tacite du traité. A quoi pourtant il faut mettre cette exception, à moins que les choses que l'on a faites depuis l'expiration du traité, ne puissent souffrir d'autre interprétation que celle d'un renouvellement tacite de la convention précédente.

Par exemple, l'Angleterre a un traité de subsides avec un Prince Allemand, qui doit entretenir pendant dix ans un certain nombre de troupes à la disposition de cette couronne, à condition d'en recevoir chaque année une somme convenue. Les dix ans écoulés, le Roi d'Angleterre fait compter la somme stipulée pour une année; son allié la reçoit: le traité est bien continué tacitement pour une année, mais on ne peut pas dire qu'il soit renouvellé; car ce qui s'est passé cette année, n'impose point l'obligation d'en faire autant pendant dix années de suite. Mais supposons qu'un Souverain soit convenu avec un Etat voisin, de lui donner un million pour avoir droit de tenir garnison dans une de ses places pendant dix ans; le terme expiré, au lieu de retirer sa garnison, il délivre un nouveau million, & son allié l'accepte: le traité en ce cas-là est renouvellé tacitement.

3°. C'est une suite de la nature de toutes les conventions en général, que si l'une des parties viole les engagemens dans lesquels elle étoit entrée par le traité, l'autre est dispensée de tenir les siens, & peut les regarder comme rompus ; car pour l'ordinaire tous les articles d'un traité ont force de condition, dont le défaut le rend nul. Cela est ainsi pour l'ordinaire, c'est-à-dire au cas que l'on ne soit pas convenu autrement, car on met quelquefois cette clause, que la violation de quelqu'un des articles du traité, ne le rompra pas entiérement, afin que l'une des parties ne puisse pas se dédire de ses engagemens pour la moindre offense, bien entendu que celui qui par le fait de l'autre, souffre quelque dommage, doit être indemnisé de maniere ou d'autre.

4°. Le traité finit avec l'un des contractans. Car de même qu'un traité personnel expire à la mort du Roi, le traité réel s'évanouit si une des nations alliées est détruite ; c'est-à-dire non-seulement si les hommes qui la composent viennent tous à périr, mais encore si elle perd, par quelque cause que ce soit, sa qualité de nation, ou de société politique indépendante. Ainsi quand un Etat est détruit & le peuple dispersé, ou quand il est subjugué par un conquérant, toutes ses alliances, tous ses traités périssent avec la puissance publique qui les avoit contractés.

Mais il ne faut pas confondre ici les

traités ou les alliances, qui portant l'obligation de prestations réciproques, ne peuvent subsister que par la conservation des puissances contractantes, avec les contrats qui donnent un droit acquis & consommé, indépendant de toute prestation mutuelle. Si, par exemple, une nation avoit cédé à perpétuité à un Prince voisin le droit de pêche dans une riviere, ou celui de tenir garnison dans une forteresse; ce Prince ne perdroit point ces droits, quand même la nation de qui il les a reçus, viendroit à être subjuguée ou à passer de quelque autre maniere sous une domination étrangere. Ses droits ne dépendent point de la conservation de cette nation, elle les avoit aliénés; & celui qui l'a conquise n'a pu prendre que ce qui étoit à elle. De même les dettes d'une nation ou celles pour lesquelles un Souverain a hypothéqué quelqu'une de ses villes ou de ses provinces, ne sont point anéanties par la conquête.

5°. Les alliances d'une nation ne sont point détruites lorsqu'elle se met sous la protection d'une autre; à moins qu'elles ne soient incompatibles avec les conditions de cette protection, ou qu'il n'ait été stipulé entre les alliés, que ni l'un ni l'autre ne pourroit contracter de nouvelle alliance que d'un consentement réciproque. Lors donç que la nécessité contraint un peuple à se mettre sous la protection d'une puissance étrangere, & à lui promettre l'assistance de toutes ses forces, envers & contre tous, sans excepter ses alliés, ses anciennes alliances subsistent autant qu'elles ne sont point incompatibles avec le nouveau traité de protection. Mais si le cas arrive qu'un ancien allié entre en guerre avec le protecteur, l'Etat protégé sera obligé de se déclarer pour ce dernier, auquel il est lié par des nœuds plus étroits & par un traité qui déroge à tous les autres en cas de collusion.

6°. Enfin comme les traités se font par le commun consentement des parties, ils peuvent se rompre aussi d'un commun accord, par la volonté libre des contractans. Et quand même un tiers se trouveroit intéressé à la conservation du traité, & souffriroit de sa rupture ; s'il n'y est point intervenu, si on ne lui a rien promis directement, ceux qui se sont fait directement des promesses qui tournent à l'avantage de ce tiers, peuvent s'en décharger réciproquement aussi sans le consulter, & sans qu'il soit en droit de s'y opposer.

Il n'y a que le Souverain qui puisse faire des alliances & des traités, ou par lui-même ou par ses Officiers & ses Miniſtres. Les traités faits par les Miniſtres, n'obligent le Souverain de l'Etat, que lorſque les Miniſtres ont été dûment autoriſés, qu'ils n'ont rien fait que conformément à leurs ordres & à leur pouvoir. Il faut remarquer à ce ſujet, que chez les Romains, on appelloit *fœdus*, pacte public, convention ſolennelle, un traité fait par ordre de la puiſſance ſouveraine, ou qui avoit été ratifié ; mais lorſque des perſonnes publiques avoient promis ſans ordre de la puiſſance ſouveraine, quelque choſe qui intéreſſoit le Souverain : c'eſt ce qu'on appelloit *ſponſio*, une ſimple promeſſe.

En général, il eſt certain que lorſque des Miniſtres font ſans ordre de leur Souverain, quelque traité concernant les affaires publiques, le Souverain n'eſt pas obligé de le tenir ; & même le Miniſtre qui a traité ſans ordre, peut être puni ſuivant l'exigence du cas. Cependant il peut y avoir des circonſtances dans leſquelles un Souverain eſt tenu, ou par les regles de la prudence, ou même par celles de la juſtice & de l'équité, à ratifier un traité, quoique fait & conclu ſans ordre.

Lorſqu'un Souverain vient à être informé d'un traité conclu par un de ſes Miniſtres, ſans ſon ordre, ſon ſilence ſeul n'emporte pas une ratification, à moins qu'il ne soit d'ailleurs accompagné de quelque acte, ou de quelque autre circonstance qui ne puisse vraisemblablement souffrir d'autre explication : & à plus forte raison, si l'accord n'a été fait que sous cette condition, que le Souverain le ratifiât, il n'est valable & obligatoire que lorsque le Souverain l'a ratifié d'une maniere formelle & expresse.

Mais pour savoir si ces conventions obligent le Souverain, on peut établir les principes suivans.

1°. Il est incontestable que comme toute personne peut s'engager ou par soi-même, ou par autrui, le Souverain est engagé par les conventions faites par ses Ministres ou ses Officiers, en conséquence des pouvoirs & des ordres qu'il leur a donnés formellement.

2°. Quiconque donne à quelqu'un un certain pouvoir, est raisonnablement censé lui accorder par cela même tout ce qui en est une suite, une dépendance nécessaire, & sans quoi il ne sauroit l'exercer convenablement; mais il n'est pas censé accorder rien davantage.

3°. Si celui à qui on a donné charge de traiter n'a rien fait que dans l'étendue de son pouvoir, s'il n'a point passé les bornes du pouvoir attaché à son emploi, quoiqu'il ait excédé ses ordres secrets, on ne laisse pas d'être tenu de ce qu'il a fait; autrement l'on ne sauroit jamais compter sur les engagemens contractés par procureur.

4°. Le Souverain est encore obligé par le fait de ses Ministres & de ses officiers, quoique destitués de pouvoir & d'ordre, s'il a ratifié les engagemens qu'ils ont pris, ou d'une maniere formelle & précise, & alors il n'y a aucune difficulté; ou d'une maniere tacite; c'est-à-dire, si instruit de ce qui s'est passé, le Souverain laisse faire ou fait lui-même des choses qui ne puissent raisonnablement être rapportées à aucune autre cause qu'à l'intention d'exécuter les engagemens de son Ministre, quoique contractés sans sa participation.

5°. Le Souverain peut encore être obligé à exécuter les engagemens contractés par ses Officiers sans son ordre, par un effet de la loi naturelle, qui nous défend de nous enrichir aux dépens d'autrui. L'équité veut que dans ces circonstances, l'on observe exactement les conditions du contrat, quoique conclu par des Ministres qui n'étoient point autorisés.

6°. Tels sont les principes généraux de l'équité naturelle, en vertu desquels les Souverains peuvent être plus ou moins engagés, par les conventions de leurs

Généraux. A quoi néanmoins il faut encore ajouter cette réflexion générale, à moins que les lois & les coutumes du pays n'y apportent quelque modification particuliere, & qu'elles soient connues de ceux avec qui ils ont traité.

7°. Enfin si un Ministre public passe les bornes de sa commission, qu'il ne puisse point tenir ce qu'il a promis, & que son Maître n'y soit point obligé, il est sans contredit obligé à dédommager celui avec lequel il a traité: que s'il y avoit de la mauvaise foi de sa part, il pourroit même être puni de sa fourberie, & l'on seroit en droit de s'en prendre à sa personne ou à ses biens, ou même à l'un & à l'autre ensemble.

Eclaircissons ces principes généraux en les appliquant à quelques exemples particuliers.

Un Général d'armée ne peut point transiger de ce qui regarde le sujet de la guerre & de ses suites; car le pouvoir de faire la guerre, dans quelque étendue qu'il ait été donné, n'emporte point le pouvoir de la finir.

2°. Les Généraux d'armée ne pourroient pas non plus accorder de leur chef des treves pour un espace de temps considérable; car 1°. cela n'est point une dépendance nécessaire de leur commission. 2°. La chose est de trop grande conséquence pour être entiérement laissée à leur discrétion. 3°. Et enfin les circonstances ne sont pas d'ordinaire si pressantes, que l'on n'ait pas le temps de consulter le Souverain : & en général, le devoir & la prudence veulent qu'un Général consulte le Souverain autant qu'il lui est possible, même par rapport aux choses qu'il a pouvoir de ménager de son chef. A plus forte raison des Généraux ne peuvent pas conclure ces sortes de treves qui font disparoître entiérement l'appareil de la guerre & qui approchent d'une véritable paix.

3°. A l'égard des treves qui sont de courte durée; il est sans difficulté au pouvoir d'un Général de les faire, par exemple pour enterrer les morts, &c.

Les Lieutenans des Généraux, ou même les Officiers subalternes, peuvent aussi faire des treves particulieres, pendant l'attaque, par exemple d'un corps d'ennemis retranchés, ou dans le siege d'une ville. Car cela étant souvent très-nécessaire, on présume avec raison que ce droit est renfermé dans l'étendue de leur commission, par une conséquence nécessaire.

Il n'appartient pas aux Généraux d'armée, de relâcher les personnes acquises par les armes, ni de disposer des souverainetés & des terres conquises. Mais il est certainement au pouvoir des Généraux d'accorder ou de laisser les choses qui ne sont pas encore acquises. Les villes par exemple, & souvent les personnes, ne se rendent que sous condition d'avoir la vie sauve, ou la liberté, ou même leurs biens, & d'ordinaire on n'a pas le temps de consulter là-dessus le Souverain; les Chefs même subalternes doivent avoir ce droit aussi loin que s'étend leur commission. On peut aisément juger par les principes que nous avons établis, de la conduite que tint le Peuple Romain à l'égard de Bituitus, Roi des Auvergnats, & dans l'affaire des *Fourches Caudines*.

Il arrive quelquefois dans la guerre, que des particuliers, soit de simples soldats, soit d'autres, font quelques conventions avec l'ennemi. Cicéron remarque judicieusement à ce sujet, que si des particuliers ont promis quelque chose à l'ennemi, y étant contraints par la nécessité des circonstances, ils doivent tenir religieusement leur parole (*). En effet tous les principes que nous avons établis ci-devant, prouvent manifestement la justice & la nécessité de ce devoir; sans cela on mettroit souvent obstacle à la liberté, on donneroit occasion à des carnages, &c.

(*) *De Officiis*, Lib. I. cap. 13.

Mais quoique ces engagemens soient valides en eux-mêmes, il est bien clair qu'un particulier ne sauroit aliéner validement ce qui appartient au public; cela n'étant pas même permis aux Généraux d'armée.

A l'égard des actions & des biens de chaque particulier, quoique les conventions qu'il peut faire avec l'ennemi à ce sujet, puissent quelquefois porter quelque préjudice à l'Etat, elles ne laissent pas d'être obligatoires. Tout ce qui tend à éviter un plus grand mal, quoique dommageable en soi-même, doit être considéré comme un bien : comme par exemple, quand on s'engage à payer quelques contributions pour se racheter du pillage ou des incendies. Les lois de l'Etat ne sauroient même sans injustice, ôter aux particuliers le droit de pourvoir à leur sûreté, en imposant aux sujets une obligation trop onéreuse, ce qui répugne entiérement à la raison & à la nature.

C'est en conséquence de ces principes que l'on tolere, & avec raison, la promesse que fait un prisonnier de guerre de venir se remettre en prison. On ne le laisseroit point aller sans cela, & il vaut mieux sans doute, & pour lui & pour l'Etat, qu'il ait cette permission pour un temps, que s'il demeuroit toujours en prison. Ce fut donc pour satisfaire à son devoir que Regulus retourna à Carthage, & se remit entre les mains des ennemis (*).

Il faut juger de même de la promesse par laquelle on s'engage à ne point servir contre celui de qui on est prisonnier : en vain objecteroit-on qu'un tel engagement est contraire à ce qu'on doit à la patrie; il n'y a rien de contraire au devoir d'un bon citoyen, de se procurer la liberté, en promettant de s'abstenir d'une chose dont il est au pouvoir de l'ennemi de nous empêcher; la patrie ne perd rien par-là, elle y gagne même quelque chose, puisqu'un prisonnier, tant qu'il n'est pas relâché, est perdu pour elle.

Si l'on a promis de ne point se sauver, il faut incontestablement tenir sa parole, quand même on l'auroit donnée dans les fers; mais si le prisonnier n'a donné sa parole qu'à condition qu'il ne seroit point resserré de cette maniere, il en est quitte s'il est mis dans les fers.

Mais enfin, si les particuliers qui se sont engagés à l'ennemi, ne veulent point tenir leur parole, leur Souverain doit-il les y contraindre ? Sans doute : en vain seroient-ils liés par leur promesse, s'il n'y

(*) Cicer. *de Offic.* Lib. III. cap. 29.

avoit quelqu'un qui pût les contraindre à s'en acquitter.

La raison générale de la validité des traités faits par de simples particuliers, c'est que lorsqu'un sujet ne peut ni recevoir les ordres du Souverain, ni jouir de sa protection, il rentre dans ses droits naturels, & doit pourvoir à sa sûreté par tous moyens justes & honnêtes. Il seroit même permis à un sujet de renoncer à sa patrie, si l'ennemi maître de sa personne ne vouloit lui accorder la vie qu'à cette condition; car dès le moment que la société ne peut le protéger & le défendre, il rentre dans ses droit naturels. Et d'ailleurs s'il s'obstinoit, que gagneroit l'Etat à sa mort? Certainement tant qu'il reste quelque espérance, tant qu'il y a moyen de servir sa patrie, on doit s'exposer pour elle & braver tous les dangers. Je suppose qu'il faille, ou renoncer à sa patrie, ou périr sans aucune utilité pour elle; car si on peut la servir en mourant, il est beau d'imiter la générosité héroïque des Decius. On ne pourroit s'engager, même pour sauver sa vie, à servir contre la patrie; un homme de cœur périra mille fois plutôt que de faire cette honteuse promesse. Voyez Burlamaqui, Tom. VIII. chap. IX. Wattel, Liv. II. chap. XII. XIII. XV. Grotius, Liv. II. chap. XV.

LEÇON

LEÇON XXIX.

Convention que l'on fait avec un Ennemi.

ENtre les conventions publiques, celles qui supposent l'état de guerre & que l'on fait avec un ennemi, méritent une attention particuliere. Il y en a de deux sortes; les unes qui laissent subsister l'état de guerre, & qui ne font que tempérer les actes d'hostilité : les autres qui le font cesser entierement. Mais avant que de traiter des unes & des autres, il faut dire quelque chose en général sur la validité des conventions.

L'on demande d'abord si l'on doit garder la foi entre ennemis. Cette question est sans doute une des plus belles & des plus importantes du droit des gens.

Je remarque 1°. que quoique la guerre détruise par elle-même l'état de société entre deux nations, il ne faut pas conclure de là que la guerre ne soit assujettie à aucune loi, & que tout droit & toute obligation cessent absolument entre deux ennemis.

2°. Au contraire tout le monde convient qu'il y a un droit de la guerre obligatoire par lui-même entre ennemis, &

de l'obſervation duquel ils ne ſauroient ſe diſpenſer ſans manquer à leur devoir. Puis donc que la guerre n'anéantit pas par elle-même toutes les lois de la ſociété, on ne ſauroit conclure de cela ſeul, que deux nations ſe font la guerre, qu'elles ſoient par cela même diſpenſées d'être fidelles à leur parole, & de garder les engagemens qu'elles ont pris l'une avec l'autre pendant le cours de la guerre.

3°. La guerre étant en elle-même un très-grand mal, il eſt de l'intérêt commun des nations de ne pas ſe priver volontairement des moyens que la prudence leur préſente pour en modérer les rigueurs & en adoucir les effets; il eſt au contraire de leur devoir de chercher à ſe les procurer, & à s'en aſſurer les effets, autant du moins que cela ne peut procurer aucun préjudice au but légitime de la guerre. Mais il n'y a que la foi publique qui puiſſe procurer à deux ennemis, pendant qu'ils ont encore les armes à la main, le doux repos d'une treve; c'eſt elle ſeule qui peut aſſurer aux villes rendues, les droits qu'elles ſe ſont réſervés.

Que gagneroient les peuples, ou plutôt combien n'y auroit-il pas à perdre pour eux, s'ils ſe croyoient autoriſés à ne faire aucun cas de la parole donnée à l'ennemi, & s'ils ne conſidéroient les conventions faites dans ces circonstances, que comme des moyens de se duper les uns les autres? Certainement on ne sauroit penser que la loi de nature puisse approuver des maximes aussi manifestement opposées au bien commun du genre-humain. D'ailleurs, on ne doit jamais faire la guerre pour la guerre même, mais seulement par nécessité pour obtenir une satisfaction juste & raisonnable, & une bonne paix; d'où il suit nécessairement que le droit que donne la guerre d'ennemi à ennemi, ne sauroit aller jusqu'à rendre les guerres éternelles, à les perpétuer à l'infini, & à mettre un obstacle invincible au rétablissement de la paix.

4°. C'est cependant ce qui arriveroit nécessairement, si le droit naturel n'imposoit pas une obligation indispensable de tenir ce dont on est volontairement convenu avec un ennemi, pendant le cours de la guerre; soit que ces conventions tendent seulement à suspendre ou à modérer les actes d'hostilités, soit qu'elles ayent pour but de les faire cesser entiérement, & de rétablir la paix.

Car enfin il n'y a que deux voies pour parvenir à la paix. La premiere est la destruction totale & entière de notre ennemi; la seconde est de faire avec lui un traité. Si donc les traités & les conventions faites entre ennemis, n'étoient pas en eux-mêmes sacrés & inviolables, il ne resteroit d'autre moyen pour se procurer une paix solide, que de pousser la guerre à l'infini, & à toute outrance, jusqu'à la destruction entiere & totale de nos ennemis. Mais qui ne voit qu'un principe qui va nécessairement à la destruction du genre-humain & des sociétés, & qui d'ailleurs n'a rien de nécessaire, est directement contraire au droit de la nature & des gens, dont le grand but est la conservation & le bonheur de la société humaine en général, & des sociétés civiles en particulier ?

5°. On ne sauroit mettre ici aucune différence entre les différens traités que l'on peut faire avec un ennemi; l'obligation que le droit naturel impose de les observer inviolablement, regarde aussi-bien ceux qui laissent subsister l'état de guerre, que ceux qui tendent à rétablir la paix. Il n'y a point de milieu; il faut établir pour regle générale, que toute convention avec un ennemi est obligatoire, ou qu'il n'y en a aucune qui soit véritablement telle.

En effet, s'il étoit permis, par exemple, de rompre de gaieté de cœur une treve bien conclue, d'arrêter sans raison des gens à qui l'on auroit donné des passeports, &c. quel mal y auroit-il de tromper l'ennemi, sous prétexte de parler de paix? Quand on entre en négociation pour ce dernier sujet, on ne cesse pas dès lors d'être ennemi, ce n'est proprement qu'une espece de treve dont on convient, pour voir s'il y auroit moyen de s'accommoder : si les négociations n'ont pas un heureux succès, ce n'est pas une nouvelle guerre que l'on commence, puisque les différens pour lesquels on avoit pris les armes, n'ont point encore été terminés; on ne fait que continuer les actes d'hostilité que l'on avoit un peu suspendus; ainsi on ne pourroit pas plus compter sur la bonne foi de l'ennemi à l'égard des conventions qui vont à rétablir la paix, que par rapport à celles dont le but est seulement de suspendre ou de modérer les actes d'hostilité; donc les défiances seroient continuelles, & les guerres se perpétueroient à l'infini, & on ne parviendroit jamais à une paix solide.

6°. Plus l'ambition & l'avarice ont rendu les guerres fréquentes, quoique non nécessaires, plus les principes que nous venons d'établir sont indispensables, pour le repos & l'intérêt du genre-humain; c'est donc avec raison que Cicéron prétend qu'il y a un droit de guerre que l'on doit observer entre ennemis, comme encore que l'ennemi conserve certains droits malgré la guerre (*).

Mais, dira-t-on, n'est-ce pas un principe incontestable du droit naturel, que toute convention, tout traité extorqué par une violence injuste est nul de lui-même, & que par conséquent celui qui a été forcé à le faire malgré lui, peut innocemment ne pas tenir sa parole, s'il estime qu'il puisse le faire avec sûreté.

La violence & la force ouverte sont le caractere distinctif de la guerre, & pour l'ordinaire c'est le vainqueur, soit qu'il fasse une guerre juste ou injuste, qui impose au vaincu la nécessité de traiter avec lui, & qui le contraint par la supériorité de ses armes à accepter les conditions qu'il lui propose; comment donc est-il possible que le droit de la nature & des gens déclare sacrés & inviolables des traités faits dans ces circonstances?

Je réponds que quelque vrai que soit en lui-même le principe sur lequel cette objection est fondée, on ne peut pas cependant l'appliquer dans toute son étendue à la question dont il s'agit.

L'intérêt commun du genre-humain demande que l'on mette ici quelque diffé-

(*) Est autem etiam Jus bellicum, fidesque jurisjurandi sæpe cum hoste servanda. *Offic.* Lib. IV, cap. 29.

rence entre les conventions extorquées par crainte, de particulier à particulier, & celles auxquelles un Prince ou un peuple souverain est contraint par la supériorité des armes d'un vainqueur, qui que ce soit, en conséquence d'une guerre injuste. Le droit des gens fait donc ici une exception à la regle générale du droit naturel, qui annulle les conventions par l'exception d'un crainte injuste, ou si l'on veut le droit des gens tient pour juste, de part & d'autre, la crainte qui porte deux ennemis à traiter ensemble pendant le cours de la guerre; car autrement il n'y auroit aucun moyen ni d'en tempérer les fureurs, ni de la terminer entiérement, comme nous l'avons montré ci-dessus.

Mais pour ne rien laisser en arrière d'essentiel sur cette question, il est nécessaire d'ajouter quelques éclaircissemens à ce que nous venons de dire.

Et premiérement, j'estime qu'il faut distinguer ici, si celui qui par la supériorité de ses armes a contraint son ennemi à traiter avec lui, avoit entrepris la guerre sans aucun sujet, ou s'il pouvoit en alléguer quelque raison spécieuse. Si le vainqueur avoit entrepris la guerre pour quelque sujet apparent, quoiqu'injuste ou insuffisant dans le fond, à l'examiner à la rigueur; alors il est sans contredit de l'intérêt du genre-humain que le droit des gens déclare valides & obligatoires, les traités conclus dans ces circonstances ; en sorte que les vaincus ne puissent se dispenser de les tenir, sous prétexte de la crainte injuste qui en est la cause.

Mais si l'on suppose que la guerre ait été entreprise sans aucun sujet, ou bien que le sujet qu'on allegue soit manifestement frivole ou injuste, comme quand un Alexandre va chercher à subjuguer des peuples éloignés qui n'avoient jamais entendu parler de lui, &c. une telle guerre étoit un vrai brigandage, j'avoue qu'il ne me paroît pas que le vaincu soit plus obligé de tenir le traité auquel on l'a contraint, que ne le seroit un particulier qui auroit promis à des brigands une somme d'argent pour racheter sa vie ou sa liberté.

Disons encore, & c'est ici un autre éclaircissement nécessaire, que même dans le cas où l'on supposeroit la guerre entreprise pour quelque sujet apparent & raisonnable ; si le traité que le vainqueur impose au vaincu renferme en lui-même des conditions d'une injustice qui aille jusqu'à la barbarie, & qui soient tout-à-fait contraires à l'humanité ; on ne sauroit dans ces circonstances refuser au vaincu le droit de se soustraire à ses engagemens, & de recommencer la guerre pour s'affranchir, s'il le peut, des conditions dures & inhumaines auxquelles on l'a voulu assujettir en abusant de la victoire contre les droits de l'humanité. La guerre la plus juste n'autorise pas le vainqueur à ne garder aucune mesure, aucune modération à l'égard des vaincus, & ils ne sauroient se plaindre raisonnablement de l'infraction d'un traité dont les conditions sont injustes en elles-mêmes, & d'ailleurs pleines de barbarie & de cruauté.

Il faut donc garder ici un juste milieu, & dire que l'on doit inviolablement observer les traités faits avec un ennemi, sans que l'exception d'une crainte injuste puisse autoriser à manquer à la foi qu'on lui a donnée, à moins que la guerre ne fût manifestement un vrai brigandage de sa part, ou que d'ailleurs les conditions qu'il nous impose, ne fussent de la derniere injustice, & pleines de barbarie & de cruauté.

Enfin il y a encore un cas dans lequel on peut sans perfidie, se dispenser de tenir ce qu'on a promis à l'ennemi; c'est lorsqu'une certaine condition qu'on avoit supposée comme la base de l'engagement, vient à manquer; c'est-là une suite de la nature même des conventions. C'est en conséquence de ce principe, que l'infidélité de l'une des parties contractantes libere l'autre ; car dans la regle & pour l'ordinaire, tous les articles d'un même traité sont renfermés l'un dans l'autre en forme de condition, & comme si l'on avoit dit formellement : je ferai telle chose, pourvu que de votre côté vous fassiez ceci ou cela.

Ce cas nous autorise de rompre l'engagement non-seulement avec l'ennemi, mais en général avec qui que ce soit, car c'est une exception générale à la fidélité des conventions.

Entre les conventions que l'on fait avec un ennemi, une des principales, c'est la treve.

La treve est une convention par laquelle on s'engage à suspendre pour quelque temps les actes d'hostilité, sans que pour cela la guerre finisse, mais l'état de guerre subsistant toujours. La treve n'est donc pas une paix, puisque la guerre subsiste. Mais si l'on est convenu, par exemple, de certaines contributions pendant la guerre, comme on n'accorde ces contributions que pour se racheter des actes d'hostilité, elles doivent cesser pendant la treve, puisqu'alors ces actes ne sont pas permis ; & au contraire si l'on a parlé de quelque chose comme devant avoir lieu en temps de paix, l'intervalle de la treve ne sera point compris là-dedans.

Toute treve laiſſant ſubſiſter l'état de guerre, c'eſt encore une conſéquence, qu'après le terme expiré il n'eſt pas beſoin d'une nouvelle déclaration de guerre; la raiſon en eſt, que ce n'eſt pas une nouvelle guerre que l'on commence, c'eſt la même que l'on continue.

Cependant une treve à longues années reſſemble fort à la paix, & elle en differe ſeulement en ce qu'elle laiſſe ſubſiſter le ſujet de guerre. Or comme il peut arriver que les circonſtances & les diſpoſitions ayent fort changé de part & d'autre, dans un long eſpace de temps, il eſt tout-à-fait convenable à l'amour de la paix, qui ſied ſi bien aux Souverains, aux ſoins qu'ils doivent prendre d'épargner le ſang de leurs ſujets, même celui des ennemis; il eſt, dis-je, tout-à-fait convenable à ces diſpoſitions, de ne point reprendre les armes à la fin d'une treve qui en avoit fait diſparoître & oublier tout l'appareil, ſans faire quelque déclaration qui puiſſe inviter l'ennemi à prévenir une nouvelle effuſion de ſang.

On peut faire des treves de pluſieurs ſortes: 1°. Quelquefois pendant la treve les armées ne laiſſent pas de demeurer toujours ſur pied avec tout l'appareil de la guerre, & ces ſortes de treves ſont ordinairement de courte durée; quelquefois aussi l'on met bas les armes, & chacun se retire chez soi, & alors elles sont de plus longue durée. 2°. Il y a une treve générale pour tous les pays de l'un & de l'autre peuple, & une treve particuliere restreinte à certains lieux, comme par exemple sur mer, & non pas sur terre, &c. 3°. Enfin il y a une treve absolue indéterminée & générale, & une treve limitée & déterminée à certaines choses ; par exemple, pour enterrer les morts ; ou bien si une ville assiégée a obtenu une treve seulement pour être à l'abri de certaines attaques, ou par rapport à certains actes d'hostilité, comme pour le ravage de la campagne.

Il faut remarquer encore qu'à proprement parler, une treve ne se fait que par une convention expresse, & qu'il est très-difficile d'établir une treve sur le fondement d'une convention tacite, à moins que les faits ne soient tels en eux-mêmes, & dans leurs circonstances, qu'ils ne puissent être rapportés à un autre principe, qu'à un dessein bien sincere de suspendre pour un temps les actes d'hostilité. Ainsi de cela seul qu'on s'est abstenu pour quelque temps d'exercer des actes d'hostilité, l'ennemi auroit tort d'en conclure que l'on consent à une treve.

La nature de la treve fait assez connoître quels en sont les effets.

1°. En général, si la treve est générale & absolue, tout acte d'hostilité doit cesser, tant à l'égard des personnes qu'à l'égard des choses; mais cela n'empêche pas que l'on ne puisse pendant la treve, lever de nouvelles troupes, faire des magasins, réparer des fortifications, &c. à moins qu'il n'y ait quelque convention formelle au contraire; car ces sortes d'actes ne sont pas en eux-mêmes des actes d'hostilité, mais des précautions défensives & que l'on peut prendre même en pleine paix.

2°. Ce seroit aussi une chose contraire à la treve, que de s'emparer d'une place occupée par l'ennemi, en corrompant la garnison. Il est bien évident que l'on ne peut pas non plus innocemment s'emparer pendant la treve des lieux que l'ennemi a abadonnés, mais qui lui appartiennent, soit qu'il ait cessé de les garder avant la treve, soit après.

Bien entendu que l'ennemi marque assez clairement qu'il veut en conserver la possession; car s'il abandonne absolument un poste, par exemple, une ville & un village, &c. faisant clairement comprendre qu'il ne veut plus le posséder, rien n'empêche qu'on ne puisse occuper ce lieu-là pendant la treve.

3°. Par conséquent il faut rendre les choses appartenantes à l'ennemi, qui pendant la treve sont par quelque hasard tombées entre nos mains, encore même qu'elles nous eussent appartenu auparavant.

4°. Pendant la treve, il est permis d'aller & de venir de part & d'autre; mais sans aucun train ou aucun appareil, d'où il puisse y avoir quelque chose à craindre.

Mais il est libre à chaque Souverain, comme il le lui seroit aussi en pleine paix, de prendre des précautions pour empêcher que ces allées & venues ne lui soient préjudiciables. Des gens avec qui il va bientôt entrer en guerre, lui sont suspects à juste titre. Il peut même, en faisant la treve, déclarer qu'il n'admettra aucun des ennemis dans les lieux de son obéissance.

A cette occasion on demande si ceux qui par quelque accident imprévu & insurmontable, se trouvent malheureusement sur les terres de l'ennemi après la treve expirée, peuvent être retenus prisonniers, ou si l'on doit leur accorder la liberté de se retirer. Il me semble que c'est une suite du traité de treve, qu'on laisse aller ces gens en liberté; car puisqu'en vertu de la treve, on étoit obligé de laisser aller & venir en liberté pendant tout le temps de la treve, on doit aussi leur accorder la même permission après la treve même, s'il paroît manifestement qu'une force majeure ou un cas imprévu les a empêchés d'en profiter durant l'espace réglé : autrement comme ces sortes d'accidens peuvent arriver tous les jours, une telle permission deviendroit souvent un piege pour faire tomber bien des gens entre les mains de l'ennemi.

Pour ce qui est d'une treve particuliere ou déterminée à certaines choses, ses effets sont proportionnés à la convention, & limités par la nature particuliere de l'accord.

1°. Ainsi si l'on a accordé une treve seulement pour enterrer les morts, on n'est pas pour cela en droit d'entreprendre tranquillement quelque chose de nouveau qui apporte quelque changement à l'état des choses : on ne peut pas, par exemple, pendant ce temps-là se retirer dans un port plus sûr, ni se retrancher, &c.

2°. C'est en conséquence des mêmes principes, que si l'on suppose que par la treve on ait seulement mis les personnes à couvert des actes d'hostilité, & non pas les choses ; en ce cas-là, si pour défendre ses biens on fait du mal aux personnes, on n'agit point contre l'engagement de la treve ; car par cela même qu'on a accordé de part & d'autre une sûreté pour les personnes, on s'est aussi réservé le droit de défendre ses biens du dégât & du pillage ; ainsi la sûreté des personnes n'est point générale, mais seulement pour ceux qui vont & qui viennent sans dessein de rien prendre à l'ennemi avec qui on a fait cette treve limitée.

Toute treve oblige les parties contractantes, du moment que l'accord est fait & conclu ; mais à l'égard des sujets de part & d'autre, ils ne sont dans quelque obligation à cet égard, que quand la treve leur a été solennellement notifiée. Il suit de-là que si avant cette notification, les sujets commettent quelque acte d'hostilité, ou font quelque chose contre la treve, ils ne seront sujets à aucune punition. Cependant les puissances qui auront conclu la treve doivent dédommager ceux qui auront souffert, & rétablir les choses dans le premier état, autant que faire se pourra.

Enfin si la treve vient à être violée d'un côté, il est certainement libre à l'autre des parties de reprendre les armes, & de recommencer la guerre, sans aucune déclaration préalable : que si l'on est convenu d'une peine payable par celui qui violeroit la treve, si celui-ci offre la peine ou s'il l'avoit subie, l'autre n'est pas en droit de recommencer les actes d'hostilité avant le terme expiré, bien entendu qu'outre la peine stipulée, la partie lésée est en droit de demander un dédommagement de ce qu'elle a souffert pour l'infraction de la treve. Mais il faut bien remarquer que les actions des particuliers ne rompent point la treve, à moins que le Souverain n'y ait quelque part, ou par un ordre donné ou par une approbation; & le Souverain est censé approuver ce qui a été fait, s'il ne veut ni punir ni livrer le coupable, ou s'il refuse de rendre les choses prises pendant la suspension d'armes.

A qui est-ce qu'il appartient de faire la treve? La treve générale ne peut être conclue & arrêtée que par le Souverain lui-même, ou par celui à qui il en a expressément donné le pouvoir; car il n'est point nécessaire pour le succès des opérations, qu'un Général soit revêtu d'une autorité si étendue; elle passeroit les termes de ses fonctions, qui sont de diriger les opérations de la guerre là où il commande, & non de régler les intérêts généraux de l'Etat. La conclusion d'une treve générale est une chose si importante, que le Souverain est toujours censé se l'être réservée. Un pouvoir si étendu ne convient qu'à un Gouverneur, ou à un Vice-Roi d'un pays éloigné, pour les Etats qu'il gouverne; encore si la treve est à longues années, il est naturel de préſumer qu'elle a beſoin de la ratification du Souverain. Les Conſuls & autres Généraux Romains pouvoient accorder des treves générales pour le temps de leur commandement ; mais ſi ce temps étoit conſidérable, ou s'ils étendoient la treve plus loin, la ratification du Sénat & du peuple y étoit néceſſaire. Une treve même particuliere, mais pour un long temps, ſemble encore paſſer le pouvoir ordinaire d'un Général, & il ne peut la conclure que ſous réſerve de la ratification.

Mais pour ce qui eſt des treves particulieres pour un terme court, il eſt ſouvent néceſſaire & preſque toujours convenable que le Général ait le pouvoir de les conclure : néceſſaire toutes les fois qu'on ne peut attendre le conſentement du Prince : convenable dans les occaſions où la treve ne tend qu'à épargner le ſang, & ne peut tourner qu'au commun avantage des contractans. On préſume donc naturellement que le général ou le Commandant en chef eſt revêtu de ce pouvoir.

Les ſauf-conduits ſont auſſi des conventions faites entre ennemis, & qui méritent qu'on en diſe quelque choſe. On entend par là un privilege accordé à quelqu'un des ennemis, ſans qu'il y ait ceſſation d'armes, & par lequel on lui accorde la liberté d'aller & de revenir en ſûreté.

Toutes les questions que l'on propose sur les sauf-conduits, peuvent se décider ou par la nature même des sauf-conduits accordés, ou par les regles générales de la bonne interprétation.

1°. Un sauf-conduit donné pour des gens de guerre, regarde non-seulement des Officiers subalternes, mais encore ceux qui commandent en chef : c'est l'usage naturel & ordinaire des termes qui le veut ainsi.

2°. Si l'on permet à quelqu'un d'aller dans un certain endroit, on est aussi censé lui avoir permis de s'en retourner, autrement la première permission se trouveroit souvent inutile. Il pourroit cependant y avoir des cas où l'un n'emporteroit pas l'autre.

On découvre la volonté de celui qui accorde le sauf-conduit, par la fin pour laquelle il a été donné. Ainsi, par exemple, celui à qui on a permis de s'en aller, n'a pas le droit de revenir, & le sauf-conduit accordé simplement pour passer, ne peut servir pour repasser, &c.

3°. Si l'on a accordé à quelqu'un la liberté de venir, il ne peut pas pour l'ordinaire employer quelqu'autre à sa place. Et au contraire, celui qui a eu permission d'envoyer quelqu'un, ne peut pas venir lui-même ; car ce sont deux choses différentes, & la permission doit naturellement être restreinte à la personne même à qui elle est accordée, car peut-être ne l'auroit-on pas accordée à une autre.

4°. Un pere à qui l'on a accordé un passe-port, ne peut pas mener avec lui son fils, ni un mari sa femme : car il est vrai qu'on ne s'établit nulle part sans y amener sa femme & ses enfans ; mais on peut bien voyager sans sa famille.

5°. Pour les valets, quoiqu'il n'en soit fait aucune mention, on présume qu'il est permis d'en mener un ou deux, ou même davantage selon la qualité de la personne. Bien entendu que ces valets ne soient pas suspects à l'Etat, ou bannis pour crimes : car le Souverain qui accorde un sauf-conduit dans les termes généraux pour la personne qui le demande & sa suite, ne présume pas qu'on osera s'en servir pour mener dans son pays des personnes suspectes, des malfaiteurs, ou des gens qui l'ont particuliérement offensé.

6°. Pour l'ordinaire, le privilege d'un sauf-conduit ne s'éteint pas par la mort de celui qui l'a accordé : rien n'empêche cependant qu'il ne puisse pour de bonnes raisons être révoqué par le successeur ; mais alors il faut que celui à qui le sauf-conduit avoit été donné soit averti de se retirer, & qu'on lui accorde le temps nécessaire pour parvenir en lieu de sûreté.

Il en est de cet acte, comme des autres dispositions du commandement public : leur durée ne dépend point de la vie de celui qui les a faites, à moins que par leur nature même, ou par une déclaration expresse elles ne lui soient personnelles.

Cependant cela n'empêche pas que le successeur ne puisse révoquer un sauf-conduit, s'il en a de bonnes raisons. Celui-là même qui l'a donné, peut bien le révoquer en pareil cas, & il n'est pas tenu de dire toujours ses raisons. Tout privilege peut être révoqué, & il le doit même quand il devient nuisible à l'Etat ; le privilege gratuit, purement & simplement ; & le privilege acquis à titre onéreux, en indemnisant les intéressés. Supposez qu'un Prince ou son Général se prépare à une expédition secrette, souffrira-t-il qu'au moyen d'un sauf-conduit obtenu précédemment, on vienne épier ses préparatifs pour en rendre compte à l'ennemi ?

Mais pour que le sauf-conduit ne devienne pas un piege, il faut en le révoquant, donner au porteur le temps & la liberté de se retirer en sûreté. Si on le retient quelque temps, comme on feroit à tout autre voyageur, pour empêcher qu'il ne porte des lumieres à l'ennemi; ce doit être sans aucun mauvais traitement, & seulement jusqu'à ce que cette raison n'ait plus lieu.

7°. Un sauf-conduit accordé pour aussi long-temps qu'on voudra, ou qu'il nous plaira, n'expire pas si l'officier qui l'avoit donné vient à n'être plus revêtu de l'emploi en vertu duquel il l'avoit donné, mais il faut une révocation expresse du Souverain pour qu'il expire.

Le rachat des prisonniers est encore une convention qui se fait souvent sans que la guerre finisse. Les anciens Romains ne se portoient pas aisément à racheter les prisonniers; ils examinoient si ceux qui avoient été pris par les ennemis, avoient gardé les lois de la discipline militaire, & par conséquent s'ils méritoient d'être rachetés; & le parti de la rigueur prévaloit ordinairement comme le plus avantageux à la République.

Mais en général il est certainement plus conforme & au bien de l'Etat & à l'humanité, de racheter les prisonniers, à moins que l'expérience ne fasse voir qu'il est nécessaire d'user envers eux d'une grande rigueur, pour prévenir ou corriger des maux plus grands, qui sans cela seroient inévitables.

Un accord fait pour la rançon d'un prisonnier, ne peut être révoqué, sous prétexte que le prisonnier se trouve plus riche que l'on ne l'avoit cru, car cette circonstance, du plus ou du moins de richesses du prisonnier, n'a aucune liaison avec l'engagement; de sorte que si l'on vouloit régler là-dessus la rançon, il falloit avoir mis cette condition dans le traité.

Mais il est naturel de proportionner le prix de la rançon au rang que tient le prisonnier dans l'armée ennemie, parce que la liberté d'un officier de marque est d'une plus grande conséquence que celle d'un simple soldat, ou d'un Officier inférieur. Si le prisonnier a non-seulement célé, mais déguisé son rang, c'est une fraude qui donne le droit d'annuller la convention.

Quand on fait quelqu'un prisonnier de guerre, on n'acquiert la propriété que de ce qu'on lui a pris effectivement: ainsi l'argent ou les autres choses qu'un prisonnier de guerre a trouvé moyen de tenir cachées ou de dérober aux recherches que l'on a faites, lui demeurent sans contredit en propriété, & par conséquent il peut s'en servir pour le prix de sa rançon. L'ennemi ne sauroit avoir pris possession de ce dont il n'avoit aucune connoissance, & d'ailleurs le prisonnier n'est en aucune manière tenu de lui découvrir tout ce qu'il peut avoir. Voyez Burlamaqui, Tom. VIII. chap. X. & XI. Puffendorf, Liv. VIII. chap. VII. Grotius, Liv. III. chap. XX. Wattel, Liv. III. chap. XVI.

LEÇON XXX.

Conventions publiques qui mettent fin à la Guerre.

LES Conventions qui mettent fin à la guerre, sont ou principales ou accessoires. Les conventions principales sont celles qui terminent la guerre, ou par elles-mêmes comme un traité de paix, ou par une suite de ce dont on est convenu, comme quand on a remis la fin de la guerre à la décision du sort, ou au succès d'un combat, ou au jugement d'un arbitre. Les conventions accessoires sont celles qu'on ajoute quelquefois aux conventions principales, pour les confirmer & en rendre plus sûre l'exécution. Tels sont les ôtages, les gages, les garanties.

Nous avons déjà traité ci-devant du sort

ſort des combats arrêtés de part & d'autre, & des arbitres conſidérés comme des moyens d'empêcher une guerre ou de la terminer ; il ne nous reſte plus qu'à parler des traités de paix.

La premiere queſtion qui ſe préſente ici, c'eſt ſi les conventions qui terminent la guerre, peuvent être annullées, par l'exception d'une crainte injuſte qui les a arrachées.

Après les principes que nous avons établis ci-devant pour faire voir que l'on doit garder la foi donnée à un ennemi, il n'eſt pas néceſſaire de nous arrêter ici à l'établir de nouveau. De toutes les conventions publiques, les traités de paix ſont celles que les peuples doivent regarder comme les plus ſacrées & les plus inviolables ; rien n'eſt plus important au repos & à la tranquillité du genre humain. Les Princes & les nations n'ayant point de juge commun qui puiſſe connoître & décider de la juſtice de la guerre, on ne pourroit jamais compter ſur un traité de paix, ſi l'exception d'une crainte injuſte avoit ici lieu ordinairement. Je dis ordinairement ; car dans le cas où l'injuſtice des conditions d'un traité de paix eſt de la derniere évidence, & que le vainqueur injuſte abuſe de ſa victoire au point d'impoſer au vaincu les conditions les plus dures, les plus cruelles & les plus insupportables ; le droit des nations ne sauroit autoriser de semblables traités, ni imposer aux vaincus l'obligation de s'y soumettre soigneusement.

Ajoutons encore que bien que le droit des gens ordonne qu'à l'exception du cas dont nous venons de parler, les traités de paix soient observés fidélement, & ne puissent pas être annullés sous le prétexte d'une contrainte injuste, il est néanmoins incontestable que le vainqueur ne peut pas profiter en conscience des avantages d'un tel traité, & qu'il est obligé par la justice intérieure de restituer tout ce qu'il peut avoir acquis dans une guerre injuste.

En effet, si cette exception étoit admise, elle saperoit par les fondemens, toute la sûreté des traités de paix, car il en est peu contre lesquels on ne pût s'en servir pour couvrir la mauvaise foi. Autoriser une pareille défaite, ce seroit attaquer la sûreté commune & le salut des nations : la maxime seroit exécrable, par les mêmes raisons qui rendent la foi des traités sacrée dans l'univers ; d'ailleurs il seroit presque toujours honteux & ridicule d'alléguer une pareille exception. Il n'arrive guere aujourd'hui que l'on attende les dernieres extrémités pour faire la paix : une nation bien que vaincue en plusieurs batailles, peut encore se défendre; elle n'est pas sans ressource, tant qu'il lui reste des hommes & des armes. Si par un traité désavantageux elle trouve à propos de se procurer une paix nécessaire, si elle se rachete d'un danger imminent, d'une ruine entiere par de grands sacrifices, ce qui lui reste est encore un bien qu'elle doit à la paix; elle s'est déterminée librement à préférer une perte certaine & présente, mais bornée, à un danger encore à venir, mais trop probable & terrible.

Mais il faut en excepter sûrement le seul cas allégué ci-dessus. Qu'un avide & injuste conquérant subjugue une nation, qu'il la force à accepter des conditions dures, honteuses, insupportables : la nécessité la contraint à se soumettre. Mais ce repos apparent n'est pas une paix, c'est une oppression que l'on souffre, tandis qu'on manque de moyens pour s'en délivrer, & contre laquelle des gens de cœur se soulevent à la premiere occasion favorable. Si la loi naturelle veille au salut & au repos des nations, en recommandant la fidélité dans les promesses, elle ne favorise pas les oppresseurs : toutes ses maximes vont au plus grand bien de l'humanité; c'est la grande fin des lois & du droit. Celui qui rompt lui-même tous les liens de la société humaine, pourra-t-il les réclamer? S'il arrive qu'un peuple abuse de cette maxime pour se soulever injustement, & recommencer la guerre, il vaut mieux s'exposer à cet inconvénient que de donner aux usurpateurs un moyen aisé d'éterniser leurs injustices, & d'asseoir leur usurpation sur un fondement solide. Mais quand vous voudrez prêcher une doctrine qui s'oppose à tous les mouvemens de la nature, à qui la persuaderez-vous?

Une autre question, c'est de savoir si un Souverain ou un Etat doit tenir les traités de paix & d'accommodement qu'il a faits avec des sujets rebelles. Je réponds 1°. que lorsqu'un Souverain a réduit par les armes les sujets rebelles, c'est à lui à voir comment il les traitera. 2°. Mais s'il est entré avec eux dans quelque accommodement, il est censé par cela seul leur avoir pardonné tout le passé; de sorte qu'il ne sauroit légitimement se dispenser de tenir sa parole, sous prétexte qu'il l'avoit donnée à des sujets rebelles. Cette obligation est d'autant plus inviolable, que les Souverains sont sujets à traiter de rebellion une désobéissance ou une résistance par laquelle on ne fait que maintenir ses justes droits, & s'exposer à la violation des engagemens les plus essentiels des Souverains.

D'ailleurs si les promesses faites par le Souverain aux rebelles ne sont pas inviolables, il n'y aura plus de sûreté pour les rebelles à traiter avec leur Souverain : dès qu'ils auront tiré l'épée, il faudra qu'ils en jettent le fourreau, comme l'a dit un ancien. Le Prince manquera le plus doux & le plus salutaire moyen d'appaiser la révolte : il ne lui restera pour l'étouffer que d'exterminer les révoltés. Le désespoir les rendra formidables, la compassion leur attirera des secours, grossira leur parti, & l'Etat se trouvera en danger. Les mêmes raisons qui doivent rendre la foi des promesses inviolable & sacrée, de particulier à particulier, de Souverain à Souverain, d'ennemi à ennemi, subsistent dans toute leur force entre le Souverain & ses sujets soulevés ou rebelles. Cependant s'ils lui ont extorqué des conditions odieuses, contraires au bonheur de la nation, au salut de l'Etat, comme il n'est pas en droit de rien faire, de rien accorder contre cette grande regle de sa conduite & de son pouvoir, il révoquera justement des concessions pernicieuses, en s'autorisant de l'aveu de la nation dont il prendra l'avis de la maniere & dans les formes qui lui seront marquées par la constitution de l'Etat. Mais il faut user sobrement de ce remède, & seulement pour des choses de grande importance, afin de ne pas donner atteinte à la foi des promesses.

4°. Il n'y a que celui qui a droit de faire la guerre qui ait droit de la terminer par un traité de paix.

C'est une obligation des plus rigoureuses de la souveraineté, car le Souverain y est obligé & lié même par un double nœud. Il doit ce soin à son peuple, sur qui la guerre attire une foule de maux, & il le doit de la maniere la plus étroite & la plus indispensable, puisque l'Empire ne lui est confié que pour le salut & l'avantage de la nation. Il doit ce même soin aux nations étrangeres, dont la guerre trouble le bonheur. Nous avons exposé le devoir de la nation à cet égard, & le Souverain revêtu de l'autorité publique, est en même temps chargé de tous les devoirs de la société, & du corps de la nation.

Mais ce devoir du Souverain ne se borne pas à finir la guerre par un traité de paix; il est de plus obligé à la procurer autant que cela dépend de lui, à détourner les autres de la rompre sans nécessité, à leur inspirer l'amour de la justice, de l'équité, de la tranquillité publique, de la paix; c'est l'un des plus salutaires offices qu'il puisse rendre à ses peuples, aux nations & à l'univers entier.

Le glorieux & l'aimable personnage que celui de pacificateur! Si un Prince en connoissoit bien les avantages, s'il se représentoit la gloire si pure & si éclatante dont ce précieux caractere peut le faire jouir, la reconnoissance, l'amour, la vénération, la confiance des peuples; s'il savoit ce que c'est que de régner sur les cœurs, il voudroit être ainsi le bienfaiteur, l'ami & le pere du genre-humain : il y trouveroit mille fois plus de charmes que dans les conquêtes les plus brillantes. Auguste fermant le Temple de Janus, donnant la paix à l'univers, accommodant les différens des Rois & des peuples : Auguste en ce moment, paroît le plus grand des mortels, c'est pour ainsi dire un Dieu sur la terre.

Mais un Roi prisonnier pourroit-il conclure un traité de paix valable & obligatoire pour la nation? Je ne le pense pas; car il n'y a nulle apparence, & l'on ne sauroit présumer raisonnablement, que le peuple ait voulu conférer la souveraineté à quelqu'un, avec pouvoir de l'exercer sur les choses les plus importantes, même dans le temps qu'il ne seroit pas maître de sa propre personne. Mais à l'égard des conventions qu'un Roi prisonnier auroit faites, touchant ce qui lui appartient, elles sont valides sans contredit, suivant les principes que nous avons établis.

Le Souverain captif peut encore négocier la paix par lui-même ; & promettre ce qui dépend de lui personnellement ; mais le traité ne devient obligatoire pour la nation, que quand il est ratifié par la nation même, ou par ceux qui sont dépositaires de l'autorité publique pendant la captivité du Prince, ou enfin par lui-même après sa délivrance.

Que dirons-nous d'un Roi chassé de ses Etats ? Tout gouvernement légitime, quel qu'il puisse être, est uniquement établi pour le bien & le salut de l'Etat. Ce principe incontestable une fois posé, je dis que la paix n'est plus l'affaire propre du Souverain : c'est celui de la nation. Un Souverain chassé de ses Etats a été chassé par la nation ou par un usurpateur. Dans le premier cas, en quelle qualité oseroit-il faire la paix avec une nation, sa propre nation ne le reconnoissant plus pour son conducteur ? Si le Souverain est chassé de ses Etats par un injuste usurpateur, comment se mêleroit-il de faire la paix pour un Etat qu'il ne possede plus ? Les autres nations mêmes n'ayant aucun droit de s'ingérer dans les affaires domestiques des Etats étrangers, de se mêler de leur gouvernement, doivent s'en tenir au jugement de l'usurpateur, suivre sa possession, & s'arranger avec lui pour un traité de paix, avec la nation conquiſe. Un traité de paix fait par Jacques II, lorſqu'il alloit à la ſuite de Louis XIV, auroit été regardé comme un traité fait par un Roi de théâtre.

Pour connoître ſûrement de quelles choſes un Roi peut diſpoſer, par un traité de paix, il ne faut que faire attention à la nature de la ſouveraineté.

Les Rois ne poſſédant la ſouveraineté qu'à titre d'uſufruit, ne peuvent par aucun traité aliéner de leur chef ni la ſouveraineté entiere ni aucune de ſes parties; pour valider de telles aliénations, il faut le conſentement de tout le peuple ou des Etats du Royaume. A l'égard du domaine de la couronne, il n'eſt pas non plus pour l'ordinaire au pouvoir du Souverain de l'aliéner.

Il faut cependant remarquer que dans le cas d'une néceſſité preſſante, telle que l'impoſent les événemens d'une guerre malheureuſe, les aliénations que fait le Prince pour ſauver l'Etat, ſont cenſées approuvées & ratifiées par le ſeul ſilence de la nation, lorſqu'elle n'a point conſervé dans la forme du gouvernement quelque moyen aiſé & ordinaire de donner ſon conſentement exprès, & qu'elle a abandonné au Prince une puiſſance abſolue. Car alors n'ayant point de moyen de déclarer dans un cas de néceſſité preſſante expreſſément ſon conſentement, ſon ſilence ſeul eſt un vrai conſentement tacite. S'il en étoit autrement, perſonne ne pourroit traiter sûrement avec un pareil Etat, & infirmer ainſi par avance tous les traités futurs : ce ſeroit agir contre le droit des gens, qui preſcrit aux nations de conſerver les moyens de traiter enſemble.

Il faut auſſi obſerver que quand nous examinons ſi le conſentement de la nation eſt requis pour l'aliénation de quelque partie de l'Etat, nous entendons parler des parties qui ſont encore ſous la puiſſance de la nation, & non pas de celles qui ſont tombées pendant la guerre au pouvoir de l'ennemi ; car celles-ci n'étant plus poſſédées par la nation, c'eſt au Souverain ſeul, s'il a l'adminiſtration pleine & abſolue du gouvernement, le pouvoir de la guerre & de la paix, c'eſt, dis-je, à lui ſeul de juger s'il convient d'abandonner ces parties de l'Etat, ou de continuer la guerre pour les recouvrer.

Pour ce qui eſt des biens des particuliers, le Souverain a comme tel un droit éminent ſur les biens des ſujets, & par conſéquent, il peut en diſpoſer & les aliéner par un traité, toutes les fois que l'utilité publique ou la néceſſité le demandent ; bien entendu que l'Etat doit dans ces cas-là dédommager les particuliers du dommage qu'ils souffrent au-delà de leur quote-part.

Pour bien interpréter les clauses d'un traité de paix, & pour en déterminer les effets, il ne faut que faire attention aux regles générales de l'interprétation, & à l'intention des parties contractantes.

1°. Dans tout traité de paix, s'il n'y a point de clauses au contraire, on présume que l'on se tient réciproquement quittes de tous les dommages causés par la guerre; ainsi les clauses d'amnistie générale, ne sont que pour une plus grande précaution.

2°. Mais les dettes de particulier à particulier, déjà contractées avant la guerre, & dont on n'avoit pas pu pendant la guerre exiger le payement, ne sont point censées éteintes par le traité de paix.

3°. Les choses mêmes que l'on ignore avoir été commises, soit qu'elles l'ayent été avant ou pendant la guerre, sont censées comprises dans les termes généraux par lesquels on tient quitte l'ennemi de tout le mal qu'il nous a fait.

4°. Il faut rendre tout ce qui peut avoir été pris depuis la paix conclue, cela n'a point de difficulté.

5°. Si dans un traité de paix on fixe un certain temps pour l'accomplissement des conditions dont on est convenu, ce terme doit s'entendre à la derniere rigueur, en ſorte que lorſqu'il eſt expiré, le moindre retardement n'eſt pas excuſable, à moins qu'il ne provînt d'une force majeure, ou qu'il ne paroiſſe manifeſtement que ce délai ne vient d'aucune mauvaiſe intention.

6°. Enfin il faut remarquer que tout traité de paix eſt par lui-même perpétuel, & pour parler ainſi, éternel de ſa nature, c'eſt-à-dire, que l'on eſt cenſé de part & d'autre être convenu de ne prendre jamais plus les armes au ſujet des démêlés qui avoient allumé la guerre, & de les tenir déſormais pour entiérement terminés.

Mais comme il eſt bien difficile qu'il ne ſe trouve quelqu'ambiguité dans un traité, dreſſé même avec toute la bonne foi poſſible; voici quelques regles d'interprétation qui conviennent plus particuliérement à ces traités en cas d'ambiguité. 1°. Dans le doute, l'interprétation ſe fait contre celui qui a donné la loi dans le traité; car c'eſt lui en quelque façon qui l'a dicté; c'eſt ſa faute s'il ne s'eſt pas énoncé plus clairement; & en étendant ou en reſſerrant la ſignification des termes, dans le ſens qui lui eſt moins favorable, on ne lui fait aucun tort, ou on ne lui fait que celui auquel il a bien voulu s'expoſer. Mais par une interprétation contraire on riſqueroit de tourner des termes vagues ou ambigus, en piege contre le plus foible contractant, qui a été obligé de recevoir ce que le plus fort a dicté.

2°. Les noms des pays cédés par le traité doivent s'entendre suivant l'usage reçu alors par les personnes habiles & intelligentes ; car on ne présume point que des ignorans soient chargés d'une chose aussi importante que l'est un traité de paix, & les dispositions d'un contrat doivent s'entendre de ce que les contractans ont eu vraisemblablement dans l'esprit, puisque c'est sur ce qu'ils ont dans l'esprit qu'ils contractent.

3°. Le traité de paix ne se rapporte naturellement & de lui-même qu'à la guerre à laquelle il met fin ; ses clauses vagues ne doivent donc s'entendre que dans cette relation ; ainsi la simple stipulation du rétablissement des choses dans leur état, ne se rapporte point à des changemens qui n'ont pas été opérés par la guerre même.

C'est une autre question importante, de savoir quand la paix peut être regardée comme rompue.

Il est très-important de bien distinguer entre une guerre nouvelle, & la rupture du traité de paix, parce que les droits acquis par ce traité subsistent malgré la guerre nouvelle ; au lieu qu'ils sont éteints par la rupture du traité ſur lequel ils étoient fondés. Il eſt vrai que celui qui avoit accordé ces droits, en ſuſpend ſans doute l'exercice pendant la guerre autant qu'il eſt en ſon pouvoir, & peut même en dépouiller entiérement ſon ennemi, par le droit de la guerre, comme il peut lui ôter ſes autres biens. Mais alors il tient ces droits comme des choſes priſes ſur l'ennemi, & celui-ci peut en preſſer la reſtitution au nouveau traité de paix. Il y a bien de la différence dans ces ſortes de négociations, entre exiger la reſtitution de ce qu'on poſſédoit avant la guerre, & demander des conceſſions nouvelles; un peu d'égalité dans le ſuccès, ſuffit pour inſiſter ſur le premier: le ſecond ne s'obtient que par une ſupériorité décidée. Il arrive ſouvent, quand les armes ſont à-peu-près égales, que l'on convient de rendre les conquêtes, & de rétablir toutes choſes dans leur Etat; & alors ſi la guerre étoit nouvelle, les anciens traités ſubſiſtent; mais s'ils ont été rompus par la repriſe d'armes, & la premiere guerre reſſuſcitée, ces traités demeurent anéantis: & ſi l'on veut qu'ils ſubſiſtent encore, il faut que le nouveau traité les rappelle & les rétabliſſe expreſſément.

La queſtion eſt encore très-importante, par rapport aux autres nations qui peuvent être intéressées au traité, ou invitées par leurs propres affaires à en maintenir l'observation; elle est essentielle pour les garants du traité, s'il y en a, & pour des alliés qui ont à reconnoître le cas où ils doivent des secours.

1°. Pour ceux qui ne font que repousser la force par la force, ils ne rompent en aucune maniere la paix.

2°. Si la paix est conclue avec plusieurs alliés de celui avec qui le traité a été fait, la paix n'est pas rompue, si quelqu'un de ses alliés vient à reprendre les armes, à moins qu'elle n'eût été conclue sur ce pied-là. Mais c'est ce qu'on ne présume point, & sans doute le seul infracteur pe... être regardé comme ennemi.

3°. Des violences ou des actes d'hostilité que quelques sujets de l'Etat commettent de leur chef, ne peuvent rompre la paix qu'en supposant que le Souverain les approuve, & c'est ce que l'on présume, s'il a la connoissance du fait, le pouvoir de punir, & qu'il néglige de le faire.

4°. La paix est censée rompue, lorsque sans un sujet légitime, on exerce quelque acte d'hostilité, non-seulement contre tout le corps de l'Etat, mais même contre des particuliers ou des sujets de l'Etat; car le but d'un traité de paix, est que tous les sujets de l'Etat soient désormais en sûreté.

5°. Un traité de paix est rompu sans contredit, si l'on contrevient aux articles clairs & formels qu'il renferme : quelques Docteurs néanmoins distinguent ici entre les articles du traité qui sont de grande importance, & ceux qui sont de peu d'importance ; mais cette distinction est peu sûre en elle-même, & d'une application difficile & délicate. En général tous les articles d'un traité doivent être regardés comme assez importans, pour qu'ils doivent être ponctuellement observés. Il faut pourtant avoir égard ici à ce que demande l'humanité, & pardonner plutôt les fautes légeres que d'en poursuivre la réparation par les armes.

6°. Si l'une des parties est réduite par quelque nécessité invincible, à l'impossibilité d'effectuer ses engagemens, on ne doit pas tenir la paix pour rompue ; mais l'autre partie doit, ou attendre quelque temps l'effet de ce qu'on lui a promis, s'il y a encore quelque espérance, ou bien elle peut demander un équivalent raisonnable.

7°. Lors même qu'il y a de la perfidie d'un côté, il est libre certainement à la partie innocente de laisser subsister la paix, & il seroit ridicule de prétendre que celui qui le premier enfreint la paix, puisse se dégager de l'obligation où il étoit en agissant contre cette même obligation.

L'on joint quelquefois aux traités de paix, pour sûreté de leur exécution, des *ôtages*, des *gages* ou des *garants*.

Dans les temps les plus reculés, on promettoit d'exécuter les traités; on prenoit la divinité à témoin des engagemens où l'on entroit, & toutes les conventions s'accomplissoient : ces temps heureux ont bientôt passé. Il y a long-temps qu'un intérêt de peu de conséquence, que le désir de satisfaire un sentiment de vengeance ou quelque autre passion, l'ont emporté sur les sermens.

Si les engagemens ne sont pas aujourd'hui plus respectés, du moins le mépris qu'on en fait n'est pas suivi de ces horreurs qui révoltent l'humanité. On convient que les hommes sont devenus meilleurs dans ce sens; mais le genre humain y trouvoit-il dans le fond quelque avantage? Les guerres, pour ainsi dire, continuelles, les armées beaucoup plus nombreuses en Europe, depuis près d'un siecle, qu'elles ne l'avoient été depuis l'invasion des peuples du Nord, ont fait couler autant ou plus de sang que jamais. On a poli l'extérieur, au dedans la cruauté est la même; on fait toujours très-peu de cas de la vie des hommes. On eut beau redoubler les ſermens, ſe donner aux Dieux infernaux, jurer ſur ce que la Religion a de plus ſacré, on ne fit que la profaner davantage. Il fallut chercher des moyens de ſûreté plus efficaces; on imagina les ôtages.

Les ôtages ſont de pluſieurs ſortes; car ou ils ſe donnent eux-mêmes volontairement, ou c'eſt par ordre de leur Souverain, ou bien ils ſont pris de force par l'ennemi; rien n'eſt plus commun aujourd'hui, par exemple, que d'enlever des ôtages par force pour la ſûreté des contributions.

Le Souverain peut, en vertu de ſon autorité, contraindre quelques-uns de ſes ſujets, à ſe mettre entre les mains de l'ennemi pour ôtage; car s'il eſt en droit quand la néceſſité le requiert, de les expoſer à un péril de mort, à plus forte raiſon peut-il engager leur liberté corporelle. Mais d'un autre côté, l'Etat doit aſſurément indemniſer les ôtages de tout ce qu'ils peuvent ſouffrir pour le bien de la ſociété.

L'on demande & l'on donne des ôtages pour la ſûreté de l'exécution de quelque engagement; il faut donc pour cela que l'on puiſſe garder les ôtages comme on le juge à propos, juſqu'à l'accompliſſement de ce dont on eſt convenu; il ſuit de là qu'un ôtage qui s'est constitué tel volontairement, ou celui qui a été donné par le Souverain, ne peut pas se sauver.

On demande si celui à qui l'on a donné des ôtages peut les faire mourir, au cas que l'on n'exécute pas ses engagemens. Je réponds, que les ôtages eux-mêmes n'ont pu donner à l'ennemi aucun pouvoir sur leur propre vie, dont ils ne sont pas les maîtres. Pour ce qui est de l'Etat, il a bien le pouvoir d'exposer au péril de la mort la vie de ses sujets, lorsque le bien public le demande ; mais ici tout ce que le bien public exige, c'est qu'il engage la liberté corporelle de ceux qu'il donne en ôtage, & il ne peut pas plus les rendre responsables de son infidélité au péril de leur vie, qu'il ne peut faire que l'innocent soit criminel : ainsi l'Etat n'engage nullement la vie des ôtages ; celui à qui on les donne est censé les recevoir à ces conditions, & quoique par l'infraction du traité, ils se trouvent à sa merci, il ne s'ensuit pas qu'il ait droit en conscience de les faire mourir pour ce sujet seul ; il peut seulement les retenir désormais comme prisonniers de guerre.

Autrefois on les mettoit à mort en pareil cas : cruauté barbare, fondée sur l'erreur ! On croyoit que le Souverain pouvoit disposer arbitrairement de la vie de ses sujets, ou que chaque homme étoit le maître de sa propre vie, & en droit de l'engager, lorsqu'il se donnoit en ôtage. Il est beau de voir aujourd'hui les nations Européennes se contenter entr'elles de la parole des ôtages.

Les ôtages donnés pour un certain sujet sont libres dès que l'on y a satisfait, & par conséquent ne peuvent pas être tenus pour une autre cause pour laquelle on n'avoit point promis d'ôtages. Car l'ôtage est livré pour sûreté d'une promesse, & pour cela uniquement : dès que la promesse est remplie, l'ôtage doit être remis en son premier état. Lui dire qu'on le relâche comme ôtage, mais qu'on le retient comme gage pour sûreté de quelqu'autre prétention ; ce seroit profiter de son état d'ôtage, comme l'esprit manifeste, & même contre la lettre de la convention, suivant laquelle dès que la promesse est accomplie, l'ôtage doit être rendu à lui-même & à sa patrie, & remis dans l'état où il étoit, comme s'il n'eût jamais été donné en ôtage. Si l'on ne se tient rigoureusement à ce principe, il n'y aura plus de sûreté à donner des ôtages, puisqu'il seroit toujours très-facile aux Princes de trouver quelque prétexte pour les retenir.

Mais on peut retenir un ôtage pour ses propres faits, pour des attentats commis, ou pour des dettes contractées dans le pays, pendant qu'il y est en ôtage. Ce n'est point donner atteinte à la foi du traité. Pour être assuré de recouvrer sa liberté aux termes du traité, l'ôtage ne doit point être en droit de commettre impunément des attentats contre la nation qui le garde; & lorsqu'il doit partir, il est juste qu'il paye ses dettes.

Un ôtage est-il libéré par la mort du Prince qui l'avoit donné? Cela dépend de la nature du traité, pour la sûreté duquel on avoit livré l'ôtage, c'est-à-dire, qu'il faut examiner s'il est *personnel* ou *réel*. Que si l'ôtage devient l'héritier & successeur du Prince qui l'avoit donné, il n'est plus tenu alors de demeurer en ôtage, quoique le traité soit réel; il doit seulement mettre quelqu'un à sa place, si l'autre partie le demande. Le cas dont il s'agit étoit tacitement excepté; car on ne sauroit présumer qu'un Prince, par exemple, qui auroit donné pour ôtage son propre fils, son héritier présomptif, ait prétendu, qu'au cas qu'il vînt à mourir lui-même, l'Etat fût privé de son chef.

Une nation peut remettre quelques-uns de ses biens entre les mains d'une autre, pour sûreté de sa parole. Si elle remet des choses mobiliaires, elle donne des *gages*. La Pologne a mis autrefois en gage une couronne & d'autres joyaux, entre les mains des Souverains de la Prusse. Mais on donne quelquefois des villes & des provinces en *engagement*. Si elles sont engagées seulement par un acte, qui les assigne pour sûreté d'une dette, elles servent proprement d'*hypotheque*; si on les remet entre les mains du créancier ou de celui avec qui l'on a traité, il les tient à titre d'engagement; & si on lui en cede les revenus en équivalent de l'intérêt de la dette, c'est le pacte que l'on appelle d'*antichrese*.

Tout le droit de celui qui tient une ville ou une province en engagement, se rapporte à la sûreté de ce qui lui est dû, ou de la promesse qui lui a été faite. Il peut donc garder la ville ou la province en sa main, jusqu'à ce qu'il soit satisfait; mais il n'est point en droit d'y faire aucun changement; car cette ville ou ce pays ne lui appartient point en propre. Il ne peut même se mêler au-delà de ce qu'exige sa sûreté, à moins que l'empire ou l'exercice de la souveraineté ne lui ait été expressément engagé. Ce dernier point ne se présume pas, puisqu'il suffit à la sûreté de l'engagiste, que le pays soit mis en ses mains & sous sa puissance. Il est encore obligé, comme tout engagiste en général, à conserver le pays qu'il tient par engagement, à en prévenir autant qu'il est en lui, la détérioration; il en est responsable; & si ce pays vient à se perdre par sa faute, il doit indemniser l'Etat qui le lui a remis. Si l'empire lui est engagé avec le pays même, il doit le gouverner suivant ses constitutions, & précisément comme le Souverain de ce pays étoit obligé de le gouverner, car ce dernier n'a pu lui engager que son droit légitime.

Aussi tôt que la dette est payée, ou que le traité est accompli, l'engagement finit: & celui qui tient une ville ou une province à ce titre, doit la restituer fidélement dans le même état où il l'a reçue, autant que cela dépend de lui. Mais parmi ceux qui n'ont de regle que leur avarice ou leur ambition, qui, comme Achille, mettent tout le droit à la pointe de leur épée (*); la tentation est délicate; ils ont recours à mille chicanes, à mille prétextes, pour retenir une place importante, un pays à leur bienséance. La matiere est trop odieuse pour alléguer des exemples: ils sont assez connus & en assez grand nombre, pour convaincre toute nation censée, qu'il est très-imprudent de donner de pareils nantissemens.

(*) Jura negat sibi nata, nil non arrogat armis! *Horat.*

Mais si la dette n'est point payée dans le temps convenu, si le traité n'est point accompli, on peut retenir & s'approprier ce qui a été donné en engagement, ou s'emparer de la chose hypothéquée, au moins jusqu'à la concurrence de la dette, ou d'un juste dédommagement. La Maison de Savoye avoit hypothéqué le pays de Vaud aux deux Cantons de Berne & de Fribourg. Comme elle ne payoit point, ces deux Cantons prirent les armes & s'emparerent du pays. Le Duc de Savoye leur opposa la force, au lieu de les satisfaire promptement; il leur donna encore d'autres sujets de plaintes. Les Cantons victorieux ont retenu ce pays, tant pour se payer de la dette, que pour les frais de la guerre, & pour une juste indemnité.

Enfin, il arrive aussi que les Princes, ou des Etats, sur-tout ceux qui ont été médiateurs de la paix, se rendent garants des observations de part & d'autre par une espece de cautionnement qui emporte l'obligation d'interposer leurs bons offices, pour faire obtenir une satisfaction raisonnable à celui au préjudice duquel l'autre auroit violé quelque article du traité, & même de donner secours au premier qui sera insulté par l'autre, contre les articles & les conditions de la paix.

Et comme dans ce cas il se trouve obligé

obligé d'employer la force contre celui des contractans qui voudroit manquer à ses promesses, c'est un engagement qu'un Souverain ne doit jamais prendre légérement, & sans de très-fortes raisons. Les Princes ne s'y prêtent guere, que quand ils ont un intérêt indirect à l'observation du traité, ou sur des relations particulieres d'amitié. La garantie peut se promettre également à toutes les parties contractantes, à quelques-unes seulement, ou même à une seule : ordinairement elle se promet à toutes en général. Il peut arriver aussi que plusieurs Souverains entrant dans une alliance commune, se rendent réciproquement garants de son observation, les uns envers les autres. La *garantie* est une espece de traité, par lequel on promet assistance & secours à quelqu'un, au cas qu'il en ait besoin, pour contraindre un infidele à remplir ses promesses.

La garantie étant donnée en faveur des contractans, ou de l'un d'eux, elle n'autorise point le garant à intervenir dans l'exécution du traité, à en presser l'observation de lui-même & sans en être requis. Si les partis d'un commun accord jugent à propos de s'écarter de la teneur du traité, d'en changer quelques dispositions, de l'annuller même entierement : si l'une veut bien se relâcher de quelque chose en faveur de l'autre, elles ſont en droit de le faire; & le garant ne peut s'y oppoſer. Obligé, par ſa promeſſe, de ſoutenir celle qui auroit à ſe plaindre de quelque infraction, il n'a acquis aucun droit pour lui-même. Le traité n'a pas été fait pour lui; autrement il ne ſeroit pas ſimple garant, mais auſſi partie principale contractante. Cette obſervation eſt importante. Il faut prendre garde que, ſous prétexte de garantie, un Souverain puiſſant ne s'érige en arbitre des affaires de ſes voiſins, & ne prétende leur donner la loi. Mais il eſt vrai que ſi les parties apportent du changement aux diſpoſitions du traité, ſans l'aveu & le concours du garant, celui-ci n'eſt plus tenu à la garantie: car le traité ainſi changé, n'eſt plus celui qu'il a garanti.

Aucune nation n'étant obligée de faire pour une autre ce que celle-ci peut faire elle-même, naturellement le garant n'eſt tenu à donner du ſecours que dans le cas où celui à qui il a accordé ſa garantie, n'eſt pas en état de ſe procurer lui-même juſtice. S'il s'éleve des conteſtations entre les contractans, ſur le ſens de quelque article du traité, le garant n'eſt point obligé tout de ſuite à aſſiſter celui en faveur de qui il a donné ſa garantie. Comme il ne peut s'engager à ſoutenir l'injuſtice, c'eſt à lui d'examiner, de chercher le vrai sens du traité, de peser les prétentions de celui qui réclame sa garantie; & si les trouvant mal fondées, il refuse de les soutenir, il ne manque point à ses engagemens.

Il n'est pas moins évident que la garantie ne peut nuire au droit d'un tiers. S'il arrive donc que le traité garanti se trouve contraire au droit d'un tiers, ce traité étant injuste en ce point, le garant n'est aucunement tenu à en procurer l'accomplissement; car il ne peut jamais, comme nous venons de le dire, s'être obligé à soutenir l'injustice.

La garantie subsiste naturellement autant que le traité qui en fait l'objet: & en cas de doute, on doit toujours le présumer ainsi, puisqu'elle est recherchée & donnée pour la sûreté du traité. Mais rien n'empêche qu'elle ne puisse être restreinte à un certain temps, à la vie des contractans, à celle du garant, &c.

Il y a une seconde espece de garantie, par laquelle les parties contractantes se garantissent mutuellement leurs possessions. Cette expression qui, si l'on veut, engage plus précisément, ne donne pas une plus grande certitude de la solidité de la promesse. Lorsque trois puissances se sont garanties réciproquement, & que la guerre s'allume entre deux de ces trois, le tiers également lié avec tous les deux, ne doit plus rien ni à l'un ni à l'autre.

Il n'eſt point aujourd'hui de puiſſance en Europe, qui n'ait garanti pluſieurs Etats; il n'eſt point d'Etat qui ne ſoit garanti par pluſieurs puiſſances. Plus ces traités ſe multiplient, plus ils ſe détruiſent. Si tous les Potentats de l'Europe Chrétienne ſe ſont garanti leurs villes, leurs provinces, il ne peut y avoir de guerres entr'eux: ſi les guerres ſont fréquentes malgré ces garanties, la garantie eſt un mot vuide de ſens, un traité de paroles, duquel on ne doit point attendre d'effets.

Concluons donc que la vraie garantie, l'aſſurance la plus forte de l'exécution des traités, c'eſt d'en faire les conditions équitables & convenables à l'intérêt de chacun, ſans égard aux avantages de la guerre. On doit peu compter ſur les lois qui ſont dures, & qu'impoſe la ſupériorité préſente. On ne doit pas compter qu'un peuple, qu'un Etat demeurent conſtamment dans une ſituation qui les gêne ou les humilie; ils n'attendent qu'une occaſion favorable pour ſecouer le joug. Peut-être la plus excellente politique que le Prince d'un grand Etat pourroit mettre en œuvre aujourd'hui, ſeroit de convaincre ſes voiſins par les effets, que ſa principale regle pour faire & exécuter les traités, est la bonne foi. De même que cette méthode & la neutralité conservent les petits Etats, ceux qui sont déjà puissans y trouveroient leur affermissement & leur gloire. Si le Prince est fidele dans ses alliances, neutre autant qu'il lui sera permis de l'être; si ses procédés prouvent son désintéressement, il n'est guere possible qu'il ne soit le médiateur, même l'arbitre des autres puissances. Un Prince dont l'Etat sera peuplé & enrichi par la paix, qui aura formé sa réputation par sa justice, sans étendre ses frontieres, étendra sa domination. Voyez Burlamaqui, chap. XII. Tom. VIII. Wattel, Liv. II. chap. XVI. & Liv. IV. chap. I à V. Grotius, Liv. III. chap. XX. Puffendorf, Liv. VIII, chap. VIII.

LEÇON XXXI.

Droit des Ambassadeurs.

Il ne nous reste plus qu'à dire quelque chose des Ambassadeurs, & des privileges que le Droit des Gens leur accorde.

Rien n'est plus ordinaire que la maxime qui établit que les Ambassadeurs sont d personnes sacrées & inviolables, & qu'ils sont sous la protection du droit des gens. En effet, on ne sauroit douter qu'il n'importe extrêmement à tous les hommes & à tous les peuples, non-seulement de mettre fin aux querelles & aux guerres, mais encore d'établir & d'entretenir entr'eux le commerce et l'amitié : or les Ambassadeurs sont nécessaires pour procurer ces avantages, d'où il suit que Dieu qui veut sans contredit tout ce qui contribue à la conservation & au bonheur de la société humaine, ne peut que défendre par la loi naturelle de faire aucun mal à ces sortes de personnes, & qu'il ordonne au contraire qu'on leur accorde toutes les sûretés, tous les privileges que demande le but de leur emploi & de leurs fonctions.

J'ai dit que les Ambassadeurs sont nécessaires pour procurer les avantages indiqués; car les nations ou les Etats souverains, ne traitent point ensemble immédiatement; & leurs conducteurs ou les Souverains ne peuvent guere s'aboucher eux-mêmes pour traiter ensemble de leurs affaires. Souvent ces entrevues seroient impraticables; & sans compter les longueurs, les embarras, la dépense, & tant d'autres inconvéniens, rarement suivant la remarque de Philippe de Comines, pourroit-on s'en promettre un bon effet.

Il ne reſte donc aux nations & aux Souverains que de communiquer & traiter enſemble par l'entremiſe des Ambaſſadeurs, ou de ce qu'on appelle *Miniſtres Publics.*

Avant que d'entrer dans l'application des privileges que le droit des gens accorde aux Ambaſſadeurs, il faut d'abord remarquer qu'ils appartiennent uniquement aux Ambaſſadeurs envoyés de Souverain à Souverain, car pour ce qui eſt des Députés des villes ou des provinces auprès de leur propre Souverain, ce n'eſt pas par le droit des gens commun aux nations, qu'il faut juger de leurs privileges, mais par le droit civil du pays : en un mot les privileges des Ambaſſadeurs ne regardent que les étrangers, c'eſt-à-dire, ceux qui ne ſont pas de notre dépendance.

Rien n'empêche dont qu'un allié inférieur n'ait droit d'envoyer des Ambaſſadeurs à l'allié ſupérieur ; car dans cette alliance inégale l'allié inférieur ne ceſſe pas pour cela d'être indépendant.

Et comme le traité de protection n'eſt pas incompatible avec la ſouveraineté, il ne dépouille pas un Etat du droit d'envoyer & de recevoir des Miniſtres publics. Si le protégé n'a pas renoncé expreſſément au droit d'entretenir des relations, & de traiter avec d'autres puiſſances, il conserve nécessairement celui de leur envoyer des Ministres, & d'en recevoir de leur part. Il en faut dire autant des vassaux & des tributaires qui ne sont point sujets.

Bien plus, ce droit peut se trouver même chez des Princes ou des Communautés qui ne sont pas souverains; car les droits dont l'assemblage constitue la souveraineté, ne sont pas indivisibles: & si par la constitution de l'Etat, par la concession du Souverain, ou par les réserves que les sujets ont faites avec lui, un Prince ou une communauté se trouve en possession de quelqu'un de ces droits qui appartiennent ordinairement au Souverain seul, il peut l'exercer & le faire valoir dans tous les effets & dans toutes ses conséquences naturelles ou nécéssaires; à moins qu'elles n'ayent été formellement exceptées. Quoique les Princes & les Etats de l'Empire relevent de l'Empereur & de l'Empire, ils sont souverains à bien des égards; & puisque les constitutions de l'Empire leur assurent le droit de traiter avec les puissances étrangeres, & de contracter avec elles des alliances, ils ont incontestablement celui d'envoyer & de recevoir des Ministres publics. Les Empereurs le leur ont quelquefois contesté, quand ils se sont vus en état de porter fort haut leurs prétentions, ou du moins ils ont voulu en soumettre l'exercice à leur autorité suprême, prétendant que leur permission devoit y intervenir; mais depuis la paix de Westphalie, & par le moyen des capitulations impériales, les Princes & Etats d'Allemagne ont su se maintenir dans la possession de ce droit; & ils s'en sont assuré tant d'autres, que l'Empire est considéré aujourd'hui comme une République de Souverains.

Enfin, il est même des villes sujettes, & qui se reconnoissent pour telles, qui ont droit de recevoir des Ministres des Puissances étrangeres, & de leur envoyer des Députés, puisqu'elles ont droit de traiter avec elle. C'est de là que dépend toute la question; car celui qui a droit à la fin, a droit aux moyens. Il seroit absurde de reconnoître le droit de négocier & de traiter, & d'en contester les moyens nécessaires.

Mais un Roi vaincu dans une guerre & dépouillé de son Royaume, peut-il envoyer des Ambassadeurs? La question est inutile par rapport au vainqueur, qui n'aura garde de penser seulement s'il doit recevoir des Ambassadeurs de la part de celui qu'il a dépouillé de ses Etats. A l'égard des autres puissances, il faut remarquer que les étrangers ne sont pas en droit de se mêler,

& moins encore de juger des affaires domestiques d'un peuple. Pour refuser donc les Ambassadeurs d'un conquérant, quoiqu'injuste, & recevoir ceux du Roi légitime chassé de ses Etats, il faut 1°. que l'usurpation soit claire & manifeste à ne pouvoir point en douter ; ce qui est très-rare, au moins suivant le droit des gens extérieur, qui nous oblige à regarder toute guerre, juste de part & d'autre. 2°. Il faut encore que l'Etat y trouve son intérêt, ou au moins qu'il ne s'expose point. Au commencement du siecle dernier, Charles, Duc de Sudermanie, s'étant fait couronner Roi de Suede, au préjudice de Sigismond, Roi de Pologne son neveu, il fut bientôt reconnu par la plupart des Souverains. Villeroy, Ministre de Henri IV. Roi de France, disoit nettement au Président Jeannin dans une dépêche du 8 Avril 1608. « Toutes ces raisons & ces » considérations n'empêcheront point le » Roi de traiter avec Charles, s'il y » trouve son intérêt & celui de son Ro- » yaume. » Ce discours étoit sensé : le Roi de France n'étoit ni le Juge ni le tuteur de la nation Suédoise, pour refuser de traiter avec son nouveau conducteur, parce que les partisans de Sigismond le traitoient d'usurpateur. Lors donc que des puissances étrangeres ont admis les Ministres d'un usurpateur, & lui ont envoyé les leurs, le Prince légitime venant à remonter sur le trône, ne peut se plaindre de ces démarches, comme d'une injure, ni en faire un juste sujet de guerre, pourvu que ces puissances ne soient pas allées plus avant, & n'ayent point donné des secours contre lui.

Le cas d'une guerre civile est un cas extraordinaire, dans lequel la nécessité oblige quelquefois à recevoir des Ambassadeurs de part & d'autre. Alors une seule & même nation est regardée pour un temps, comme faisant deux corps de peuple. Mais les pirates & les brigands ne formant point de corps d'Etat, ne peuvent point jouir, à l'égard des Ambassadeurs, des privileges du droit des gens, à moins qu'ils ne l'obtiennent par un traité, comme cela est arrivé quelquefois.

Les anciens ne distinguoient pas différentes sortes de personnes envoyées par une puissance auprès d'une autre, ils étoient tous appellés chez les Latins *Legati* ou *Oratores*. Aujourd'hui on donne divers titres à ces Ministres publics; mais l'emploi est au fond le même, & toutes les distinctions que l'on fait, sont plutôt fondées sur le plus ou le moins d'éclat avec lequel ils soutiennent leur dignité, & sur la pension plus ou moins grosse qui leur est assignée, que sur quelqu'autre raison qui ait du rapport à leur caractere.

La distinction des Ambassadeurs la plus commune & la plus en usage aujourd'hui est celle des *Ambassadeurs extraordinaires*, & des *Ambassadeurs ordinaires*. Cette différence étoit tout-à-fait inconnue aux Anciens. Tous les Ambassadeurs qu'ils envoyoient étoient extraordinaires, c'est-à-dire, chargés seulement d'une certaine négociation particuliere; au lieu que les Ambassadeurs ordinaires, sont ceux que l'on tient dans les Cours des Etats dont on est ami, pour y ménager toutes sortes d'affaires, & même pour y épier ce qui s'y passe.

Le changement de la situation des choses dans notre Europe depuis la destruction de l'Empire Romain, les divers Princes souverains, les différentes Républiques qui se sont élevées, & l'accroissement du commerce, ont rendu commodes & même nécessaires ces Ambassadeurs ordinaires, & en ont fait introduire l'usage. Aussi plusieurs Historiens remarquent avec raison que les Turcs qui n'entretiennent point de Ministres dans les pays étrangers, usent en cela d'une mauvaise politique; car comme ils ne reçoivent leurs nouvelles que par des marchands Juifs ou Arméniens, ils n'apprennent le plus souvent les choses que fort tard, ou bien ils sont mal informés; ce qui fait qu'ils prennent souvent de fausses mesures, parce qu'ils ont eu de faux avis.

Il y a deux maximes principales du droit des gens, touchant les Ambassadeurs. La premiere, *qu'il faut recevoir les Ambassadeurs*; la seconde, *qu'on ne leur doit faire aucun mal, & que leur personne est sacrée & inviolable.*

Sur la premiere de ces maximes, il faut remarquer, que l'obligation où sont les Princes & les Etats de recevoir les Ambassadeurs, est fondée en général sur la société & l'humanité. Car comme toutes les nations forment entr'elles une espece de société, & qu'en conséquence elles doivent s'entr'aider les unes les autres par un commerce mutuel d'offices & de services, l'usage des Ambassadeurs devient nécessaire entr'elles par cela même. C'est donc une regle du droit des gens, que l'on doit recevoir un Ambassadeur & ne le pas refuser sans une juste cause.

Je dis, *sans une juste cause*; car il peut se faire que l'on ait de très-bonnes raisons pour ne pas le recevoir. Par exemple, si son Maître nous a déjà dupé sous prétexte d'ambassade, & que l'on ait lieu de soupçonner une pareille tromperie; si celui qui nous envoie des Ambassadeurs nous a trahi, ou s'il s'est rendu coupable envers nous de quelque crime atroce; si l'on sait avec certitude que sous prétexte de quelques négociations, l'Ambassadeur ne vient que pour causer quelque sédition, ou pour espionner.

Ainsi dans la retraite des dix mille dont Xenophon nous a laissé l'histoire, les Généraux résolurent que tant qu'ils seroient en pays ennemi, ils ne recevroient point de Hérauts; & ce qui les obligea à prendre une telle résolution, ce fut qu'ils avoient éprouvé que sous prétexte d'Ambassadeurs, ils venoient espionner & débaucher les soldats.

Il peut aussi arriver que l'on ait de justes raisons de refuser un Ambassadeur, ou un Envoyé d'une puissance amie, parce qu'en le recevant on donneroit quelque sujet de défiance à quelqu'autre puissance, qu'il nous convient de ménager. Enfin, la personne même ou le caractere de celui qu'on veut nous envoyer, peut fournir de justes raisons pour ne pas le recevoir.

Mais les grands Monarques refusent à quelques petits Etats le droit d'envoyer des Ambassadeurs; voyons si c'est avec raison. Suivant l'usage généralement reçu, l'Ambassadeur est un Ministre public, qui représente la personne & la dignité d'un Souverain; & comme ce caractere représentatif lui attire des honneurs particuliers, c'est la raison pourquoi les grands Princes ont peine à admettre l'Ambassadeur d'un petit Etat, se sentant de la répugnance à lui accorder des honneurs si distingués. Mais il est manifeste que tout Souverain a un droit égal de se faire représenter, & la dignité souveraine mérite par elle-même dans la société des nations une considération distinguée. Nous avons fait voir que la dignité des nations indépendantes est essentiellement la même; qu'un Prince foible, mais souverain, est aussi bien souverain & indépendant que le plus grand Monarque : comme un nain n'est pas moins un homme qu'un géant; quoique, à la vérité, le géant politique fasse une plus grande figure que le nain dans la société générale, & s'attire par là plus de respect & des honneurs plus recherchés. Il est donc évident que tout Prince, tout Etat veritablement souverain, a le droit d'envoyer des Ambassadeurs; & que lui contester ce droit, c'est lui faire une grande injure, c'est lui contester sa dignité souveraine : & s'il a ce droit, on ne peut refuser à ses Ambassadeurs les égards & les honneurs que l'usage attribue particuliérement au caractere qui porte la représentation d'un Souverain.

Pour l'autre regle du droit des gens qui

établit qu'on ne doit faire aucun mal aux Ambassadeurs, & que leur personne doit être regardée comme sacrée & inviolable ; il est un peu plus difficile de décider les questions qui s'y rapportent.

Quand on dit que le droit des gens défend de faire aucun mal aux Ambassadeurs, ou en paroles ou en actions, on ne donne en cela aucun privilege particulier aux Ambassadeurs; car les lois de la nature assurent à tout particulier la jouissance de leur vie, de leur honneur & de leurs biens. Mais quand on ajoute que la personne des Ambassadeurs est sacrée & inviolable par le droit des gens, on prétend attribuer par là aux Ambassadeurs des prérogatives, des privileges qui ne sont pas dus aux simples particuliers.

Quand on dit que la personne d'un Ambassadeur est sacrée, cela veut dire selon la signification de ce terme, que l'on punit plus rigoureusement ceux qui ont maltraité un Ambassadeur, que ceux qui ont fait quelque injure ou quelque insulte à quelque particulier, & que c'est à cause du caractere qui rend les Ambassadeurs sacrés, que l'on décerne une peine si différente pour un même genre d'offense.

D'ailleurs, si la personne des Ambassadeurs n'est pas à couvert de toute violence, le droit des ambassades devient précaire, & leur succès très-incertain. Le droit à la fin est inséparable du droit aux moyens nécessaires. Les ambassades étant d'une si grande importance dans la société universelle des nations, si nécessaires à leur salut commun, la personne des Ministres chargés de ces ambassades, doit être sacrée & inviolable chez tous les peuples. Quiconque fait violence à un Ambassadeur, ou à tout autre Ministre public, ne fait pas seulement injure au Souverain que ce Ministre représente, il blesse la sûreté commune, & le salut des nations, il se rend coupable d'un crime atroce envers tous les peuples.

Ensuite ce qui fait que l'on appelle sacrée & inviolable la personne des Ambassadeurs, c'est qu'ils ne sont point soumis à la Juridiction civile ou criminelle du Souverain auprès duquel ils sont envoyés, ni à l'égard de leurs personnes, ni à l'égard de leur suite, ni à l'égard de leurs biens, & par conséquent on ne peut pas agir contr'eux par les voies ordinaires de la justice, & c'est en cela que consistent principalement leurs privileges.

Le fondement de ces privileges que le droit des gens accorde aux Ambassadeurs, c'est que comme un Ambassadeur représente la personne même de son Maître, il doit par conséquent jouir de tous les privileges, de tous les droits qu'auroit pour lui-même un prince souverain, qui viendroit en personne dans les Etats d'un autre Prince, pour travailler à ses propres affaires, pour négocier, par exemple, ou conclure un traité, une alliance; pour établir son commerce, & autres choses semblables, &c. Or certainement, pour quelque raison qu'un Prince souverain passe de son pays dans un pays étranger, on ne sauroit penser qu'il perde son caractere & son indépendance, & qu'il devienne sujet du Prince dans les terres duquel il se trouve : au contraire, il doit être censé vouloir demeurer comme auparavant, égale & indépendant de toute juridiction civile ou criminelle de celui chez qui il va, & celui-ci le reçoit sur ce pied-là, comme il voudroit être reçu lui-même, s'il alloit à son tour dans les Etats de l'autre. Il faut accorder à l'Ambassadeur, en vertu de son caractere représentatif, les mêmes immunités, les mêmes prérogatives.

Le but même & la fin des ambassades, rend nécessaires ces privileges des Ambassadeurs; car il est incontestable que si l'Ambassadeur peut traiter avec le Prince à qui il est envoyé, avec une pleine indépendance, il se trouvera bien plus en état de s'acquitter de ses fonctions, & de servir son Maître utilement, que s'il étoit assujetti à la juridiction du Prince avec qui il a à négocier, qu'il pût être assigné en justice, lui ou ses gens, & que l'on pût saisir ou arrêter ses effets, &c.

Ajoutons que les Seigneurs de la Cour, les personnes les plus considérables, ne se chargeroient qu'avec répugnance d'une ambassade, si cette commission devoit les soumettre à une autorité étrangere, souvent chez des nations peu amies de la leur, où ils auroient à soutenir des prétentions désagréables, à entrer dans des discussions où l'aigreur se mêle aisément. Enfin, si l'Ambassadeur peut être accusé pour délits communs, poursuivi criminellement, arrêté, puni; s'il peut être cité en justice pour des affaires civiles, il arrivera souvent qu'il ne lui restera ni le pouvoir, ni le loisir, ni la liberté d'esprit que demandent les affaires de son Maître. Et la dignité de la représentation comment se maintiendra-t-elle dans cet assujettissement?

L'usage est entiérement conforme à ces principes. Tous les Souverains prétendent une parfaite indépendance pour leurs Ambassadeurs & Ministres.

Pour ce qui est des Ambassadeurs qui viennent de la part d'un ennemi, & qui n'ont fait eux-mêmes aucun mal avant qu'on les ait reçus, leur sûreté dépend uniquement des lois de l'humanité, car un ennemi comme tel, est en droit de faire du mal à son ennemi : ainsi tant qu'il n'y a point de convention à ce sujet, on n'est obligé d'épargner l'Ambassadeur d'un ennemi, qu'en vertu des sentimens d'humanité, que l'on ne doit jamais dépouiller, & qui nous engagent à respecter tout ce qui tend au bien de la paix.

Au reste, lorsqu'un Ambassadeur vient de la part d'un ennemi, il prendra la précaution de demander un passe-port, ou sauf-conduit, soit par un ami commun, soit par un de ces messagers privilégiés, suivant la loi de la guerre, je veux dire par un trompette ou un tambour. Il est vrai que l'on peut refuser le sauf-conduit, & ne point admettre le Ministre, si on a des raisons particulieres & solides : mais cette liberté fondée sur le soin que chaque nation doit à sa propre sûreté, n'empêche point qu'on ne puisse poser comme une maxime générale, qu'on ne doit pas refuser d'admettre & d'entendre le Ministre d'un ennemi, c'est-à-dire, que la guerre seule & par elle-même n'est pas une raison suffisante pour refuser d'entendre toute proposition venant d'un ennemi; il faut que l'on y soit autorisé par quelque raison particuliere & bien fondée. Telle seroit, par exemple, une crainte raisonnable & justifiée par la conduite même d'un ennemi artificieux, qu'il ne pense à envoyer ses Ministres à faire des propositions, que dans la vue de désunir des alliés, de les endormir par des apparences de paix, & de les surprendre.

Les privileges que le droit des gens accorde aux Ministres publics, ne les exempte pas de s'acquitter de certains devoirs envers la nation qui les reçoit; & leur indépendance ne doit pas être convertie en licence. Ils ne sont point dispensés de se conformer dans leurs actes extérieurs aux usages & aux lois du pays, dans tout ce qui est étranger à l'objet de leur caractere : ils sont indépendans, mais ils n'ont point droit de faire tout ce qui leur plaît. Ainsi, par exemple, s'il est défendu généralement à tout le monde de passer en carrosse auprès d'un magasin à poudre, ou sur un pont, de visiter & d'examiner les fortifications d'une place, &c. l'Ambassadeur doit respecter de pareilles défenses; s'il oublie ses devoirs, s'il devient insolent, s'il commet des fautes & des crimes, il y a divers moyens de le réprimer, selon l'importance & la nature de ses fautes, comme nous le verrons tout-à-l'heure. Il ne peut se prévaloir de son indépendance pour choquer les lois & les usages, mais il doit s'y conformer; autant que ces lois & ces usages peuvent le concerner, quoique le Magistrat n'ait pas le pouvoir de l'y contraindre; & sur-tout il est obligé d'observer religieusement les regles universelles de la justice envers tous ceux qui ont affaire à lui. A l'égard du Prince à qui il est envoyé, l'Ambassadeur doit se souvenir que son ministere est uniquement un ministere de paix, & qu'il n'est reçu que sur ce pied-là; cette raison lui interdit toute mauvaise pratique. Qu'il serve son maître, sans faire tort au Prince qui le reçoit. C'est une lâche trahison que d'abuser d'un caractere sacré, pour tramer sans crainte la perte de ceux qui respectent ce caractere, pour leur tendre des embûches, pour leur nuire sourdement, pour brouiller & ruiner leurs affaires. Ce qui seroit infame & abominable dans un hôte particulier, deviendra-t-il donc honnête & permis au représentant d'un Souverain?

Il se présente ici une question intéressante. Il n'est que trop ordinaire aux Ambassadeurs de travailler à corrompre la fidélité des Ministres de la Cour où ils résident, celle des Secrétaires, & autres employés dans les Bureaux. Que doit-on penser de cette pratique? Corrompre quelqu'un, le séduire, l'engager par l'attrait puissant de l'or à trahir son Prince & son devoir, c'est incontestablement une mauvaise action, selon tous les principes de la morale. Comment se la permet-on si aisément dans les affaires publiques? A ne consulter que les principes sacrés & inviolables du droit, principes inséparables de la saine politique, la corruption est un moyen contraire à toutes les regles de la vertu & de l'honnêteté, elle blesse évidemment la loi naturelle. On ne peut rien concevoir de plus déshonnête, de plus opposé aux devoirs mutuels des hommes, que d'induire quelqu'un à faire le mal. Le corrupteur péche certainement envers le misérable qu'il séduit; il offense évidemment le Souverain, dont il découvre par la fraude les secrets; il lui fait injure, en profitant de l'accès favorable qui lui est accordé à la Cour, pour corrompre la fidélité de serviteurs. Le Prince ainsi trompé est en droit de chasser le corrupteur, & de demander justice à celui qui l'a envoyé.

Si jamais la corruption est excusable, c'est lorsqu'elle se trouve l'unique moyen de découvrir pleinement & de déconcerter une trame odieuse, capable de ruiner ou de mettre en grand péril l'Etat que l'on sert. Celui qui trahit un pareil secret, peut, selon les circonstances, n'être pas condamnable. Le grand & légitime avantage qui découle de l'action qu'on lui fait faire, la nécessité d'y avoir recours peuvent nous dispenser de nous arrêter trop scrupuleusement sur ce qu'elle peut avoir d'équivoque de sa part. Le gagner est un acte de simple & juste défense. Tous les jours on se voit obligé pour faire avorter les complots des méchans, de mettre en œuvre les dispositions vicieuses de leurs semblables. C'est sur ce pied-là qu'Henri IV. disoit à l'Ambassadeur d'Espagne, « qu'il est permis à l'Ambassadeur d'em- » ployer la corruption pour découvrir les » intrigues qui se font contre le service » de son Maître; (*) » ajoutant que les affaires de Marseille, de Metz, & plusieurs autres faisoient assez voir, qu'il avoit raison de tâcher à pénétrer les desseins qu'on formoit à Bruxelles contre le repos de son Royaume. Ce grand Prince ne jugeoit pas sans doute que la séduction fût toujours une pratique excusable dans un Ministre étranger, puisqu'il fit arrêter Bruneau, Sècrétaire de l'Ambassadeur d'Espagne, qui avoit pratiqué Mairargues, pour faire livrer Marseille aux Espagnols.

(*) Sully.

Profiter

Profiter ſimplement des offres d'un traître que l'on n'a point ſéduit, eſt moins contraire à la juſtice & à l'honnêteté. Mais les exemples des Romains dans les beaux jours de la République, où il s'agiſſoit cependant d'ennemis déclarés, font voir que la grandeur d'ame rejette même ce moyen pour ne pas encourager l'infâme trahiſon. Un Prince, un Miniſtre, dont les ſentimens ne ſeront point inférieurs à ceux de cet ancien peuple, ne ſe permettra d'accepter les offres d'un traître, que quand une cruelle néceſſité lui en fera la loi, & il regrettera de devoir ſon ſalut à cette indigne reſſource.

A l'égard des Ambaſſadeurs qui ont commis des crimes, & ſe ſont rendus coupables vis-à-vis la nation auprès de laquelle ils ont été envoyés, il faut voir ſi leur crime eſt *manifeſte* & *atroce*. Par *crimes atroces*, il faut entendre ici ceux qui tendent ou à troubler l'Etat, ou à priver de la vie les ſujets du Prince auprès duquel l'Ambaſſadeur eſt envoyé, ou à leur cauſer quelque préjudice conſidérable en leur honneur ou en leurs biens.

Peut-on donc tuer un Miniſtre public, un Ambaſſadeur coupable de crimes atroces? Doit-on ſe borner toujours à le chaſſer de l'Etat où il s'eſt rendu criminel? Quelques Auteurs ſoutiennent ce dernier parti, fondés sur la parfaite indépendance du Ministre public : j'avoue qu'il est indépendant de la juridiction du pays, & j'ai déjà dit que par cette raison le Magistrat ordinaire ne peut procéder contre lui : je conviens encore que, pour toutes sortes de délits communs, pour les scandales & les désordres qui font tort aux citoyens & à la société, sans mettre l'Etat ou le Souverain en péril, on doit ce ménagement à un caractere si nécessaire pour la correspondance des nations, & à la dignité du Prince représenté, de se plaindre à lui de la mauvaise conduite de son Ministre, & de lui en demander satisfaction : & si on ne peut rien obtenir, de se borner à chasser ce Ministre, bien entendu que la gravité de ses fautes exige absolument qu'on y mette ordre.

Mais l'Ambassadeur pourra-t-il impunément cabaler contre l'Etat où il réside, en machiner la perte, inviter les sujets à la révolte, & ourdir sans crainte les conspirations les plus dangereuses, lorsqu'il se tient assuré de l'aveu de son Maître ? S'il se comporte en ennemi, ne sera-t-il pas permis de le traiter comme tel ? La chose est indubitable, à l'égard d'un Ambassadeur qui en vient aux voies de fait, qui prend les armes, qui use de violence. Ceux qu'il attaque peuvent sans contredit le repousser : la défense de soi-même est de droit naturel. Les Ambassadeurs Romains envoyés aux Gaulois, qui combattirent contr'eux avec les Peuples de Clusiam, se dépouillerent eux-mêmes de leur caractere (*). Qui pourroit penser que les Gaulois devoient les épargner dans la bataille ?

La question a plus de difficulté à l'égard d'un Ambassadeur qui sans en venir actuellement aux voies de fait, ourdit des trames dangereuses, invite par ses menées les sujets à la révolte, forme & fomente des conspirations contre le Souverain ou contre l'Etat. Ne sera-t-on pas en droit de réprimer & de punir exemplairement un traître qui abuse de son caractere, & qui viole le premier le droit des gens ? Cette loi sacrée ne pourvoit pas moins à la sûreté du Prince qui reçoit un Ambassadeur, qu'à celle de l'Ambassadeur lui-même. Mais d'un autre côté si nous donnons au Prince offensé le droit de punir en pareil cas un Ministre étranger, il en résultera de fréquens sujets de contestation & de rupture entre les puissances, & il sera fort

(*) *Legati contra jus gentium arma capiunt.* Tit. Liv. Lib. V. cap. XXVI.

à craindre que le caractere d'Ambassadeur ne soit privé de la sûreté qui lui est nécessaire. Il est certaines pratiques tolérées dans les Ministres étrangers, quoiqu'elles ne soient pas toujours fort honnêtes; il en est qu'on ne peut réprimer par des peines, mais seulement en ordonnant au Ministre de se retirer; & comment marquer toujours les limites de ces divers degrés de faute? On chargera d'odieuses couleurs les intrigues d'un Ministre que l'on voudra troubler; on calomniera ses intentions & ses démarches par des interprétations sinistres; on lui suscitera même de fausses accusations. Enfin, les entreprises de cette nature se font d'ordinaire avec précaution; elles se ménagent avec tant de secret, que la preuve complette en est difficile, & ne s'obtient guere que par les Enquêtes judiciaires. Or on ne peut assujettir à ces formalités un Ministre indépendant de la juridiction du pays.

Disons donc qu'en faveur de la grande utilité, de la nécessité même des ambassades, les Souverains sont obligés de respecter l'inviolabilité de l'Ambassadeur, tant qu'elle ne se trouve pas manifestement incompatible avec leur propre sûreté & le salut de leur Etat. Et par conséquent lorsque les menées de l'Ambassadeur sont dévoilées, & ses complots découverts, quand le péril est passé, en sorte que pour s'en garantir, il n'est plus nécessaire de mettre la main sur lui; il faut en considération du caractere, renoncer au droit général de punir un traître, un ennemi couvert, qui attente au salut de l'Etat, & se borner à chasser le Ministre coupable, en demandant sa punition au Souverain de qui il dépend.

L'Histoire Romaine fournit un exemple très-ancien dans la personne des Ambassadeurs de Tarquin. Venus à Rome, sous prétexte de réclamer les biens particuliers de leur Maître qui avoit été chassé, ils y pratiquerent une jeunesse corrompue, & l'engagerent dans une horrible trahison contre la patrie. Quoique la conduite de ces Ambassadeurs parût autoriser à les traiter en ennemis, & que leur Maître même fût l'ennemi le plus terrible que Rome avoit alors, les Consuls & le Sénat respecterent dans ces Ambassadeurs le droit des gens; ils furent renvoyés sans qu'on leur fît aucun mal; mais il paroît par le récit de Tite-Live qu'on leur enleva les lettres des conjurés dont ils étoient chargés pour Tarquin (*).

(*) Lib. II. cap. IV.

Cet exemple nous conduit à la véritable regle du droit des gens, dans les cas dont il est question. On ne peut punir l'Ambassadeur parce qu'il est indépendant; & il ne convient pas, par les raisons que nous venons d'exposer, de le traiter en ennemi, tant qu'il n'en vient pas lui-même à la violence & aux voies de fait; mais on peut contre lui tout ce qu'exige raisonnablement le soin de se garantir du mal qu'il a machiné, de faire avorter ses complots. S'il étoit nécessaire pour déconcerter & prévenir une conjuration, d'arrêter, de faire périr même un Ambassadeur qui l'anime & la dirige, je ne vois pas qu'il y ait à balancer, non-seulement parce que le salut de l'Etat est la loi suprême; mais encore parce qu'indépendamment de cette maxime, on en a un droit parfait & particulier, produit par les propres faits de l'Ambassadeur. Le Ministre public est indépendant, il est vrai, & sa personne sacrée; mais il est permis sans doute de repousser ses attaques sourdes ou ouvertes, de se défendre contre lui, dès qu'il agit en ennemi & en traître. Et si nous ne pouvons nous sauver sans qu'il lui en arrive du mal, c'est lui qui nous met dans la nécessité de ne pas l'épargner. Alors on peut dire avec raison que le Ministre se prive lui-même de la protection du droit des gens.

Mais si un Ambassadeur commet de ces crimes atroces, qui attaquent la sûreté du genre humain, s'il entreprend d'assassiner ou d'empoisonner le Prince qui l'a reçu à sa Cour, il mérite sans difficulté d'être puni comme un ennemi traître, empoisonneur, un assassin. Son caractere qu'il a si indignement souillé, ne peut le soustraire à la peine. Le droit des gens protégeroit-il un scélérat, dont la sûreté de tous les Princes, & celle du genre humain demandent le supplice? On doit peu s'attendre, il est vrai, qu'un Ministre public se porte à de si horribles excès. Ce sont ordinairement des gens d'honneur que l'on décore de ce caractere; & quand il s'en trouveroit quelqu'un qui ne se fît scrupule de rien, il est certain que les difficultés, la grandeur du péril, seroient capables de l'arrêter.

Mais si le crime a été commis par ordre du Maître, on pourra en ce cas là s'assurer de la personne de l'Ambassadeur, jusqu'à ce que le Maître ait réparé l'injustice commise & par son Ambassadeur & par lui-même. Pour ceux qui ne représentent pas la personne du Prince, comme de simples messagers, les trompettes, &c.

on peut les tuer sur-le-champ, s'ils viennent, par exemple, dire des injures à un autre Prince par ordre de leur Maître.

Mais rien n'est plus absurde que ce que quelques-uns prétendent, que tout le mal que les Ambassadeurs font par ordre de leur Maître, doit être uniquement imputé au Maître; si cela étoit, les Ambassadeurs auroient plus de privileges sur les terres d'autrui, que n'en auroit leur Maître même s'il y venoit; & le Souverain du pays au contraire, auroit moins de pouvoir chez lui, que n'en a un pere de famille dans sa maison.

En un mot, la sûreté des Ambassadeurs doit être entendue de maniere qu'elle n'emporte rien de contraire à la sûreté des puissances auprès desquelles ils sont envoyés, & qui autrement ne voudroient ni ne pourroient les recevoir. Or il est certain que les Ambassadeurs seront moins hardis à entreprendre quelque chose contre le Souverain ou les membres d'un Etat étranger, s'ils craignent qu'en cas de trahison ou de quelqu'autre malversation considérable, le Souverain du pays pourra lui-même en tirer raison, que s'ils n'ont à appréhender que le châtiment de leur Maître.

Lorsque l'Ambassadeur lui-même n'a

commis aucun crime, il n'eſt pas permis de le maltraiter, ou de le tuer par droit de *Talion* ou de *Repréſailles* : car dès qu'on l'a reçu ſous ce caractere, on a renoncé par cela même au droit qu'on pouvoit avoir à cet égard. Inutilement objecteroit-on un aſſez grand nombre d'exemples de vengeance de cette eſpece, rapportés par l'hiſtoire ; car les Hiſtoriens ne racontent pas ſeulement des actions juſtes & innocentes, mais on y trouve auſſi bien des choſes faites contre la juſtice dans le feu de la colere, ou par quelque autre mouvement de paſſion déréglée.

De plus, le Prince qui uſe de violence contre un Miniſtre public, commet un crime ; & l'on ne doit pas s'en venger en l'imitant. On ne peut jamais, ſous prétexte de repréſailles, commettre des actions illicites en elles-mêmes ; & tels ſeroient ſans doute de mauvais traitemens faits à un Miniſtre innocent pour les fautes de ſon Maître. S'il eſt indiſpenſable d'obſerver généralement cette regle en fait de repréſailles, le reſpect qui eſt dû au caractere, le rend plus particuliérement obligatoire envers l'Ambaſſadeur.

Mais il eſt un cas où il paroît très-permis d'arrêter un Ambaſſadeur, pourvu qu'on ne lui faſſe ſouffrir d'ailleurs aucun mauvais traitement. Quand un Prince violant le droit des gens, a fait arrêter notre Ambassadeur, nous pouvons arrêter & retenir le sien, afin d'assurer par ce gage la vie & la liberté du nôtre. Si ce moyen ne réussissoit pas, il faudroit relâcher l'Ambassadeur. Charles V. fit arrêter l'Ambassadeur de France qui lui avoit déclaré la guerre; sur quoi François I. fit arrêter aussi Granvelle, Ambassadeur de l'Empereur. On convint ensuite que les Ambassadeurs seroient conduits sur la frontiere, & élargis en même temps (*).

Ce que l'on a dit jusqu'ici des droits des Ambassadeurs, doit être appliqué à leurs domestiques & à toute leur suite. En général on doit présumer que l'Ambassadeur est revêtu d'un pouvoir coercitif, suffisant pour contenir ses gens par la prison & par d'autres peines, non capitales & point infamantes. Il peut châtier les fautes commises contre lui & contre le service du Maître, ou renvoyer les coupables à leur Souverain pour être punis. Que si ses gens se rendent coupables envers la société par des crimes dignes d'une peine sévere, l'Ambassadeur doit distinguer en-

(*) Mezeray, *Hist. de France*, Tom. II. pag. 470.

tre les domestiques de sa nation, & ceux qui sont sujets du pays où il réside : le plus court & le plus naturel est de chasser ces derniers de sa maison, & de les livrer à la justice. Quant à ceux qui sont de sa nation, s'ils ont offensé le Souverain du pays, ou commis de ces crimes atroces, dont la punition intéresse toutes les nations, & qu'il est d'usage pour cette raison, de réclamer & de rendre d'un Etat à l'autre, pourquoi ne les livreroit-il pas à la nation qui demande leur supplice ? Si la faute est d'un autre genre, il les renverra à son Souverain.

Enfin dans un cas douteux, l'Ambassadeur doit tenir le criminel dans les fers, jusqu'à ce qu'il ait reçu les ordres de sa Cour. Mais s'il condamne le coupable à mort, je ne pense pas qu'il puisse le faire exécuter dans son hôtel ; car une exécution de cette nature est un acte de suprématie territoriale, qui n'appartient qu'au Souverain du pays : & si l'Ambassadeur est réputé hors du territoire, aussi-bien que sa maison & son hôtel, ce n'est qu'une façon d'exprimer son indépendance & tous les droits nécessaires au succès de l'ambassade. Cette fiction ne peut emporter des droits réservés au Souverain, trop délicats & trop importans pour être communiqués à un étranger, & dont l'Ambassadeur n'a point besoin pour s'acquitter dignement de ses fonctions. Si le coupable a péché contre l'Ambassadeur, ou contre le service du maître, l'Ambassadeur peut l'envoyer à son Souverain : si le crime intéresse l'Etat où le Ministre réside, il peut juger le criminel, & le trouvant digne de mort, le livrer à la justice du pays.

A l'égard des biens d'un Ambassadeur, il faut voir ce qui peut assujettir ces biens à la juridiction d'un pays, & ce qui peut les en exempter. En genéral tout ce qui se trouve dans l'étendue d'un pays, est soumis à l'autorité du Souverain, & à sa juridiction. S'il s'éleve quelque contestation au sujet d'effets, de marchandises, qui se trouvent dans le pays, ou qui y passent; c'est au Juge du lieu qu'en appartient la décision. En vertu de cette dépendance, on a établi en bien des pays le moyen des arrêts ou saisies, pour obliger un étranger à venir dans le lieu où se fait l'arrêt, répondre à quelque demande qu'on a à lui faire; quoiqu'elle n'ait pas pour objet direct les effets saisis. Mais le Ministre étranger est indépendant de la juridiction du pays; & son indépendance personnelle, quant au civil, lui seroit assez inutile, si elle ne s'étendoit à tout ce qui lui est nécessaire pour vivre avec dignité, & pour vaquer tranquillement à ses fonctions. D'ailleurs, tout ce qu'il a amené ou acquis pour son usage, comme ministre, est tellement attaché à sa personne, qu'il en doit suivre le sort. Le Ministre venant comme indépendant, il n'a pu entendre de soumettre à la juridiction du pays son train, ses bagages, tout ce qui sert à sa personne. Toutes les choses donc qui appartiennent directement à la personne du Ministre, en sa qualité de Ministre public, tout ce qui est à son usage, tout ce qui sert à son entretien, tout cela, dis-je, participe à l'indépendance du Ministre, & est absolument exempt de toute juridiction dans le pays. Ces choses-là sont considérées comme étant hors du territoire, avec la personne à qui elles appartiennent.

Mais il n'en peut être de même des effets qui appartiennent manifestement au Ministre, sous une autre relation que celle de ministre. Ce qui n'a aucun rapport à ses fonctions & à son caractere, ne peut participer aux privileges que ses fonctions & son caractere lui donnent. S'il arrive donc, comme on l'a vu souvent, qu'un Ministre fasse quelque trafic; tous les effets, marchandises, argent, dettes actives & passives, appartenant à son commerce, toutes les contestations même & les procès qui en résultent; tout cela est soumis à la juridiction du pays. Et bien que, pour ce procès, on ne puisse s'adresser directement à la personne du Ministre, à cause de son indépendance, on l'oblige indirectement à répondre par la saisie des effets qui appartiennent à son commerce. Les abus qui naîtroient d'un usage contraire seroient manifestes. Que seroit-ce qu'un marchand privilégié qui pourroit commettre impunément dans un pays étranger toutes sortes d'injustices? Il n'y a aucune raison d'étendre les droits & les attributs des Ministres jusqu'à des choses de cette nature. Si le maître craint quelque inconvénient de la dépendance indirecte, où son Ministre se trouvera par là, il n'a qu'à lui défendre un négoce qui aussi-bien sied mal à la dignité du caractere.

Ajoutons deux éclaircissemens à ce qui vient d'être dit. 1°. Dans le doute, il paroît que le respect dû au caractere exige qu'on explique toujours les choses à l'avantage de ce même caractere : je veux dire que quand il y a lieu de douter si une chose est véritablement destinée à l'usage du Ministre & de sa maison, ou si elle appartient à son commerce, il faut juger à l'avantage du Ministre, autrement on s'exposeroit à violer ses privileges. 2°. Quand je dis que l'on peut saisir les effets du Ministre, qui n'ont aucun rapport à son caractere, ceux de son commerce en particulier, il faut l'entendre dans la supposition que ce ne soit point pour quelque sujet provenant des affaires que peut avoir le Ministre dans sa qualité de Ministre, pour fournitures faites à sa maison : par exemple, pour loyer de son hôtel; car les affaires que l'on a avec lui sous cette relation, ne peuvent être jugées dans le pays, ni par conséquent être soumises à la juridiction par la voie indirecte des arrêts & des saisies.

Tous les fonds de terre, tous les biens immeubles relevent de la juridiction du pays, quel qu'en soit le propriétaire. Pourroit-on les en soustraire pour cela seul, que le maître sera envoyé en qualité d'Ambassadeur par une puissance étrangere? Il n'y auroit aucune raison à cela. L'Ambassadeur ne possede point ces biens-là comme Ambassadeur, ils ne sont pas attachés à sa personne, de maniere qu'ils puissent être réputés hors du territoire avec elle. Si le Prince étranger craint les suites de cette dépendance où se trouvera son Ministre, par rapport à quelques-uns de ses biens; il peut en choisir un autre. Disons donc que les biens immeubles possédés par un Ministre étranger, ne changent point de nature par la qualité du propriétaire, & qu'ils demeurent sous la juridiction de l'Etat où ils sont situés. Toute difficulté, tout procès qui le concerne doit être porté devant les tribunaux du pays, & les mêmes tribunaux en peuvent ordonner la saisie sur un titre légitime. Au reste on comprendra aisément que si l'Ambassadeur logeoit dans une maison qui lui appartient en propre, cette maison est exceptée de la regle. Cette maison devient son hôtel, elle doit jouir des privileges attachés à l'habitation d'un Ambassadeur, comme servant actuellement à son usage. On peut voir dans le traité de Mr. Bynkershoek, que la coutume est conforme aux principes que nous venons d'établir (*).

Enfin, pour ce qui est du droit d'asile & des franchises, les mêmes raisons qui démontrent l'indépendance des Ambassadeurs, leur assurent le droit d'asile & les franchises. En effet leur indépendance seroit bien imparfaite, & leur sûreté bien

(*) Du Juge compétent des Ambassadeurs, chap. XVI.

mal établie, si la maison qu'ils occupent ne jouissoit pas d'une entiere franchise, & si elle n'étoit pas inaccessible aux Ministres ordinaires de la justice. L'Ambassadeur pourroit être troublé sous mille prétextes; son secret découvert par la visite de ses papiers, & sa personne exposée à des avanies. Ce droit du caractere est généralement reconnu chez les nations civilisées; on considere au moins dans tous les cas ordinaires de la vie, l'hôtel d'un Ambassadeur, comme étant hors du territoire aussi-bien que sa personne. La maison d'un Ambassadeur doit être à couvert de toute insulte, sous la protection particuliere des lois & du droit des gens: l'insulter, c'est se rendre coupable envers l'Etat, & envers toutes les nations.

Mais l'immunité, la franchise de l'hôtel n'est établie qu'en faveur du Ministre & de ses gens, comme on le voit évidemment par les raisons mêmes sur lesquelles elle est fondée. Pourra-t-il s'en prévaloir, pour faire de sa maison un asile, dans lequel il retireroit les ennemis du Prince et de l'Etat, les malfaiteurs de toute espece, afin de les soustraire aux peines qu'ils auront méritées? Une pareille conduite seroit contraire à tous les devoirs de l'Ambassadeur, à l'esprit qui doit l'animer, aux vues légitimes qui l'ont fait admettre; personne n'osera le nier.

Mais nous allons plus loin : & nous posons comme une vérité certaine, qu'un Souverain n'est point obligé de souffrir un abus si pernicieux à son état, si préjudiciable à la société. A la vérité quand il s'agit de certains délits communs, des gens souvent plus malheureux que coupables, ou dont la punition n'est pas fort importante au repos de la société, l'hôtel d'un Ambassadeur peut bien leur servir d'asile, & il vaut mieux laisser échapper des coupables de cette espece, que d'exposer le Ministre à se voir souvent troublé, sous prétexte de la recherche qu'on en pourroit faire, & que de compromettre l'Etat dans les inconvéniens qui en pourroient naître. Et comme l'hôtel d'un Ambassadeur est indépendant de la juridiction ordinaire, il n'appartient en aucun cas aux Magistrats, Juges de Police ou autres subalternes, d'y entrer de leur autorité ou d'y envoyer leurs gens, si ce n'est dans les occasions de nécessité pressante, où le bien public seroit en danger & ne permettroit point de délai. Tout ce qui touche une matiere si élevée & si délicate, tout ce qui intéresse les droits & la gloire d'une puissance étrangere; tout ce que pourroit commettre l'Etat avec cette puissance, doit être porté immédiatement au Souverain, & réglé par lui-même, ou sous ses ordres, par son Conseil d'Etat. C'est donc au Souverain de décider dans l'occasion, jusqu'à quel point on doit respecter le droit d'asile qu'un Ambassadeur attribue à son hôtel; mais s'il s'agit d'un coupable, dont la détention et le châtiment soient d'une grande importance à l'Etat, le Prince ne peut être arrêté par la considération d'un privilege qui n'a jamais été donné pour tourner au dommage & à la ruine des Etats.

Les carrosses, les équipages de l'Ambassadeur jouissent des mêmes privileges que son hôtel, & par les mêmes raisons, les insulter, c'est attaquer l'Ambassadeur lui-même & le Souverain qu'il représente. Ils sont indépendans de toute autorité subalterne, des Gardes, des Commis, des Magistrats, & de leurs suppôts, & ne peuvent être arrêtés & visités sans un ordre supérieur. Mais ici, comme à l'égard de l'hôtel, il faut éviter de confondre l'abus avec le droit; il seroit absurde qu'un Ministre étranger pût faire évader dans son carrosse un criminel d'importance, un homme dont il seroit essentiel à l'Etat de s'aſſurer ; & cela ſous les yeux d'un Souverain qui ſe verroit ainſi bravé dans ſon Royaume & à ſa Cour. En eſt-il un qui le voulût ſouffrir ?

L'inviolabilité de l'Ambaſſadeur ſe communique aux gens de ſa ſuite, & ſon indépendance s'étend à tout ce qui forme ſa maiſon. Toutes ces perſonnes lui ſont tellement attachées, qu'elles ſuivent ſon ſort ; elles dépendent de lui ſeul immédiatement & ſont exemptes de la juridiction du pays, où elles ne ſe trouvent qu'avec cette réſerve : l'Ambaſſadeur doit les protéger : & on ne peut les inſulter, ſans l'inſulter lui-même. Si les domeſtiques & toute la maiſon d'un Miniſtre étranger ne dépendoient pas de lui uniquement, on ſent avec quelle facilité il pourroit être moleſté, inquiété, & troublé dans l'exercice de ſes fonctions. Ces maximes ſont reconnues par-tout aujourd'hui, & confirmées par l'uſage.

L'épouſe de l'Ambaſſadeur lui eſt intimement unie, & lui appartient plus particuliérement que toute autre perſonne de ſa maiſon ; auſſi participe-t-elle à ſon indépendance & à ſon inviolabilité ; on lui rend même des honneurs diſtingués, & qui ne pourroient lui être refuſés à un certain point, ſans faire affront à l'Ambaſſadeur: le cérémonial en eſt réglé dans la plupart des Cours. La conſidération qui eſt due à l'Ambaſſadeur, rejaillit encore ſur ſes enfans, qui participent auſſi à ſes immunités.

Le Secrétaire de l'Ambaſſadeur eſt au nombre de ſes domeſtiques; & le Secrétaire de l'Ambaſſade tient la commiſſion du Souverain même, ce qui en fait une eſpece de Miniſtre public, qui jouit par lui-même de la protection du droit des gens & des immunités attachées à ſon état, indépendamment de l'Ambaſſadeur, aux ordres duquel il n'eſt même ſoumis que très-imparfaitement, quelquefois point du tout, & toujours ſuivant que leur maître commun l'a réglé.

Les courtiers qu'un Ambaſſadeur dépêche ou reçoit, ſes papiers, ſes lettres, ſont autant de choſes qui appartiennent eſſentiellement à l'Ambaſſade, & qui doivent par conſéquent être ſacrées; puiſque ſi on ne les reſpecte pas, l'Ambaſſade ne ſauroit obtenir ſa fin légitime, ni l'Ambaſſadeur remplir ſes fonctions avec la ſûreté convenable. Les Etats-Généraux des Provinces-Unies ont jugé, dans le temps que le Préſident Jeannin étoit Ambaſſadeur de France auprès d'eux, qu'ouvrir les lettres d'un Miniſtre public, c'eſt violer le droit des gens. (*). Ce privilege n'empêche pas cependant que dans les occasions importantes où l'Ambassadeur a violé lui-même le droit des gens, en formant ou en favorisant des complots dangereux; des conspirations contre l'Etat, on ne puisse, par les raisons indiquées plus haut, saisir tous ses papiers pour découvrir toute la trame, & connoître les complices, puisqu'on peut bien en pareil cas l'arrêter & l'interroger lui-même. On en usa ainsi à l'égard des lettres remises par des traîtres aux Ambassadeurs de Tarquin.

On ne doit pas non plus, sans de fortes raisons, refuser aux Ambassadeurs les autres sortes de droits, & les honneurs qui sont établis par un commun consentement des Souverains, car alors ce seroit une espece d'outrage.

Je n'entrerai point ici dans le détail des honneurs qui sont dûs, & qui se rendent en effet aux Ambassadeurs; ce sont des choses de pure institution, & de coutume. Je dirai seulement en général qu'on leur doit les civilités & les distinctions que l'usage & les mœurs destinent à marquer

---

(*) Wicquefort, Liv. I. Sect. XXVII.

une considération convenable au représentant d'un Souverain ; & il faut observer ici au sujet des choses d'institution & d'usage, que quand une coutume est tellement établie, qu'elle donne une valeur réelle à des choses indifférentes de leur nature, & une signification constante, suivant les mœurs & les usages, le droit des gens oblige d'avoir égard à cette institution, & de se conduire par rapport à ces choses-là, comme si elles avoient d'elles-mêmes la valeur que les hommes y ont attachée. C'est par exemple, dans les mœurs de toute l'Europe, une prérogative propre à l'Ambassadeur, que le droit de se couvrir devant le Prince, à qui il est envoyé. Ce droit marque qu'on le reconnoît pour le représentant d'un Souverain ; & le refuser à l'Ambassadeur d'un Etat véritablement indépendant, c'est faire injure à cet Etat & le dégrader en quelque sorte. Voyez Burlamaqui, Tom. VIII. chap. XIII. Wattel, Liv. IV. chap. V. à IX. Grotius, Liv. II. chap. XVIII. & sur-tout Wicquefort, *L'Ambassadeur & ses fonctions.*

FIN.

TABLE
DES LEÇONS
DE DROIT DES GENS,
Contenues dans ce ſecond Volume.

PREMIERE PARTIE.

LEÇON

SECONDE PARTIE

DU DROIT DES GENS.

Fin de la Table.

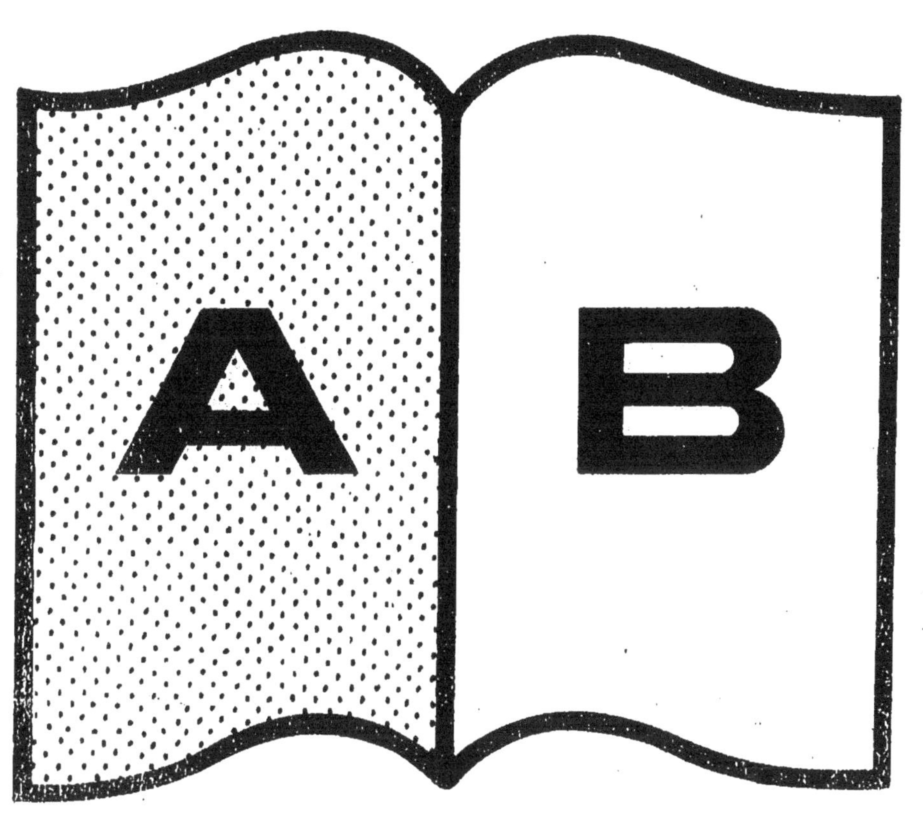

Contraste insuffisant

www.ingramcontent.com/pod-product-compliance
Ingram Content Group UK Ltd.
Pitfield, Milton Keynes, MK11 3LW, UK
UKHW020321200726
13857UKWH00001B/248